高等学校"十三五"规划教材

石油化工产业链实训教程

孙文志　李会鹏　主编

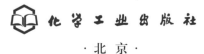

化学工业出版社

·北京·

内 容 简 介

《石油化工产业链实训教程》是根据辽宁石油化工大学石油化工产业链实训基地所承担的应用型人才培养对实践教学的基本要求而编写的。该教材详细介绍了石油化工产业链中主要装置的生产过程，即涵盖了油气钻采、油气集输、石油加工、石油化工、精细化工 5 个实训平台，本书系统阐述了石油化工生产安全、石油化工常见设备、石油化工行业的典型生产工艺过程、装置的操作训练、事故预案处理等，使读者可以了解整个石油化工生产过程。本书通过添加石油化工设备及仪表、OTS 操作员培训、实物仿真操作、常见事故处理等环节，丰富和充实石油化工类高校的实践教学环节，培养学生的工程能力、职业素养、创新意识以及分析和解决复杂工程问题的能力。

本书可作为石油类高校石油化工概论课程教材，也可作为石油化工行业企业员工培训教材。

图书在版编目（CIP）数据

石油化工产业链实训教程/孙文志，李会鹏主编. —北京：化学工业出版社，2021.7
高等学校"十三五"规划教材
ISBN 978-7-122-39647-1

Ⅰ.①石… Ⅱ.①孙…②李… Ⅲ.①石油化工行业-产业链-高等学校-教材 Ⅳ.①F407.72

中国版本图书馆 CIP 数据核字（2021）第 151553 号

责任编辑：唐旭华　王淑燕　　　　　　　　装帧设计：韩　飞
责任校对：王素芹

出版发行：化学工业出版社（北京市东城区青年湖南街 13 号　邮政编码 100011）
印　　刷：三河市航远印刷有限公司
装　　订：三河市宇新装订厂
787mm×1092mm　1/16　印张 15½　字数 406 千字　2021 年 7 月北京第 1 版第 1 次印刷

购书咨询：010-64518888　　　　　　　　　　售后服务：010-64518899
网　　址：http://www.cip.com.cn
凡购买本书，如有缺损质量问题，本社销售中心负责调换。

定　　价：49.00 元　　　　　　　　　　　　　　　　　　版权所有　违者必究

石油化工产业链实训教程

前 言

石油化工产业是国民经济的重要支柱产业,产品覆盖面广、资金技术密集、产业关联度高,对稳定经济增长、改善人民生活保障、国防安全具有重要作用。随着我国石油化工产业的快速发展,对石油化工行业人才培养规格提出了更高的要求,毕业生不但要具有扎实的理论知识,更要具有较强的动手能力和实际操作经验,并能够提前熟悉石油化工行业各岗位的工作职责。

实践教学是高等教育教学体系的重要组成部分,是培养学生实践能力、创新创业精神的有效途径,是进一步巩固学生所学专业知识、掌握专业技能及基本操作程序的必要环节,是培养学生理论联系实际、综合运用所学知识解决实际问题能力的重要手段。在高等教育由精英教育向大众化教育转变的大背景下,只有不断加强实践教学改革,落实"以本为本""四个回归",强化"学生中心、产出导向、持续改进",才能推动创新教育,培养创新人才,确保高等教育教学人才培养质量。

为丰富多元化生产实习模式和针对石油化工企业在接受生产实习中存在的实际困难,以培养学生工程实践能力、动手能力和创新意识为目标,基于校企合作理念,辽宁石油化工大学与中国石油抚顺石化公司、秦皇岛博赫科技开发有限公司于2016年5月合作开发和建设了石油化工产业链实训培训平台。选择了以油气钻采、油气集输、石油加工、石油化工、精细化工等典型生产工艺过程为基础,构建了以工程集群化技术为特征,具有系统化、模块化、工程化特色的实训平台。基地的每个平台既相对独立,又自成体系,并且平台间相互衔接,保证充分体现石油化工产业链的全貌。

实训基地以石油化工主干专业链为依托,以多学科交叉、多专业共享、多功能集成、多手段教学为特征,完整实现了石油化工产业链一体化的教学过程,解决了不同专业学生的实习需求。建设过程中充分体现了"虚实结合、能实不虚"的建设理念,主要静设备可展示内部结构,动设备可进行拆卸组装。实现生产过程的稳态运行、开停工、方案优化、故障处理等功能。确保实践教育基地在学生培养中发挥其独特的作用,使实践教学逐步由实验向实训转变,虚拟向现实转变,设计向制作转变,传统向创新转变,为高等教育应用型人才培养提供必要支撑。

为更好地利用和使用石油化工产业链实训培训平台,编写了本书。书中详细介绍了实物仿真平台的功能和特点、设备及仪表、石油化工安全生产和环境保护、典型石油化工的工艺流程、离线和在线 DCS 仿真操作、事故处理预案等及其石油化工相关知识。通过完整的化工安全生产、工艺流程、设备及仪表、DCS 仿真操作、事故处理等过程的实践教学环节，培养学生的工程能力、创新意识以及分析和解决复杂工程问题的能力。

本书的特点如下。

① 针对性强，产教深度融合。教材是以平台为依托，内容具体，主线清晰。平台的主要设备或装置的内部结构、原理及功能与生产实际相结合，工艺流程及操作过程与生产过程相衔接。

② 突出石油化工安全理念。石油化工行业属于高危行业，化工安全尤为重要，在教材中强化了学生的安全意识培养，单独把石油化工安全知识编入教材，从理论知识、相关政策法规，到典型案例分析、事故预案处理等全过程体验。

③ 突出职业标准，强化能力培养。按课程内容与职业标准对接组织教材结构，以职业标准为依托、知识够用为度，强化能力培养。在实践能力训练环节上，力求以石油化工行业操作规范和实际训练组织教学。

④ 根植信息化手段，提高教材的阅读效果。本书采用二维码技术，充分利用网络信息平台，极大地丰富了教材的资源形式，扩大了信息量，实现了学习内容的延伸，给学生带来了便捷的学习环境。有助于实现课上课下联动、传统与现代融合的多维度、信息化、立体化教学模式。书中二维码链接的主要设备及原理素材资源由秦皇岛博赫科技开发有限公司提供技术支持。

本书由辽宁石油化工大学孙文志、李会鹏任主编，李宁、王斁、季程程、孟竺和抚顺诚信石化工程项目管理有限公司孙溪研及秦皇岛博赫科技开发有限公司王彦协作编写。本书共分为九章，其中各章分工为：孙文志编写第 1~3 章；王斁编写第 4 章；孙文志、孙溪研编写第 5 章；李宁、季程程、孟竺编写第 6、7 章；李会鹏、孙文志、王彦编写第 8、9 章。全书由李会鹏修改定稿。本书编写过程中得到了行业企业专家的帮助，特别是李国友博士的大力支持，在此表示衷心感谢。

本书适用于石油类高校石油化工概论课程教材，也可作为石油化工行业企业员工培训教材。

由于编者能力水平有限，书中疏漏在所难免，敬请批评指正。

编者

2021 年 7 月

目 录

第 1 章　基地概述 —— 1

1.1　油气钻采平台 …… 1
1.2　油气集输平台 …… 2
1.3　石油加工平台 …… 2
1.4　石油化工平台 …… 3
1.5　精细化工平台 …… 3
1.6　建设效果 …… 4

第 2 章　石油化工安全生产 —— 6

2.1　石油化工安全生产特点 …… 6
2.2　安全生产法律法规 …… 7
2.3　职业健康与劳动保护 …… 9
2.4　危险化学品与防火防爆 …… 17
2.5　应急救援与事故处置 …… 23
2.6　石油化工安全实训区 …… 26
思考题 …… 29

第 3 章　基地涉及的主要设备 —— 30

3.1　流体输送设备 …… 30
3.2　换热设备 …… 32
3.3　塔 …… 33
3.4　管式反应器 …… 40
思考题 …… 42

第 4 章　油气钻采仿真平台 —— 43

4.1　油气藏概述 …… 43
4.2　钻机仿真装置 …… 50
4.3　井控仿真装置 …… 58
4.4　修井机仿真装置 …… 63
4.5　采油仿真装置 …… 74

  4.6 多相管流仿真装置 …………………………………………………… 79
  思考题 ……………………………………………………………………… 83

第 5 章　油气集输平台 ——84

  5.1 油气集输概述 …………………………………………………………… 84
  5.2 油气集输平台概述 ……………………………………………………… 84
  5.3 输油工艺 ………………………………………………………………… 86
  5.4 输气工艺 ………………………………………………………………… 92
  5.5 输油输气装置仪表参数 ………………………………………………… 106
  5.6 油气集输平台——输油输气部分操作规程 …………………………… 106
  5.7 油库仿真实训装置 ……………………………………………………… 106
  思考题 ……………………………………………………………………… 111

第 6 章　石油加工平台 ——112

  6.1 石油加工平台概述 ……………………………………………………… 112
  6.2 原油蒸馏部分 …………………………………………………………… 112
  6.3 重油催化裂化部分 ……………………………………………………… 133
  思考题 ……………………………………………………………………… 151

第 7 章　石油化工平台 ——152

  7.1 乙烯装置发展概述 ……………………………………………………… 152
  7.2 乙烯装置工艺简介 ……………………………………………………… 155
  7.3 乙烯装置简介及技术特点 ……………………………………………… 157
  7.4 乙烯装置部分工艺原理介绍 …………………………………………… 158
  7.5 工艺流程说明 …………………………………………………………… 162
  7.6 装置开停工操作规程 …………………………………………………… 188
  7.7 乙烯装置事故处理预案 ………………………………………………… 188
  思考题 ……………………………………………………………………… 205

第 8 章　精细化工平台 ——206

  8.1 精细化工平台概述 ……………………………………………………… 206
  8.2 环氧乙烷装置 …………………………………………………………… 206
  8.3 壬基酚聚氧乙烯醚装置 ………………………………………………… 223
  8.4 烷基化装置 ……………………………………………………………… 226
  8.5 磺化装置 ………………………………………………………………… 235
  思考题 ……………………………………………………………………… 241

第 9 章　软件操作说明 ——242

  9.1 软件操作概述 …………………………………………………………… 242
  9.2 软件操作说明 …………………………………………………………… 242

第 1 章　基地概述

石油化工产业链实训培训基地目前主要由五个平台组成：油气钻采平台、油气集输平台、石油加工平台、石油化工平台和精细化工平台。每个平台既相对独立，又自成体系，相邻平台间相互衔接，并将计算机仿真与真实设备操作相互融合，构建了完整的石油化工生产实践教学链。

1.1　油气钻采平台

油气钻采平台由多相流仿真装置、钻井机仿真装置、井控仿真装置、抽油机仿真装置、修井机仿真装置和油藏仿真装置组成。

多相流仿真装置：主要由空压机、储液池、气液混合器及模拟管道组成。多相流仿真装置使学生能够直观地观察多相管流的流型变化情况，定性、定量分析流型变化规律。

钻井机仿真装置（图 1-1）：是以 ZJ70DB 钻机为原型，按照 1∶8 比例建设的装置。装置主要由起升、旋转、控制、循环等系统组成，学生在老师指导下能够完成钻井全流程操作。

图 1-1　油气钻采平台——钻井机仿真装置

井控仿真装置：能通过真实工质及计算机模拟系统，完成井涌、井喷等事故现象及处理过程的演示。

抽油机仿真装置：即五型游梁式抽油机，俗称"磕头机"。该装置是辽河油田真实生产装置，也是现阶段油田应用广泛的采油装置之一。

修井机仿真装置：以 XJ350 修井机为原型，按 1∶6 比例缩小制成。装置主要由旋转、控制、动力等设备组成，能够模拟通井、打捞、打铅印等作业过程。

油藏仿真装置：通过该装置能够了解各种井身结构及适用的储层形态，以及不同的采油生产系统。

1.2　油气集输平台

油气集输平台由油气集输装置、油库仿真装置和天然气长输装置组成。

油气集输装置（图 1-2）：主要分为输油、输气两部分。输油部分由原油计量区、传输区、脱水区、稳定区组成；输气部分由单井集气区、天然气集输区、醇胺脱酸气区、三甘醇脱水区、凝液回收区组成。

图 1-2　油气集输平台——油气集输装置

该平台用水代替原油，用空气代替天然气，引入 DCS 控制系统，实现输油输气操作。现场部分设备、仪表也与实际生产装置一致（如离心泵、磁翻板液位计、超声波流量计等）。改变以前单一专业实训模式，将自动化、化工、油气储运专业知识相互融合，拓宽学生知识层面、培养学生工程能力。

油库仿真装置：主要由拱顶油罐、内浮顶油罐和外浮顶油罐组成，该装置也用水来代替原油，学生通过控制系统和输送设备实现对倒灌、装卸车的模拟操作。

天然气长输装置：主要由长输首站、分输增压站、长输末站组成。

1.3　石油加工平台

石油加工平台由常减压蒸馏和催化裂化两套实物仿真装置组成。

常减压蒸馏和催化裂化两套实物仿真装置分别以中国石油抚顺石化公司的 800 万吨/年常减压蒸馏装置和 150 万吨/年重油催化裂化装置为原型,按 1:8 比例缩小进行设计和建设。

该平台主要静设备可展示内部结构,动设备可进行拆卸组装,配备现场仪表和在线传感器,实现生产过程中的稳态运行、开停工、方案优化、故障处理等功能。在此基础上,平台可以开展化工安全、化工设备、化工自动化等内容的实习实训,努力培养既懂化工、又懂安全、又对装备、控制熟悉的全方位工程技术人才。

基地中心控制室(图 1-3)内设置教师站 2 个和学生站 30 个。还设有现场实时监控系统,教学过程中可以根据教学需要随时切换现场画面用于辅助教学。

图 1-3　石油加工平台——基地中心控制室

1.4　石油化工平台

石油化工平台是以中国石油抚顺石化公司 80 万吨/年乙烯装置为原型,按照 1:8 的缩小比例建设而成。乙烯装置是以石脑油、加氢尾油、减一/减顶油、轻烃以及装置自产的乙烷和丙烷作为原料,采用美国斯通韦伯斯特(S&W)公司的专利技术,主要生产乙烯、丙烯等产品。

深冷分离采用了 S&W 公司最新的专利技术 HRS(热集成精馏系统);热分离系统采用双塔前脱丙烷、前加氢、低压乙烯塔与乙烯压缩机构成开式热泵;裂解气压缩采用五段压缩;急冷油塔、急冷水塔、碱洗塔采用 S&W 公司的波纹塔盘;裂解炉为 USC 型管式裂解炉,运行安全可靠,投资低,能耗较低。

现场实物装置如图 1-4 所示。

1.5　精细化工平台

精细化工平台(图 1-5)是由乙氧基化装置和烷基苯磺酸装置所组成。

乙氧基化装置:该装置是以中国石油抚顺石化公司 6.5 万吨/年环氧乙烷装置、4.6 万吨/年壬基酚聚氧乙烯醚装置建设而成。以高纯度乙烯和氧气为原料,在甲烷和银的作用下生成环氧乙烷。而后壬基酚和催化剂脱水处理后,与环氧乙烷发生反应,得到壬基酚聚氧乙

图 1-4　石油化工平台——现场实物装置

图 1-5　精细化工平台

烯醚产品。该装置由反应、吸收、轻组分脱除、精制等单元组成。

烷基苯磺酸装置：该装置是以中国石油抚顺石化公司15万吨/年烷基苯装置、3.6万吨/年磺化装置为原型按照1∶6的缩小比例建设而成。正构烷烯烃为原料，以氢氟酸为催化剂，与苯发生烷基化反应，生成直链烷基苯。再以正十二直链烷基苯、硫磺为原料，发生磺化反应，生产正十二直链烷基苯磺酸。该装置由烷基化反应和磺化反应等单元组成。

1.6　建设效果

基地自运行以来取得了以下成果。

(1) 引领应用型转型发展,培养了适应石油石化行业发展的工程技术人才

实训基地针对不同专业开展了生产实践、工程实践、认识实践等一系列教学活动,每学期接待学生人数达 3000 人以上,所涉及专业占学校专业数的 78%,学生受众面达 91%。通过现场教学、动手实践等形式,使学生感受到石化企业的职业氛围,能够"熏出油味",较好地解决了人才培养与就业最后一公里的问题,提高了学生工程意识与工程能力,为更好地适应岗位要求夯实基础。

(2) 校企合作,协同育人

在基地建设和运行过程中,校企合作贯穿始终。学校与石化企业深度合作,邀请企业专家参与基地论证工作,与企业专家共同开发基地实习实训项目,共同编写教材、指导学生实习实践。除满足本校学生实习实训需要外,基地还面向石油化工企业开放,承接石油化工行业人才培养和企业技术人员培训工作。

第 2 章　石油化工安全生产

2.1　石油化工安全生产特点

随着石油化学工业的迅速发展,为我们提出了新的课题,即安全生产问题。石油化工生产从安全的角度分析,不同于冶金、机械制造、纺织和交通运输等行业,有其突出的特点。具体表现在以下几方面。

① 易燃易爆。石油化工生产,从原料到产品,包括工艺过程中的半成品、中间体、溶剂、添加剂、催化剂、试剂等,绝大多数属于易燃易爆物质,还有爆炸性物质。它们又多以气体和液体状态存在,极易泄漏和挥发。尤其在生产过程中,工艺操作条件苛刻,有高温、深冷、高压、真空等,且很多时候加热温度都达到和超过了物质的自燃点,一旦操作失误或因设备失修,便极易发生火灾爆炸事故。

② 毒害性。有毒物质普遍地大量地存在于石油化工生产过程之中,其种类之多,数量之大,范围之广,超过其他任何行业。其中,有许多原料和产品本身即为毒物,在生产过程中添加的一些化学性物质也多属有毒的,在生产过程中因化学反应又生成一些新的有毒性物质,如氰化物、氟化物、硫化物、氮氧化物及烃类毒物等。这些毒物中有的属于一般性毒物,也有许多高毒和剧毒物质。它们以气体、液体和固体三种状态存在,并随生产条件的变化而不断改变原来的状态。

③ 腐蚀性强。石油化工生产过程中的腐蚀性主要来源于:其一,在生产工艺过程中使用的一些强腐蚀性物质,如硫酸、硝酸、盐酸和烧碱等,它们不但对人有很强的化学性灼伤作用,而且对金属设备也有很强的腐蚀作用。其二,在生产过程中有些原料和产品本身具有较强的腐蚀作用,如原油中含有硫化物,常将设备管道腐蚀坏。其三,由于生产过程中的化学反应,生成许多新的具有不同腐蚀性的物质,如硫化氢、氯化氢、氮氧化物等。根据腐蚀的作用机理不同,腐蚀分为化学性腐蚀、物理性腐蚀和电腐蚀三种。腐蚀不但大大降低设备使用寿命,缩短开工周期,而且更重要的是它可使设备减薄、变脆,承受不了原设计压力而发生泄漏或爆炸着火事故。

④ 生产的连续性。制取石油化工产品,生产的工序多,过程复杂,随着社会对产品的品种和数量需求日益增大,迫使石油化工企业向着大型的现代化联合企业方向发展,以提高加工深度,综合利用资源,进一步扩大经济效益。任何一个厂或一个车间,乃至一道工序发生事故,都会影响到全局。

随着化学工业的发展,石油化工企业生产的特点不仅不会改变,反而会由于科学技术的进步，使这些特点进一步强化。因此，石油化工企业在生产过程和其他相关过程中，必须有针对性地采取积极有效的措施，加强安全生产管理，防范各类事故的发生，保证安全生产。

2.2 安全生产法律法规

2.2.1 《中华人民共和国安全生产法》

《中华人民共和国安全生产法》是为了加强安全生产监督管理，防止和减少生产安全事故，保障人民群众生命财产安全，促进经济发展而制定的。《中华人民共和国安全生产法》由中华人民共和国第九届全国人民代表大会常务委员会第二十八次会议于 2002 年 6 月 29 日通过公布，2014 年 8 月 31 日第十二届全国人民代表大会常务委员会第十次会议进行了重新修订。本法共有七章 114 条。

  第一章 总则
  第二章 生产经营单位的安全生产保障
  第三章 从业人员的安全生产权利义务
  第四章 安全生产的监督管理
  第五章 生产安全事故的应急救援与调查处理
  第六章 法律责任
  第七章 附则

2.2.2 《化工（危险化学品）企业保障生产安全十条规定》

2013 年 9 月 18 日国家安全生产监督管理总局公布《化工（危险化学品）企业保障生产安全十条规定》（以下简称《十条规定》）；它由五个必须和五个严禁组成，《十条规定》在归纳总结近年来造成危险化学品生产安全事故主要因素的基础上，从企业必须依法取得相关证照、建立健全并落实安全生产责任制等安全管理规章制度、严格从业人员资格及培训要求等方面强调了化工（危险化学品）企业保障生产安全的最基本的规定，突出了遏制危险化学品生产安全事故的关键因素。

《十条规定》的五个必须和五个严禁简要解释如下。

（1）必须依法设立、证照齐全有效

依法设立是要求：企业的设立应当符合国家产业政策和当地产业结构规划；企业的选址应当符合当地城乡规划；新建化工企业必须按照有关规定进入化工园区（或集中区），必须经过正规设计、必须装备自动监控系统及必要的安全仪表系统，周边距离不足和城区内的化工企业要搬迁进入化工园区。

证照齐全主要是指各种企业安全许可证照，包括建设项目"三同时"审查和各类相应的安全许可证不仅要齐全，还要确保在有效期内。依法设立是企业安全生产的首要条件和前提保障。安全生产行政审批是危险化学品企业准入的首要关口，是检查企业是否具备基本安全生产条件的重要环节，是安全监管部门强化安全生产监管的重要行政手段。而非法生产行为一直是引发事故，特别是较大以上群死群伤事故的主要原因之一。

（2）必须建立健全并严格落实全员安全生产责任制，严格执行领导带班值班制度

安全生产责任制是生产经营单位安全生产的重要制度，建立健全并严格落实全员安

全生产责任制，是企业加强安全管理的重要基础。领导带班值班制度是强化企业领导安全生产责任意识、及时掌握安全生产动态的重要途径，是及时应对突发事件的重要保障。

安全生产责任制不健全、不落实，领导带班值班制度执行不严格往往是事故发生的首要潜在因素。

（3）必须确保从业人员符合录用条件并培训合格，依法持证上岗

化工生产、储存、使用过程中涉及品种繁多、特性各异的危险化学品，涉及复杂多样的工艺技术、设备、仪表、电气等设施。特别是近年来，化工生产呈现出装置大型化、集约化的发展，对从业人员提出了更高的要求。因此，从业人员的良好素质是化工企业实现安全生产必须具备的基础条件。只有经过严格的培训，掌握生产工艺及设备操作技能、熟知本岗位存在的安全隐患及防范措施、需要取证的岗位依法取证后，才能承担并完成自己的本职工作，保证自身和装置的安全。

不符合录用条件、不具备相关知识和技能、不持证上岗的"三不"人员从事化工生产极易发生事故。

（4）必须严格管控危险化学品重大危险源，严格变更管理，遇险科学施救

严格管控危险化学品重大危险源是有效预防、遏制重特大事故的重要途径和基础性、长效性措施。

变更管理是指对人员、工作过程、工作程序、技术、设施等永久性或暂时性的变化进行有计划的控制，确保变更带来的危害得到充分识别，风险得到有效控制。变更按内容分为工艺技术变更、设备设施变更和管理变更等。变更管理在我国化工企业安全管理中是薄弱环节。发生变更时，如果未对风险进行分析并采取安全措施，就极易形成重大事故隐患，甚至造成事故。

在作业遇险时，不能保证自身安全的情况下盲目施救，往往会使事故扩大，造成施救者受到伤害甚至死亡。

（5）必须按照《危险化学品企业事故隐患排查治理实施导则》要求排查治理隐患

隐患是事故的根源。排查治理隐患，是安全生产工作的最基本任务，是预防和减少事故的最有效手段，也是安全生产的重要基础性工作。

《危险化学品企业事故隐患排查治理实施导则》对企业建立并不断完善隐患排查体制机制、制定完善管理制度、扎实开展隐患排查治理工作提出了明确要求和细致的规定。隐患排查走过场、隐患消除不及时，都可能成为事故的诱因。

（6）严禁设备设施带病运行和未经审批停用报警联锁系统

设备、设施是化工生产的基础，设备、设施带病运行是事故的主要根源之一。报警联锁系统是规范危险化学品企业安全生产管理、降低安全风险、保证装置的平稳运行、保证安全生产的有效手段，是防止事故发生的重要措施，也是提升企业本质安全水平的有效途径。未经审批、随意停用报警联锁系统会给安全生产造成极大的隐患。

（7）严禁可燃和有毒气体泄漏等报警系统处于非正常状态

可燃气体和有毒气体泄漏等报警系统是可燃有毒气体泄漏的重要预警手段。可燃和有毒气体含量超出安全规定要求但不能被检测出时，极易发生事故。

（8）严禁未经审批进行动火、进入受限空间、高处、吊装、临时用电、动土、检维修、盲板抽堵等作业

化工企业动火、进入受限空间、高处、吊装、临时用电、动土、检维修、盲板抽堵等作

业均具有很大的风险。严格八大作业的安全管理，就是要审查作业过程中风险是否分析全面，确认作业条件是否具备、安全措施是否足够并落实，相关人员是否按要求现场确认、签字。同时，必须加强作业过程监督，作业过程中必须有监护人进行现场监护。作业过程中因审批制度不完善、执行不到位导致的人身伤亡的事故时有发生。

（9）严禁违章指挥和强令他人冒险作业

违章指挥，往往会造成额外的风险，给作业者带来伤害，甚至是血的教训，违章指挥和强令他人冒险作业是不顾他人安全的恶劣行为，经常成为事故的诱因。

（10）严禁违章作业、脱岗和在岗做与工作无关的事

作业人员在岗期间，若脱岗、酒后上岗，从事与工作无关的事，一旦生产过程中出现异常情况，不能及时发现和处理，往往造成严重后果。

2.2.3 《危险化学品安全管理条例》

2011年3月2日温家宝签署中华人民共和国国务院令第591号，发布修订后的《危险化学品安全管理条例》，自2011年12月1日起施行。

该条例突出四项备案制度（企业责任）、五项名单公告制度（政府责任）、七项其他法律规章。

2.3 职业健康与劳动保护

石油化工行业是一个高风险的行业，重大安全事故时有发生，其安全生产是一个重大难题。危险有害因素的辨识是事故预防、安全评价、重大危险源监督管理、建立应急救援体系和职业健康安全管理体系的基础。因此及时发现危险源和有害因素，预防事故的发生是提高企业安全生产的重要一环。结合危险有害因素辨识理论、事故致因理论及HSE管理体系，构建危险有害因素辨识体系，针对石油化工生产装置，从工艺装置、场所、物质或能量、设备、事故类型、职业危害类型、事故直接原因等几方面进行辨识。辨识体系能够系统完善地辨识石油化工生产装置存在的危险有害因素，能够做到层次合理、结构清晰、实用性强。

2.3.1 石油化工装置危险有害因素辨识原则

危险有害因素辨识原则主要有以下4个方面。

（1）科学、准确、清楚

危险有害因素的辨识是分辨、识别、分析确定系统内存在的危险而并非研究防止事故发生或控制事故发生的实际措施。它是预测安全状况和事故发生途径的一种手段，这就要求进行危险有害辨识必须要有科学的安全理论做指导，使之能真正揭示系统安全状况、危险有害因素存在的部位、存在的方式和事故发生的途径等，对其变化的规律予以准确描述并以定性定量的概念清楚地表示出来，用严密、合乎逻辑的理论解释清楚。

（2）分清主要危险有害因素和相关危险

不同行业的主要危险、有害因素不同，同一行业的主要危险、有害因素也不完全相同，因此，在进行危险有害因素辨识中要根据企业的实际情况，辨识企业的主要危险有害因素，体现项目的特点，对于其他共性的危险有害因素可以简单分析。

(3) 防止遗漏

辨识危险有害因素时不要发生遗漏，以免留下隐患；辨识时，不仅要分析正常生产运转、操作中存在的危险有害因素，还要分析和辨识开车、停车、检修，装置受到破坏及操作失误情况下的危险有害后果。

(4) 避免惯性思维

实际上在很多情况下，同一危险有害因素由于物理量不同，作用的时间和空间不同，导致的后果也不相同。因此，在进行危险、有害因素辨识时应避免惯性思维，坚持实事求是的原则。

2.3.2 石油化工生产装置危险有害因素辨识体系

针对石油化工行业生产企业特点，石油化工生产装置辨识体系将从工艺装置、场所、物质和能量、设备、事故类型和职业危害类型、事故直接原因六个方面进行危险有害因素辨识。

(1) 工艺装置

石油化工生产的特点是易燃、易爆、高温、高压。随着工业化生产规模的扩大，工艺技术的不断更新，新设备、新材料、新型催化剂及高效节能设备越来越多地被用于石油化工生产装备中，使得装置的规模越来越大，自动化程度越来越高。

石油化工的生产及围绕石油天然气为原料的石油化工生产装置大致如下：炼油生产装置、基本有机合成、合成橡胶、合成树脂及塑料、合成氨及制品、石油化纤等。每一种装置都有自己的特点，危险有害因素以及重点防范部位和措施都是不同的，在危险有害因素辨识时，首先应该明确辨识的是哪种装置，生产装置确定了，其工艺、设备、场所、公用工程及辅助设施也就基本确定。

(2) 场所

每个石油化工生产装置包含多个场所，例如简单的液化石油气的气体分馏装置就由主生产装置区、辅助设施、公用工程等部分组成。

主生产装置区包含有不凝气体压缩车间、泵房、加热工序、脱硫工序、分馏、精制工序、尾气回收工序等。

辅助设施包含有原料罐区、成品罐区、火炬系统、装卸车场。

公用工程有变配电系统、消防系统、供热系统、供气（含氮气）系统、供水系统、供风系统等。在确定某个装置后，下一步应确定要分析的是该装置哪个系统或工序的具体场所。

(3) 物质和能量

依据事故致因理论的物质和能量原理，引发事故的根本原因是存在危险物质和能量。危险物质和能量是可能发生事故的固有危险有害因素，物质和能量在可控状态下就安全，失控就危险。具体说就是存在易燃、易爆、有毒、高温、低温、辐射、粉尘等物质，以及振动、运动、压缩、位于高处等物体具有的动能或势能。

在确定某个场所后，要全面分析这个场所的物质和能量，找出可能产生有害因素的根本原因。

(4) 设备

通常的化工设备按单元分主要有如下设备。

① 反应设备：搪瓷反应釜、碳钢反应釜、不锈钢反应釜等。

② 换热设备：加热器、管式换热器、列管式换热器、盘管式换热器、半容积式水加热器、冷凝器、搪玻璃碟片式冷凝器、风冷式冷却器、水冷式冷却器。
③ 分离设备：过滤器、压滤机、离心机、搪玻璃精馏塔、不锈钢精馏塔、压缩机。
④ 储存类容器：计量罐、储气罐及各种储罐、贮槽、防腐型储存设备。
⑤ 输送设备：化工泵、计量泵、皮带输送机、螺旋输送机、提升机。

在分析确定危险有害因素场所、存在的物质和能量后，逐个分析该场所每一种设备的特点，由该设备特点确定危险有害物质易泄漏部位、方式，确定能量可能失控地点、方式。

(5) 事故类型和职业危害类型

① 事故类型。按照可能发生的事故类型，对某个设备或一类设备进行分析描述，共 20 大类。

- 物体打击，指失控物体的惯性力造成的人身伤害事故。
- 车辆伤害，指本企业机动车辆引起的机械伤害事故。
- 机械伤害，指机械设备与工具引起的绞、辗、碰、割戳、切等伤害。
- 起重伤害，指从事起重作业时引起的机械伤害事故。
- 触电，指电流流经人体，造成生理伤害的事故。
- 淹溺，指因大量水经口、鼻进入肺内，造成呼吸道阻塞，发生急性缺氧而窒息死亡的事故。
- 灼烫，指强酸、强碱溅到身体引起的灼伤，或因火焰引起的烧伤，高温物体引起的烫伤。
- 火灾，指造成人身伤亡的企业火灾事故。
- 高处坠落，指出于危险重力势能差引起的伤害事故。
- 坍塌，指建筑物、构筑物、堆置物等倒塌以及土石塌方引起的事故。不适用于矿山冒顶片帮事故，或因爆炸、爆破引起的坍塌事故。
- 冒顶片帮，指矿井工作面、巷道侧壁由于支护不当、压力过大造成的坍塌，称为片帮；顶板垮落为冒顶。
- 透水，指矿山、地下开采或其他坑道作业时，意外水源带来的伤亡事故。
- 放炮，指施工时，放炮作业造成的伤亡事故。
- 瓦斯爆炸，是指可燃性气体瓦斯、煤尘与空气混合形成了达到燃烧极限的混合物，接触火源时，引起的化学性爆炸事故。
- 火药爆炸，指火药与炸药在生产、运输、贮藏的过程中发生的爆炸事故。
- 锅炉爆炸，指锅炉发生的物理性爆炸事故。
- 容器爆炸，容器（压力容器的简称）是指比较容易发生事故，且事故危害性较大的承受压力载荷的密闭装置。
- 其他爆炸，凡不属于上述爆炸的事故均列为其他爆炸事故。
- 中毒和窒息，指人接触有毒物质，如误吃有毒食物或呼吸有毒气体引起的人体急性中毒事故物体打击，指失控物体的惯性力造成的人身伤害事故。
- 其他伤害，凡不属于上述伤害的事故均称为其他伤害。

② 职业危害类型。石油化工行业生产过程高温、高压、易燃、易爆、易腐蚀，生产工艺伴有毒有害气体、烟尘、工业粉尘、噪声等职业健康危害因素，生产原料、中间产品、最终产品、副产品大多为危险化学品，劳动环境中存在许多职业健康危害因素，作业人员急性职业中毒和慢性职业病多发。

造成伤害的有害因素,共10种:火灾、爆炸、中毒、化学腐蚀、窒息、高温灼烫、低温冻伤、辐射、物体打击、高处坠落。

(6) 事故直接原因

事故直接原因(触发原因)包括有害物质和能量的存在,人、机、环境和管理的缺陷,环境因素,管理因素。

① 有害物质和能量的存在。所有的危险有害因素,尽管有各种各样的表现形式,但从本质上讲,能造成危险和有害的后果,都可归结为客观存在的有害物质或超过临界值的能量。

有害物质是指能损伤人体的生理机能和正常代谢功能,或者能破坏设备和物品的物质。比如,有毒物质、腐蚀性物质、有害粉尘和窒息性气体等都是有害物质。供给能量的能源和能量的载体在一定条件下(超过临界值),都是危险有害因素。比如,导致火灾、爆炸发生的化学物质、运动物体等都属于能量的范畴。

② 人、机、环境和管理的缺陷。有害物质和能量的存在是发生事故的先决条件,有害物质和能量不存在就没有事故。但存在有害物质和能量,并不一定就发生事故。因为,通常见到的有害物质和能量,一般都有防护措施,事故是被屏蔽的。

有害物质和能量的防护或屏蔽措施,有着强大的天敌,这就是:人、机、环境和管理的缺陷。防护或屏蔽措施与人、机、环境和管理缺陷进行斗争,前者胜,则有害物质和能量继续被屏蔽,仍处于安全状态;后者胜,则有害物质和能量失去控制,有害物质和能量释放出来危及人员和财产安全。

③ 环境因素。环境因素是指生产作业环境中的危险有害因素。环境的因素包括:室内作业场所环境不良、室外作业场地环境不良、地下(含水下)作业环境不良、其他作业环境不良。

环境因素将室内、室外、地上、地下、水上、水下等作业(施工)环境都包含在内。比如,作业场所狭窄、屋基沉降、采光不良、气温湿度不适、自然灾害、风量不足、缺氧、有害气体超限、建筑物结构不良、地下火、地下水、冲击地压等。

④ 管理因素。管理因素是指管理和管理责任缺失所导致的危险有害因素,主要从职业安全健康的组织机构、责任制、管理规章制度、投入、职业健康管理等方面考虑。包括职业安全健康组织机构不健全、职业安全健康责任制未落实、职业安全健康管理规章制度不完善、职业安全健康投入不足、职业健康管理不完善,其他管理因素缺陷。安全管理是为了保证及时、有效地实现既定的安全目标,在预测、分析的基础上进行的计划、组织、协调、检查等工作,它是预防故障和人员失误发生的有效手段。因此,管理缺陷是造成失控发生的重要因素。

2.3.3 安全色和安全标志

石油化工生产大多数都是在高温高压、易燃易爆等危险环境下进行,《中华人民共和国安全生产法》第三十二条规定,生产经营单位应当在有较大危险因素的生产经营场所和有关设施、设备上、设置明显的安全警示标志。安全警示标志的设置用于提醒人员注意环境中的危险因素,加强自身安全保护,避免事故的发生。

(1) 安全色

安全色是用来表达禁止、警告、指令和提示等安全信息含义的颜色。它的作用是使人们能够迅速发现和分辨安全标志,提醒人们注意安全,以防发生事故。我国《安全色》(GB

2893—2008）国家标准中采用了红、蓝、黄、绿四种颜色为安全色。

红色的含义是禁止和紧急停止，也表示防火；蓝色的含义是必须遵守；黄色的含义是警告和注意；绿色的含义是提示、安全状态和通行。

（2）对比色

能使安全色更加醒目的颜色，称为对比色或反衬色。白色明度最高，黄色的对比色用黑色，红、蓝、绿三种颜色的对比色用白色。

红色与白色间隔条纹的含义是禁止越过，交通、公路上用的防护栏杆以及隔离墩常涂此色。黄色与黑色间隔条纹的含义是警告、危险，工矿企业内部的防护栏杆、起重机吊钩的滑轮架、平板拖车排障器、低管道常涂此色。蓝色与白色间隔条纹的含义是指示方向，如交通指向导向标。绿色与白色间隔条纹表示安全环境的安全标记，如安全出口指示牌。

（3）安全标志

安全标志是由安全色、几何图形和形象的图形符号构成，用以表达特定的安全信息。安全标志可分为禁止标志、警告标志、指令标志、提示标志、警戒线和风向袋等类型。道路交通的安全标志应符合现行国家标准《道路交通标志和标线》GB 5768 的规定。消防的安全标志应符合国家标准《消防安全标志第 1 部分：标志》GB 13495.1—2015 的规定。危险货物的安全标志应符合国家标准《危险货物包装标志》GB 190—2009 的规定。

安全标志基本要求如下。

① 禁止标志的含义是禁止人们的不安全行为。禁止标志的几何图形是带斜杠的圆环，图形背景为白色，圆环和斜杠为红色，图形符号为黑色。

② 警告标志的含义是提醒人们对周围环境引起注意，以避免可能发生危险。警告标志的几何图形是三角形，图形背景是黄色，三角形边框及图形符号均为黑色。

石油化工企业常见的禁止和警告标志如图 2-1 所示。

图 2-1　石油化工企业常见的禁止和警告标志

③ 指令标志的含义是强制人们必须做出某种动作或采用防范措施。几何图形是圆形，背景为蓝色，图形符号为白色。

④ 提示标志的含义是向人们提供某种信息（指示目标方向、标明安全设施或场所等）。几何图形是长方形，按长短边的比例不同，分一般提示标志和消防设备提示标志两类。提示标志图形背景为绿色，图形符号及文字为白色。

石油化工企业常见的指令和提示标志如图2-2所示。

图2-2　石油化工企业常见的指令和提示标志

⑤危险化学品的安全标签与识别。危险化学品的安全标签是识别和区分危险化学品，用于提醒接触危险化学品人员的一种安全标志。安全标签是由化学品供应商提供的，并按一定规范设计的。它应该包括化学品的名称、分子式、编号、危险性标志、提示词、危险性说明、安全措施、灭火方法、生产厂家地址、电话、应急电话等有关内容。

安全标志的设置与管理要求如下。

应根据工艺特点和作业场所实际情况，确定需要使用的安全标志种类和位置，并设置相应的安全标志。安全标志应设在醒目地点（如作业场所、装置区域出入口等），设置的安全标志应准确表达相关信息。安全标志应安装牢固，不应设在门、窗等物体上，以免影响认读，且不得放置妨碍视线的障碍物。

安全标志的固定方式分附着式、悬挂式和柱式三种。附着式和悬挂式的固定应稳固不倾斜，柱式的图形标志与支架应牢固地连接在一起。安全标志应设置在明亮的环境中，必要时应保证在夜间清晰可辨。安全标志设置的高度，宜与人眼的视线高度相一致。多个安全标志在一起设置时，应按警告、禁止、指令、提示类型的顺序，先左后右、先上后下的排列。

安全标志应在工作场所和设备设施投入使用前设置完成。临时性的安全标志在使用完后，应撤出现场或取消。安全标志的使用要求还应符合国家标准《安全标志及其使用导则》GB 2894—2008所规定的规则。警示线的使用、设置应按国家标准《安全色》GB 2893—2008中的规定执行。警示线可根据实际需要喷涂或制成带、栏设置在控制场所外缘不少于300mm处。安全色与对比色交替的警示线中，安全色和对比色的色条宽度应为警示线宽度的40%～50%。

现场设置的安全标志应定期检查，每半年至少检查一次，如发现有破损、变形、褪色、松动等不符合要求时应及时修整或更换。企业应规范本企业的安全标志管理，保障安全标志制作、设置及管理的资金的列支。安全标志的相关知识应纳入培训，培训内容应包括安全标志传达的信息，以及在特定安全标志的指示下应采取的措施。

2.3.4 个人防护用品

个人防护用品是指在劳动生产过程中使劳动者免遭或减轻事故和职业危害因素的伤害而提供的个人保护用品，直接对人体起到保护作用；与之相对的是工业防护用品，非直接对人体起到保护作用。

按照用途分类：

① 防护服。防护服包括帽、衣、裤、围裙、套裙、鞋罩等，有防止或减轻热辐射、X射线、微波辐射和化学污染机体的作用。

- 白帆布防护服能使人体免受高温的烘烤，并有耐燃烧的特点，主要用于冶炼、浇注和焊接等工种。
- 劳动布防护服对人体起一般屏蔽保护作用，主要用于非高温、重体力作业的工种，如检修、起重和电气等工种。
- 涤卡布防护服能对人体起一般屏蔽防护作用，主要用于后勤和职能工作等岗位。

② 防护手套

- 厚帆布手套多用于高温、重体力劳动，如炼钢、铸造等工种。
- 薄帆布、纱线、分指手套主要用于检修工、起重机司机和配电工等工种。
- 翻毛皮革长手套主要用于焊接工种。
- 橡胶或涂橡胶手套主要用于电气、铸造等工种。

戴各种手套时，注意不要让手腕裸露出来，以防在作业时焊接火星或其他有害物溅入体内造成伤害；操作各类机床或在有被夹挤危险的地方作业时严禁戴手套。

③ 防护鞋。主要指绝缘防护胶靴。

- 橡胶鞋有绝缘保护作用，主要用于电力、水力清砂、露天作业等岗位。
- 球鞋有绝缘、防滑保护作用，主要用于检修、起重机司机、电气等工种。
- 钢包头皮鞋用于铸造、炼钢等工种。

④ 防护头盔。在生产现场，为防止意外重物坠落击伤、生产中不慎撞伤头部，或防止有害物质污染，工人应佩戴安全防护头盔。防护头盔多用合成树脂类橡胶等制成。我国国家标准 GB 2811—81 对安全头盔的形式、颜色、耐冲击、耐燃烧、耐低温、绝缘性等技术性能有专门规定。根据用途，防护头盔可分为单纯式和组合式两类。单纯式防护头盔是一般建筑工人、煤矿工人佩带的帽盔，用于防重物坠落砸伤头部。机械、化工等工厂防污染用的以棉布或合成纤维制成的带舌帽亦为单纯式防护头盔。组合式防护头盔主要有电焊工安全防护帽、矿用安全防尘帽、防尘防噪声安全帽。

- 帽内缓冲衬垫的带子要结实，人的头顶与帽内顶部的间隔不能小于 32mm。
- 不能把安全帽当坐垫用，以防变形，降低防护作用。
- 发现帽子有龟裂、下凹和磨损等情况，要立即更换。

⑤ 面罩和护目镜。

- 防辐射面罩主要用于焊接作业，防止在焊接中产生的强光、紫外线和金属飞屑损伤面部，防毒面具要注意滤毒材料的性能。
- 防打击的护目镜能防止金属、砂屑、钢液等飞溅物对眼部的伤害，多用于机床操作、铸造捣冒口等工种。

防辐射护目镜能防止有害红外线、耀眼的可见光和紫外线对眼部的伤害，主要用于冶炼、浇注、烧割和铸造热处理等工种。这种护目镜大多与帽檐连在一起，有固定的，也有可以上下翻动的。

正压式消防空气呼吸器是一种自给开放式消防空气呼吸器，使消防员或抢险人员能够在充满浓烟、毒气、蒸汽或缺氧的恶劣环境下安全地进行灭火、抢险救灾和救护工作。

图 2-3 所示正压式空气呼吸器由以下部件组成，现将部分部件的特点介绍如下。

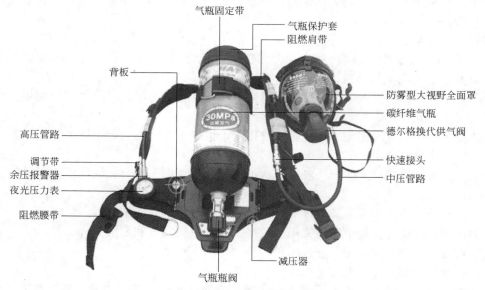

图 2-3　正压式空气呼吸器的结构组成

- 防雾型大视野全面罩：为大视野面窗，面窗镜片采用聚碳酸酯材料，具有透明度高、耐磨性强、防雾功能，网状头罩式佩戴方式，佩戴舒适、方便，胶体采用硅胶，无毒、无味、无刺激，气密性能好。
- 碳纤维气瓶：为铝内胆碳纤维全缠绕复合气瓶，工作压力 30MPa，该气瓶质量轻、强度高、安全性能好，瓶阀具有高压安全防护装置。
- 阻燃肩带：由阻燃聚酯织物制成，背带采用双侧可调结构，使重量落于腰胯部位，减轻肩带对胸部的压迫，使呼吸顺畅。并在肩带上设有宽大弹性衬垫，减轻对肩的压迫。
- 余压报警器：置于胸前，报警声易于分辨，体积小、重量轻。
- 夜光压力表：大表盘、具有夜视功能，配有橡胶保护罩。
- 气瓶瓶阀：具有高压安全装置，开启力矩小。
- 减压器：体积小、流量大、输出压力稳定。
- 背板：背托设计符合人体工程学原理，由碳纤维复合材料注塑成型，具有阻燃及防静电功能，质轻、坚固，在背托内侧衬有弹性护垫，可使配戴者舒适。
- 快速接头：小巧、可单手操作、有锁紧防脱功能。

⑥ 安全带。安全带是防止高处作业坠落的防护用品，使用时要注意以下事项。

- 在基准面 2m 以上作业须系安全带。
- 使用时应将安全带系在腰部，挂钩要扣在不低于作业者所处水平位置的可靠处，不能扣在作业者的下方位置，以防坠落时加大冲击力，使人受伤。
- 要经常检查安全带缝制部分和挂钩部分，发现断裂或磨损，要及时修理或更换。如果保护套丢失，要加上后再用。

⑦ 防噪声用具

- 耳塞：为插入外耳道内或置于外耳道口的一种栓，常用材料为塑料和橡胶。按结构外形和材料分为圆锥形塑料耳塞、蘑菇形塑料耳塞、伞形提篮形塑料耳塞、圆柱形泡沫塑料耳塞、可塑性变形塑料耳塞、硅橡胶成型耳塞、外包多孔塑料纸的超细纤维玻璃棉耳塞、棉纱耳塞。对于耳塞的要求为：应有不同规格的适合于各人外耳道的构型，隔声性能好、佩戴舒适、易佩戴和取出，又不易滑脱，易清洗、消毒、不变形等。
- 耳罩：常以塑料制成呈矩形杯碗状，内具泡沫或海绵垫层，覆盖于双耳，两杯碗间连以富有弹性的头架适度紧夹于头部，可调节，无明显压痛，舒适。要求其隔音性能好，耳罩壳体的低限共振率越低，防声效果越好。
- 防噪声帽盔：能覆盖大部分头部，以防强烈噪声经骨传导而达内耳，有软式和硬式两种。软式质轻，导热系数小，声衰减量为24dB，缺点是不通风。硬式为塑料硬壳，声衰减量可达 30～50dB。

对防噪声工具的选用，应考虑作业环境中噪声的强度和性质，以及各种防噪声用具衰减噪声的性能。各种防噪声用具都有一定的适用范围，选用时应认真按照说明书使用，以达到最佳防护效果。

2.4 危险化学品与防火防爆

2.4.1 危险化学品定义

《危险化学品安全管理条例》第三条：本条例所称危险化学品，是指具有毒害、腐蚀、爆炸、燃烧、助燃等性质，对人体、设施、环境具有危害的剧毒化学品和其他化学品。

2.4.2 危险化学品的分类

危险化学品根据其主要危险性，按照"择重归类"规则分类。为了方便后续的储存运输，按照 GB 6944—2012《危险货物分类和品名编号》中的规定分类，把危险化学品主要分为 9 类。

2.4.3 危险化学品的危险特性

① 燃烧性。爆炸品、压缩气体和液化气体中的可燃性气体、易燃液体、易燃固体、自燃物品、遇湿易燃物品、有机过氧化物等，在条件具备时均可能发生燃烧。

② 爆炸性。爆炸品、压缩气体和液化气体、易燃液体、易燃固体、自燃物品、遇湿易燃物品、氧化剂和有机过氧化物等危险化学品均可能由于其化学活性或易燃性引发爆炸事故。

③ 毒害性。许多危险化学品可通过一种或多种途径进入人体和动物体内，当其在人体累积到一定量时，便会扰乱或破坏肌体的正常生理功能，引起暂时性或持久性的病理改变，甚至危及生命。

④ 腐蚀性。强酸、强碱等物质能对人体组织、金属等物品造成损坏，接触人的皮肤、眼睛或肺部、食道等时，会引起表皮组织坏死而造成灼伤。内部器官被灼伤后可引起炎症，甚至会造成死亡。

⑤ 放射性。放射性危险化学品通过放出的射线可阻碍和伤害人体细胞活动机能并导致细胞死亡。

2.4.4 危险化学品安全要求

（1）储存保管的安全要求

许多石油化工企业在生产中都涉及大量危险化学品，仓库是储存易燃易爆、有毒有害危险化学品的场所，在库址的选择上必须适当，而且布局合理，建筑物符合国家有关规定的要求；在使用中科学管理。确保其储存、保管安全。

① 危险化学品的储存限量应遵守国家有关规定的要求。

② 交通运输部门应在车站、码头等地修建专用储存危险化学品仓库。

③ 储存危险化学品的地点及建筑结构，应根据国家的有关规定设置，并考虑对周围居民区的影响。

④ 危险化学品露天存放时应符合防火防爆的安全要求。

⑤ 安全消防卫生设施，应根据危险化学品的危险性质设置相应的防火、防爆、泄压、通风、调节温度、防潮防雨等安全措施。

⑥ 必须加强入库验收，防止发料差错。特别是对爆炸物质、剧毒物质和放射性物质，应采取双人收发、双人记录、双人双锁、双人运输和双人使用"五双制"的方法加以管理。

⑦ 经常进行安全检查，发现问题及时处理，并严格危险化学品库房的出入库制度。

⑧ 危险化学品应根据其危险特性及灭火办法的不同，严格按规定分类储存。

（2）爆炸性物质分类储存的安全要求

爆炸性物质的储存必须符合国家有关规定要求。在具体储存中应做到以下几点。

① 爆炸性物质必须存放在专用仓库内。储存爆炸性物质的仓库禁止设在城镇、市区和居民聚居的地方，并且应当与周围建筑、交通要道、输电线路等保持一定的安全距离。

② 存放爆炸性物质的仓库，不得同时存放相抵触的爆炸物质，并不得超过规定的存放数量。如雷管不得与其他炸药混合储存。

③ 爆炸性物质不得与酸、碱、盐类及某些金属、氧化剂等同库储存。

④ 为了通风、装卸和便于出入库检查，爆炸性物质堆放时堆垛不应过高过密。对爆炸性物质仓库的温度、湿度应加强控制和调节。

（3）压缩气体和液化气体储存的安全要求

① 压缩气体和液化气体与其他物质共同储存时，压缩气体和液化气体必须与爆炸性物质、氧化剂、易燃物质、自燃物质、腐蚀物质隔离储存；易燃气体不得与助燃气体、剧毒气体共同储存；易燃气体和剧毒气体不得与腐蚀物质混合储存。如氧气不得与油脂混合储存。

② 液化石油气储罐区的安全要求。液化石油气储罐库，应布置在通风良好而远离明火或微发火花的露天地带，应设置在有明火的平行风向或上风向，不设在散发火花的下风向；不宜与易燃、可燃液体储罐同组布置，更不应设在一个土堤内。压力卧式液化气罐的纵轴，不宜对着重要建筑、重要设备、交通要道及人员集中的场所。

液化石油气罐可单独布置，也可成组布置。成组布置时，组内储罐不应超过两排。一组储罐的总容量不应超过 $4000m^3$。储罐与储罐组四周可设防火堤。两相邻的防火堤外侧基脚线之间的距离不应小于 7m，堤高不超过 1m。

液化石油气罐的罐体基础的外露部分及罐组的地面应为非燃烧材料，罐上应设有安全阀、压力计、液面计、温度计和超压报警装置。无绝热措施时，应设淋水冷却装置。储罐的安全阀及放空管应接入全厂性火炬。独立储罐的放空管应通往安全地点放空。安全阀和储罐之间如安装有截止阀,应常开并加铅封。储罐应设置静电接地及防雷设施,罐区内电气设备应防爆。

③ 对气罐储存的安全要求。储存气瓶的仓库应为单层建筑,在其上设置易掀开的轻质顶层,地坪可用不发火沥青砂浆混凝土铺设,门窗都向外开启,玻璃涂以白色。库温不宜超过35℃,有通风降温措施。瓶库应用防火墙分隔为若干单独分间,每一分间有单独的安全出入口。气瓶仓库的最大储存量应按有关规定执行。

对直立放置的气瓶应设有栅栏或支架加以固定,以防倾倒。卧放气瓶应加以固定,以防滚动。盛气瓶的头尾方向在堆放时应取一致。高压气瓶的堆放高度不应超过5层。气瓶应远离热源并旋紧安全帽。对盛装易发生聚合反应的气体的气瓶,必须规定储存期限。随时检查有无漏气和堆垛不稳的情况,如检查发现有漏气时,应先做好人身保护,站立在上风处,向气瓶浇冷水,使其冷却后再旋紧阀门。若发现气瓶燃烧,可以根据所盛气体的性质,使用相应的灭火器具。但最主要的是用雾状水喷射,使其冷却再进行灭火。

(4) 易燃液体储存的安全要求

① 易燃液体应储存于通风阴凉的处所,并与明火保持一定的距离,在一定区域内严禁烟火。

② 沸点低或接近夏季气温的易燃液体,应储存于有降温措施的库房或储罐内。盛装易燃液体的容器应保留不少于5%容积的空隙,夏季不可暴晒。易燃液体的包装应无渗漏,封口要严密。铁桶包装不宜堆放太高,防止发生碰撞、摩擦而产生火花。

③ 闪点较低的易燃液体,应注意控制库温。气温较低时容易凝结成块的易燃液体,受冻后易使容器膨胀,故应注意防冻。

④ 易燃、可燃液体储罐可分地上、半地下和地下三种类型。地上储罐不应与地下或半地下储罐布置在同一储罐组内,且不宜与液化石油气储罐布置在同一储罐组内。储罐组内储罐的布置不宜超过两排。在地上或半地下的可燃、易燃液体储罐的四周应设置防火堤。

⑤ 储罐高度超过17m时,应设置固定的冷却和灭火设备;低于17m时可采用移动式灭火设备。

⑥ 闪点低、沸点低的易燃液体储罐应设置安全阀并有冷却降温设施。

⑦ 易燃、可燃液体桶装库应设为单层仓库,可采用钢筋混凝土排架结构,设防火墙分隔数间,每间应有安全出口。桶装的易燃液体不宜在露天堆放。

(5) 易燃固体储存的安全要求

① 储存易燃固体的仓库要求阴凉、干燥,要有隔热措施,忌阳光暴晒。易挥发、易燃固体宜密封堆放,仓库要求严格防潮。

② 易燃固体多属还原剂,应与氧和氧化剂分开储存。有很多易燃固体有毒,故储存中应重视防毒。

(6) 自燃物质储存的安全要求

① 自燃物质不能与易燃液体、易燃固体、遇水燃烧物质混合储存,也不能与腐蚀性物质混合储存。

② 自燃物质在储存中,对温度、湿度的要求比较严格,必须储存于阴凉、通风干燥的仓库中,并注意做好防火、防毒工作。

(7) 遇水燃烧物质储存的安全要求

① 遇水燃烧的物质储存时应选择地势较高的位置,在夏天暴雨季节保证不进水,堆垛时要用干燥枕木或垫板。

② 储存遇水燃烧物质的仓库要求干燥，要严防雨雪的侵袭。库房的门窗可以密封。库房的相对湿度一般保持在75%以下，最高不超过80%。

③ 钾、钠等应储存于不含水的矿物质或石蜡油中。

（8）氧化剂储存的安全要求

① 一级无机氧化剂与有机氧化剂不能混合储存，不能与其他弱氧化剂混合储存，不能与压缩气体、液化气体混合储存。氧化剂与毒害物质不得混合储存。有机氧化剂不能与溴、过氧化氢、硝酸等酸性物质混合储存。硝酸盐与硫酸、发烟硫酸、氯磺酸接触时都会发生化学反应，不能混合储存。

② 储存氧化剂时，应严格控制温度、湿度。可以采取整库密封、分垛密封与自燃通风相结合的方法。在不能通风的情况下，可以采用吸潮和人工降温的方法。

（9）有毒有害物质储存的安全要求

① 有毒有害物质应储存在阴凉通风的干燥场所。要避免露天存放，不能和酸性物质接触。

② 严禁与食品同存一库。

③ 包装封口必须严密，无论是瓶装、盒装、箱装还是其他包装，外面均应贴（印）有明显名称和标志。

④ 作业人员应按规定穿戴防毒用具，禁止用手直接接触毒害物质。储存毒害物质的仓库应有中毒急救、清洗、中和、消毒用的药物等备用。

2.4.5　防火防爆

火灾和爆炸是安全生产的大敌，一旦发生，极易造成人员的重大伤亡和财产损失。因此，必须贯彻"以防为主，以消为辅"的消防工作方针，严格控制和管理各种危险物及发火源，消除危险因素，将火灾和爆炸危险控制在最小范围内；发生火灾事故后，作业人员能迅速撤离险区，安全疏散，同时要及时有效地将火灾扑灭，防止蔓延和发生灾害。

2.4.5.1　燃点、自燃点和闪点

火灾和爆炸的形成，与可燃物的燃点、自燃点和闪点密切有关。了解这方面的知识，有助于防止发生火灾和爆炸。

① 燃点。燃点是可燃物质受热发生自燃的最低温度。达到这一温度，可燃物质与空气接触，不需要明火的作用，就能自行燃烧。

② 自燃点。物质的自燃点越低，发生起火的危险性越大。但是，物质的自燃点不是固定的，而是随着压力、温度和散热等条件的不同有相应的改变。一般压力愈高，自燃点愈低。可燃气体在压缩机中之所以较容易爆炸，原因之一就是因压力升高后自燃点降低了。

③ 闪点。闪点是易燃与可燃液体挥发出的蒸气与空气形成混合物后，遇火源发生内燃的最低温度。闪燃通常发生蓝色的火花，而且一闪即灭。这是因为易燃和可燃液体在闪点时蒸发速度缓慢，蒸发出来的蒸气仅能维持一刹那的燃烧，来不及补充新的蒸气，不能继续燃烧。从消防观点来说，闪燃就是火灾的先兆，在防火规范中有关物质的危险等级划分，就是以闪点为准的，凡闪点≤45℃的油品称为易燃油品，闪点＞45℃的油品称为可燃油品。

2.4.5.2 燃烧和爆炸

要有效防止火灾和爆炸的发生，正确掌握防火防爆技术，需要了解形成燃烧和爆炸的基本原理。

(1) 燃烧

燃烧：燃烧是可燃物质与空气或氧化剂发生化学反应而产生放热、发光的现象。在生产和生活中，凡是产生超出有效范围的违背人们意志的燃烧，即为火灾。燃烧必须同时具备以下三个基本条件。

① 可燃物。凡是与空气中氧或其他氧化剂发生剧烈反应的物质，都称为可燃物。如木材、纸张、金属镁、金属钠、汽油、酒精、氢气、乙炔和液化石油等。

② 助燃物。凡是能帮助和支持燃烧的物质，都称为助燃物。如氧化氯酸钾、高锰酸钾、过氧化钠等氧化剂。由于空气中含有21%左右的氧，所以可燃物质燃烧能够在空气中持续进行。

③ 火源。凡能引起可燃物质燃烧的热能源，都称为火源。如明火、电火花、聚焦的日光、高温灼热体，以及化学能和机械冲击能等。

防止以上三个条件同时存在，避免其相互作用，是防火技术的基本要求。

(2) 爆炸

爆炸：爆炸是物质由一种状态迅速转变成为另一种状态，并在极短的时间内以机械功的形式放出巨大的能量，或者是气体在极短的时间内发生剧烈膨胀，压力迅速下降到常温的现象。

爆炸可分为化学性爆炸和物理性爆炸两种。

① 化学性爆炸。物质由于发生化学反应，产生出大量气体和热量而形成的爆炸。这种爆炸能够直接造成火灾。根据其化学反应可以分为以下三种类型。

- 简单爆炸。例如爆炸物乙炔铜和乙炔银等受到轻微振动发生的爆炸。
- 复杂分解爆炸。属于这类爆炸物的有炸药、苦味酸、硝化棉和硝化甘油等。
- 爆炸性混合性爆炸。这里指可燃气体、蒸气或粉尘与空气（或氧气）按一定比例均匀混合，达到一定的浓度，形成爆炸性混合物时遇到火源而发生的爆炸。

② 物理性爆炸。通常指锅炉、压力容器或气瓶内的物质由于受热、碰撞等因素，使气体膨胀，压力急剧升高，超过了设备所能承受的机械强度而发生的爆炸。

2.4.5.3 爆炸极限

可燃气体、蒸气和粉尘与空气（或氧气）的混合物，在一定的浓度范围内能发生爆炸。爆炸性混合物能够发生爆炸的最低浓度，称为爆炸下限；能够发生爆炸的最高浓度为爆炸上限。爆炸下限和爆炸上限之间的范围，称为爆炸极限。

可燃气体或蒸气的爆炸极限，以其在混合物中百分比来表示；可燃粉尘的爆炸极限，以其在混合物中的体积重量比（g/m^3）表示。例如，乙炔和空气混合的爆炸极限为2.2%~81%（体积分数），铝粉法的爆炸下限为35g/m^3。显然，可燃物质的爆炸下限越低，爆炸极限范围越宽，则爆炸的危险性越大。影响爆炸极限的因素很多。爆炸性混合物的温度越高，压力越大，含氧量越高，以及火源能量超大等，都会使爆炸极限范围扩大。可燃气体与氧气混合的爆炸范围都比与空气混合的爆炸范围宽，因而更具有爆炸的危险性。常见石油化工产品的爆炸极限如表2-1所示。

表 2-1　常见石油化工产品的爆炸极限

物质名称	分子式	爆炸浓度(体积分数)/%	
		下限 LEL	上限 UEL
甲烷	CH_4	5	15
乙烷	C_2H_6	3	15.5
丙烷	C_3H_8	2.1	9.5
丁烷	C_4H_{10}	1.9	8.5
戊烷(液体)	C_5H_{12}	1.4	7.8
乙烯	C_2H_4	2.7	36
环丙烷	C_3H_6	2.4	10.4
煤油(液体)	$C_{10} \sim C_{16}$	0.6	5
汽油(液体)	$C_4 \sim C_{12}$	1.1	5.9

2.4.5.4　火灾、爆炸原因

在一般情况下，发生火灾、爆炸事故的原因有以下九个方面。

① 用火管理不当。无论对生产用火（如焊接、锻造、铸造和热处理等工艺），还是对生活用火（如吸烟、使用炉灶等），火源管理不善。

② 易燃物品管理不善，库房不符合防火标准，没有根据物质的性质分类储存。例如，将性质互相抵触的化学物品放在一起，灭火要求不同的物质放在一起，遇水燃烧的物质放在潮湿地点等。

③ 电气设备绝缘不良，安装不符合规程要求，发生短路、超负荷、接触电阻过大等。

④ 工艺布置不合理，易燃易爆场所未采取相应的防火防爆措施，设备缺乏维护、检修，或检修质量低劣。

⑤ 违反安全操作规程，使设备超温超压，或在易燃易爆场所违章动火、吸烟或违章使用汽油等易燃液体。

⑥ 通风不良，生产场所的可燃蒸气、气体或粉尘在空气中达到爆炸浓度并遇火源。

⑦ 避雷设备装置不当，缺乏检修或没有避雷装置，发生雷击引起失火。

⑧ 易燃易爆生产场所的设备管线没有采取消除静电措施，发生放电火花。

⑨ 棉纱、油布、沾油铁屑等放置不当，在一定条件下自燃起火。

2.4.5.5　防火防爆的基本措施

根据当前的科学技术条件，火灾和爆炸是可以防止的。一般采取以下五项措施。

① 开展防火教育，提高员工对防火意义的认识。建立健全群体性义务消防组织和防火安全制度，开展经常性的防火安全检查，消除火险隐患，并根据生产性质，配备适用和足够的消防器材。

② 认真执行建筑和生产装置防火设计规范。厂房和库房必须符合防火等级要求。厂房和库房之间应有安全距离，并设置消防用水和消防通道。

③ 合理布置生产工艺。根据产品原材料火灾危险性质，安排、选用符合安全要求的设

备和工艺流程。性质不同又能相互作用的物品应分开存放。具有火灾、爆炸危险的厂房，要采用局部通风或全面通风，降低易燃气体、蒸气、粉尘的浓度。

④ 易燃易爆物质的生产，应在密闭设备中进行。对于特别危险的作业，可充装惰性气体或其他介质保护，隔绝空气。对于与空气接触会燃烧的物质应采取特殊措施存放，例如，将金属钠存于煤油中，磷存于水中，二硫化碳用水封闭存放等。

⑤ 从技术上采取安全措施，消除火源。例如，为消除静电，可向汽油内加入抗静电剂。油库设施包括油罐、管道、卸油台、加油柱应进行可靠的接地，接地电阻不大于 30Ω；乙炔管道接地电阻不大于 20Ω。往容器注入易燃液体时，注液管道要光滑、接地，管口要插到容器底部。为防止雷击，在易燃易爆生产场所和库房安装避雷设施。此外，设备管理符合防火防爆要求，厂房和库房地面采用不发火地面等。

2.4.5.6 灭火的基本方法

发生了火灾，要运用正确的方法进行灭火。灭火的基本原理，主要是破坏燃烧过程及维持物质燃烧的条件。通常采用以下四种方法。

① 隔离法。将着火点或着火物与其周围的可燃物质隔离或移开，燃烧会因缺少可燃物而停止。

② 窒息法。阻止空气进入燃烧区，或者用不燃烧的物质（气体、干粉、泡沫等）隔绝或冲淡空气，使燃烧物得不到足够的氧气而熄灭。

③ 冷却法。将水、泡沫、二氧化碳等灭火剂喷射到燃烧区内，吸收或带走热量，降低燃烧物的温度和对周围其他可燃物的热辐射强度，达到停止燃烧的目的。

④ 化学抑制法。用含氟、氯、溴的化学灭火剂喷向火焰，让灭火剂参与燃烧反应，从而抑制燃烧过程，使火迅速熄灭。

上述四种方法有时是可以同时采用的。例如，用水或灭火器扑救火灾，就同时具有两个方面以上的灭火作用，但是，在选择灭火方法时，还要视火灾的原因采取适当的方法，不然，就可能适得其反，扩大灾害，如对电器火灾，就不能用水浇的方法，而宜用窒息法；对油火，宜用化学灭火剂等。

2.5 应急救援与事故处置

2.5.1 应急预案

应急预案指面对突发事件如自然灾害、重特大事故、环境公害及人为破坏的应急管理、指挥、救援计划等，它一般应建立在综合防灾规划上。应急预案几大重要子系统为：完善的应急组织管理指挥系统；强有力的应急工程救援保障体系；综合协调、应对自如的相互支持系统；充分备灾的保障供应体系；体现综合救援的应急队伍等。

(1) 应急预案编制的一般程序

第一步是成立编制小组。吸纳与预案有关的部门和人员参加；集思广益，吸纳各方意见。

第二步是法律法规分析、风险隐患分析应急能力分析。收集、分析预案所涉及的法律法规；识别危险因素；评价现有人力、物力和能力；摸清底数，有的放矢。

第三步是编制应急预案。基于分析结果，按照一定的框架格式，编制预案，确保清晰明了、简单实用。

第四步是评审与发布。征求预案所涉及单位的意见；召开专家评审会议；按照评审意见修改完善预案;提交预案批准单位,经相关会议批准后印发;科学评审、提高质量。

第五步是实施预案。开展预案的宣传、培训、演练;定期检查预案落实情况;定期评审和更新预案;检验预案、锻炼队伍、磨合机制、教育群众。

(2) 应急预案的编制基本要求

① 符合有关法律、法规、规章和标准的规定。
② 结合本地区、本部门、本单位的安全生产实际情况。
③ 结合本地区、本部门、本单位的危险性分析情况。
④ 应急组织和人员的职责分工明确,并有具体的落实措施。
⑤ 有明确、具体的事故预防措施和应急程序,并与其应急能力相适应。
⑥ 有明确的应急保障措施,并能满足本地区、本部门、本单位的应急工作要求。
⑦ 预案基本要素齐全、完整,预案附件提供的信息准确。
⑧ 预案内容与相关应急预案相互衔接。

(3) 应急救援的重要性

主要体现在以下三个方面。

① 可以科学规范突发事件应对处置工作。明确各级政府、各个部门及各个组织在应急体系中的职能,以便形成精简、统一、高效和协调的突发事件应急处置体制机制。
② 可以合理配置应对突发事件的相关资源。通过事先合理规划、储备和管理各类应急资源,在突发事件发生时,按照预案明确的程序,保证资源尽快投入使用。
③ 可以提高应急决策的科学性和时效性。突发事件的紧迫性、信息不对称性和资源有限性要求快速做出应急决策。预案为准确研判突发事件的规模、性质、程度并合理决策应对措施提供了科学的思路和方法,能够减轻其危害程度。

2.5.2 事故处置

(1) 应急处置程序

事故应急处置一般包括事故报警、出动应急救援队伍、划定安全区和事故现场控制、紧急疏散、现场指挥与控制、现场急救、人员安全防护、现场清理和洗消等8个方面。

① 事故报警。当发生事故时,现场人员必须根据各自企业制定的事故预案立即采取抑制措施,尽量减少事故的蔓延,同时向有关部门报告。事故发生单位领导人应根据事故地点、事态的发展决定应急救援形式是单位自救还是采取社会救援。

② 出动应急救援队伍。公司应急指挥中心总指挥根据事故的性质、严重程度、影响范围和可控性,对事故进行研判,若符合应急准备条件,按照公司应急响应程序,指令二级单位进行应急处置。根据事故的发展动态及现场应急处置情况,若预警升级,则启动应急响应,出动应急救援队伍,并确定向地方政府及集团公司报告事件发生相关情况及请求地方政府部门协调、支援等事项。

③ 划定安全区和事故现场控制。根据事故模拟结果和专家建议,并考虑危险化学品对人体的不同伤害程度,同时结合事故发生的不同时期,可以将现场分为初始安全区、事故现场控制等区域。

④ 紧急疏散。建立警戒区域并迅速将事故应急处理无关人员撤离,将相邻的危险化学品疏散,以减少不必要的人员伤亡。

紧急疏散时应注意:

- 如事故物质有毒时,需要佩戴个体防护用品或采用简易有效的防护措施。
- 应向上风方向转移;明确专人引导和护送疏散人员到安全区,并在疏散或撤离的路线上设立哨位,指明方向。
- 不要在低洼处滞留。
- 要查清是否有人留在污染区与着火区。
- 为使疏散工作顺利进行,每个车间应至少有两个畅通无阻的紧急出口,并有明显标志。

⑤ 现场指挥与控制

- 现场应急指挥责任主体及指挥权交接。突发事故发生后,事发单位要立即启动应急预案,先期成立本单位现场指挥部,由事发现场最高职位者担任现场指挥部指挥员,在确保安全的前提下采取有效措施组织抢救遇险人员,控制危险源、封锁危险场所、划定警戒隔离区,防止事故扩大。
- 组建现场指挥部。由市生产安全事故应急指挥部办公室牵头,组建现场指挥部,成立现场应急处置工作组。
- 现场指挥协调。现场指挥部成立后,及时将现场指挥部人员名单、通信方式等报告上一级应急指挥机构,根据现场指挥需要,按规定配备必要的指挥设备及通信手段等,具备迅速搭建现场指挥平台的能力;现场指挥部要悬挂或喷写醒目的标志,现场总指挥和其他人员要佩戴相应标识。
- 跟踪进展。一旦发现事态有进一步扩大的趋势,可能超出自身的控制能力时,指挥部应报请市生产安全事故应急指挥部协调调度其他应急资源参与处置工作。及时向事故可能波及的地区通报有关情况,必要时可通过媒体向社会发出预警。

⑥ 现场急救。在事故现场,化学品对人体可能造成的伤害为中毒、窒息、冻伤、化学灼伤、烧伤等,进行急救时,不论患者还是救援人员都需要进行适当的防护。急救之前,救援人员应确信受伤者所在的环境是安全的。另外,口对口的人工呼吸及冲洗污染的皮肤或眼睛时,要避免进一步受伤。

⑦ 人员安全防护

- 应急救援人员防护。应急救援指挥人员、医务人员和其他不进入污染区域的应急人员一般配备过滤式防毒面罩、防护服、防毒手套、防毒靴等;工程抢险、消防和侦检等进入污染区域的应急人员应配备密闭型防毒面罩、防酸碱型防护服和空气呼吸器等;采取相应安全防护措施后,方可进入现场救援。
- 遇险人员救护。救援人员应携带救生器材迅速进入现场,将遇险受困人员转移到安全区。将警戒隔离区内与事故应急处理无关人员撤离至安全区,撤离时要选择正确方向和路线。对救出人员进行现场急救和登记后,移交专业医疗卫生机构救护。
- 群众的安全防护。根据不同危险化学品事故特点,组织和指导群众就地取用毛巾、湿布、口罩等物品,采用简易有效措施自救互救。根据实际情况,制定切实可行的疏散程序。进入安全区域后,应尽快去除受污染的衣物,防止继发性伤害。

⑧ 现场清理和洗消。事故现场清理是为了防止进一步危害的过程。在现场危险分析的基础上,应对现场可能产生的进一步的危害和破坏采取及时的行动,使二次事故的可能性尽可能小。这类工作包括防止有毒有害气体的生成或蔓延、释放,防止易燃易爆物质或气体的生成与燃烧爆炸,防止由火灾引起的爆炸等。

(2) 典型事故应急处置

典型事故应急处置介绍扫描下方二维码查看。

油气管道泄漏事故应急处置　　火灾爆炸应急处置　　急性中毒事故应急处置

2.6　石油化工安全实训区

石油化工产业链实训培训基地的石油化工安全实践区主要由两部分组成：化工安全在线学训系统、石油化工安全学训区。

2.6.1　化工安全在线学训系统简介

（1）信息中心

① 培训注册根据用户的角色显示管理员推荐的课程，由管理员指定或用户选择注册。

② 培训矩阵根据用户角色，查询显示用户某项培训的培训计划。

③ 考试显示用户近期将要参加的考试信息。

④ 成绩查询。查询显示用户的所有成绩。

⑤ 显示、修改用户的账户信息。

化工安全在线学训系统登录界面如图 2-4 所示。

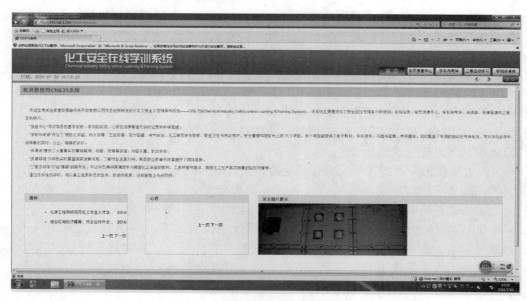

图 2-4　化工安全在线学训系统登录界面

（2）学习资料库

学习资料库有显示、查询、下载资料库课件的功能，如图 2-5 所示。

（3）三维互动学习

主要包括防爆安全、防毒安全、防火安全、机械安全、生产停运事故、通电安全技术在

图 2-5　化工安全在线学训系统学习资料库

内的动画演示，如图 2-6 所示。

图 2-6　化工安全在线学训系统三维虚拟工厂

(4) 考试系统

考试系统包括：安全标识考试系统软件（含题库及考核软件）；安全防护考试系统软件（含题库及考核软件）；安全操作规程训练软件（含题库及考核软件）；安全事故处理系统演示软件。

考核平台采用开放、动态的系统架构，将传统的考试培训模式与先进的网络应用相结合，实现对学员的出卷、考试、培训的高效管理。安全教学培训及技能鉴定考核系统由前台用户考试部分、后台系统管理部分两大部分组成，前台用户考试部分包括考试练习模块，并拥有考试查分、历史查询、统计查分等功能。

2.6.2 石油化工安全学训区

(1) 安全展示区

以安全文化展示、案例讨论和安全管理知识强化为主要教学功能。配备丰富的展板，以宣传安全生产方针、主要安全法规、企业安全文化、"5S"现场管理、HSE 管理体系、ISO 14000 认证体系、危险化学品安全知识、职业防护知识、特种作业知识等知识性内容为主，辅以必要的安全评价技术、安全与生产等内容，通过展板塑造良好的师生互动线索和环境，提高学生的安全素养、强化安全文化知识，提高安全意识。

石油化工安全学训区及挂图如图 2-7 所示。

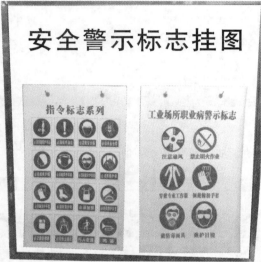

图 2-7　石油化工安全学训区及挂图

(2) 消防实训区

本实训区主要针对工作中涉及的特种作业内容设置实训环节，通过现场模拟和情景再现模式强化安全操作规范与现场工作规范。主要设备包括救火器材、消防栓、手提式灭火器、推车式灭火器、消防应急灯、消防应急逃生箱、灭火器箱、感烟器、火灾报警仪、安全帽、安全带等。

石油化工安全学训区消防水炮及正压式空气呼吸器如图 2-8 所示。

图 2-8　石油化工安全学训区消防水炮及正压式空气呼吸器

（3）职业防护实训区

本实训区主要功能是训练学生的职业防护技能，进一步强化职业防护知识。预计设置职业防护服、防毒面具、洗眼器等实物，实现学生职业防护用具的使用技能实训，同时设置外伤包扎用具的实训设备，实现学生现场救护技能实训。

1. 简述石油化工安全生产的特点。
2. 石油化工生产装置危险有害因素辨识原则有哪些？
3. 安全标志有哪几种颜色？各代表什么含义？
4. 正压式空气呼吸器佩戴要求有哪些？
5. 危险化学品是如何分类的？
6. 什么是危险化学品的闪点？
7. 什么是爆炸极限？
8. 事故应急处置的基本原则有哪些？

第 3 章　基地涉及的主要设备

基地涉及的主要设备包括流体输送设备、换热设备、加热设备、反应设备、分离设备、贮存设备等。本章将从流体输送设备、换热设备、塔等几个方面进行介绍。

3.1　流体输送设备

在石油加工过程中，常常需要把流体输送到较远的另一处，或从低能位处输送到高能位处。为此，必须对流体提供机械能，以克服流体流动阻力和提高流体的能位。为流体提供能量的机械称为流体输送机械。

流体输送机械主要有泵、风机、压缩机等，本章主要介绍泵这种典型的流体输送设备。

泵按工作原理分主要有离心泵、往复泵、水环泵等。

3.1.1　离心泵

炼油装置大多数泵皆为离心泵，具体介绍扫描右方二维码查看。

离心泵的作用原理：离心泵依靠旋转叶轮对液体的作用，将原动机的机械能传递给液体，对液体做功。当泵内灌满液体时，由于叶轮高速旋转，液体在叶轮作用下产生离心力，驱使液体从叶轮进口流向叶轮出口的过程中，其速度能和压力能都得到增加。被叶轮排出的液体经过压出室大部分速度能转换成压力能，然后沿排出管路输送出去。

(1) 性能

① 流量大而均匀，且随扬程变化。

② 扬程大小决定于叶轮外径和转速。

③ 扬程和轴功率与流量存在对应关系，扬程随流量增加而降低，轴功率随流量增加而增加。

④ 吸入高度较小，易产生汽蚀现象。

⑤ 在低流量下效率较低，但在设计点效率较高，大型泵效率比小型泵效率高。

⑥ 转速高。离心泵的额定转速一般是 2950r/min。

(2) 操作与调节

启动前必须灌泵，关闭出口阀，用出口阀或改变转速调节流量，但不宜在低流量下工作。

（3）结构特点

结构简单、紧凑，易于安装和检修，占地面积小，基础小，可与电机直接相连。

（4）适用范围

适用于流量大、扬程低、液体黏度小的环境，并适于输送悬浮液和不干净液体。

3.1.2 往复泵

装置注缓蚀剂、注氨、注破乳剂等注剂泵，各炼厂中也有选用计量泵的。通常所说的计量泵就是在往复泵（图 3-1）的基础上配有注入量调节装置。

作用原理：活（柱）塞作往复运动，使泵缸内的工作容积发生多次间歇变化，泵阀控制液体单向吸入和排出，形成工作循环，使液体能量增加，压力升高，排出泵体外。

（1）性能

① 流量小而不均匀（脉动），几乎不随扬程变化。

② 扬程大，且决定于泵本身动力、强度和密封。

③ 扬程和流量几乎无关，只是流量随扬程增加而漏损使流量降低，轴功率随扬程和流量而变化。

④ 吸入高度大，不易产生抽空现象，有自吸能力。

⑤ 效率较高，在不同扬程和流量下工作效率仍能保持较高值。

⑥ 转速低。

（2）操作与调节

启动必须打开出口阀，不用出口阀调节流量，采用旁路阀调节，或改变转速、活（柱）塞行程调节。

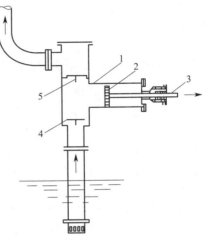

图 3-1　往复泵装置简图
1—泵缸；2—活塞；3—活塞杆；
4—吸入阀；5—排出阀

（3）结构特点

结构复杂，易损件多，易出故障，维修麻烦，占地面积大，基础大。

（4）适用范围

适用于流量小、扬程高、液体黏度大的环境，不宜用于输送不干净液体。

3.1.3 石油化工装置用泵的特点

在石油化工装置中，轻油挥发性强，重油温度高，有的油品还有腐蚀性，所有油品都是易燃易爆介质，因此对油泵有特殊的要求。

① 能长期连续运转，泵工作可靠，尤其是对密封要求较严格，严防油品漏到泵外。因此有时会采用双端面机械密封，在输送管路上装有单向止回阀，动力装置采用防爆或隔爆电机。

② 必须适应输送油品的性质和特点。有的油品挥发性较强，而且泵的排量比较大，因此要求泵的抗汽蚀性能要好。

③ 输送高温油品的机泵的过流部件必须采用耐高温材料，对于某些有腐蚀性油品，还应采用耐腐蚀材料。泵的转子和泵壳应采用热膨胀系数相近的材料。

由于炼油装置所用泵绝大多数都为离心油泵,故这里只介绍离心油泵的相关知识。

按输送油品温度的不同,离心油泵分为输送油品温度低于 200℃的冷油泵和温度高于 200℃的热油泵两类。

3.2 换热设备

传热就是热量传递的过程。石油加工过程都在一定温度、压力的条件下进行,因此不论是原料、中间产品、产品都要根据生产工艺要求进行加热和冷却。如原油在 365℃左右进行常压蒸馏,重油在 405℃左右进行减压蒸馏(真空度在 720mmHg 左右),经过蒸馏所得到的汽油、煤油、柴油等产品又要冷却到 25～40℃左右。

换热器是石油加工生产中重要的设备形式,它可用作加热器、冷却器、冷凝器、蒸发器等,应用十分广泛。

3.2.1 换热设备应满足的基本要求

根据工艺过程或热量回收用途的不同,换热设备应满足以下各项基本要求。

(1) 能够合理地实现所规定的工艺条件

传热量、流体的热力学参数(温度、压力、流量等)与物理化学性质(密度、黏度、腐蚀性等)是工艺过程所规定的条件。传热设备应该在上述条件的约束下,具有尽可能小的传热面积,在单位时间内传递尽可能多的热量。

(2) 安全可靠

大多数的换热设备也是压力容器,其强度、刚度、温差应力以及疲劳寿命,应该满足相关的规定及标准,这对保证设备的安全可靠起着决定性的作用。材料的选择也是一个重要的环节,不仅它的机械性能和物理性能要满足安全要求,其在特殊环境中的耐腐蚀性能也是关键指标。

(3) 便于安装、操作与维修

设备与部件应便于运输与装拆,在移动时不会受到楼梯、梁、柱等的妨碍。根据需要可添置气、液排放口,检查孔,敷设保温层。场地应留有足够的空间以便换热设备在检修时可以将其内件抽出在现场进行处理。

(4) 经济合理

评定换热设备最终的指标是:在一定时间内(通常为 1 年)固定费用(设备的购买费、安装费等)与操作费(动力费、清洗、维修费等)的总和为最小。通常采用"窄点设计法"来确定具体的换热流程。

3.2.2 换热设备的分类

换热设备可以从用途、传热方式和结构等不同角度进行分类。按用途分类,可分为加热器、冷却器、冷凝器、重沸器、蒸汽发生器等;按传热方式分类,可分为间壁式换热器、混合式换热器、蓄热式换热器;按结构分类,可分为管壳式换热器、板式换热器、板翅式换热器、管翅式换热器、热管式换热器等。

管壳式换热器是目前炼油化工生产中应用最广泛的传热设备,与其他换热器相比,具有结构简单、操作弹性大、适应性强、耐高温、耐高压及耐高温差、耐高压差的优点。管壳式换热器属于间壁式换热器,它是利用固体壁面将进行热交换的两种流体隔开,使它们通过共同的壁面（换热管）进行热交换。管壳式换热器只能满足流体介质间的热交换，加热介质和被加热介质分别流经管内和管间，并在流动过程中通过间壁进行热交换，被加热介质温度升高，加热介质温度降低。流过管间的介质一般要通过折流板几经折流后流出换热器，这主要是为提高管间介质的传热系数。

为防止壳程入口液体直接冲刷管束，避免冲蚀管束和造成震动，在入口处常常设置防冲板，缓冲壳程入口液流，其开孔数量与安装位置可按设计规定执行。其入口面积在任何情况下都不应小于接管的流通面积。

管壳式换热器包括固定管板式换热器、U形管式换热器、浮头式换热器。

（1）固定管板式换热器

固定管板式换热器结构扫描右边二维码查看。换热器的管端以焊接或胀接的方法固定在两块管板上，而管板则以焊接的方法与壳体相连。

（2）U形管式换热器

U形管式换热器结构扫描右边二维码查看，其壳体内的管束是弯成U字形的，类似发夹，所以又称为发夹式换热器。U形管式换热器管束两端均固定在同一个管板上，而U形端不加固定，每根U形管均可自由伸缩而不受其他管子及壳体的约束。

U形管式换热器结构简单、紧凑，只需要一个管板，单位传热面积的金属耗量少。具有弹性大、热补偿性能好、管程流速高、传热性能好、承压能力强、不易泄漏等优点，而且管束可以从壳体中抽出，管外清洗方便。但也存在制作较困难，管内清洗困难，因最内层管子弯曲半径不能太小造成管板利用率偏低的缺点。常减压装置往往在常顶或常顶循环使用U形管式换热器，以避免泄漏，影响产品质量。

（3）浮头式换热器

浮头式换热器结构扫描右边二维码查看，在常减压装置最为常用。换热器中一块管板与壳体固定，另一侧管板可相对壳体滑动，能承受较大的管壳间温差热应力。浮头部分由浮头管板、钩圈与浮头端盖组成，可拆联接，管束可以从壳体中取出，便于检修、清洗。其缺点是结构相对复杂，制造成本高，若浮头的垫片密封不严，会造成管内外流体互相混合，泄漏量不大时不易察觉。

3.3 塔

在石油、化工、轻工等生产部门中，塔设备主要应用于气液两相或液液两相相间的传质过程，如精馏、吸收解析、萃取等工艺。这些工艺过程是在一定的温度、压力、流量等条件下在塔内进行的。要完成上述过程必须使塔的结构能保证气-液两相或液-液两相的充分接触和必要的传质、传热面积以及两相的分离空间。

（1）塔设备需要满足的条件

根据传质过程的种类不同及工艺条件的差异，要求塔设备的结构类型会有很大区别，塔设备除应满足工艺的特殊要求外，一般还需满足下列条件。

① 对于一定大小结构的塔，生产能力越大，分离或吸收效率越高、越好。因此，在塔的结构上要保证两相充分的接触时间和接触面积以及两相的通量。

② 要尽可能减小塔在操作过程中的动力和热量消耗。为此必须尽力减少塔内流体的阻

力损失和热量损失,从而达到节能的目的。

③ 要使塔有较大的操作弹性,以便于操作。为此在塔的结构上要考虑尽力减少雾沫夹带量和泄漏量以及液泛的可能性。

④ 塔的结构要简单,节省材料、易于制造和安装检修,使用周期长,才能降低产品成本,获得较高的经济利益。

一个塔设备能够同时满足上述各方面的要求是很难的。因此,要根据传质种类和操作条件的不同,正确分析上述各项要求,来确定合理的塔设备类型和内部结构。

(2) 塔设备的分类

在传质过程中常用的塔设备大致可分为两大类:板式塔和填料塔。选择什么类型塔,涉及的因素也很多,应从满足生产工艺条件的要求出发,对塔型的优缺点进行综合评价。

一般情况下,板式塔与填料塔的选择,应权衡下述几方面的内容。

① 塔板与填料的性能对比。

② 塔板与填料的投资、操作费用对比。

③ 系统的物性特点。

④ 操作条件。

3.3.1 板式塔的种类和结构

在石油加工行业,目前板式塔所占比例比填料塔大,用于精馏过程比用于吸收过程的较多。塔设备一般都较高,特别是在石油和有机化工生产中,用于双组分和多组分分离的精馏塔,因各组分的相对挥发度较小,采用的塔盘结构各不相同,所需塔板数也较多,塔高一般在几十米甚至百米以上。同时由于石油加工企业向大型化发展,所需塔径也逐渐增大。

(1) 板式塔的种类

板式塔的形式很多,分类方法也各不相同,具体如表3-1所示。

表 3-1 板式塔分类

分类方式	类型
按气液在塔板上的流向分类	气-液呈错流的塔板 气-液呈逆流的塔板 气-液呈并流的塔板
按有无溢流装置分类	无溢流装置板式塔 有溢流装置板式塔
按塔盘结构分类	泡罩塔、浮阀塔、筛板塔等

(2) 塔盘

塔盘的种类多种多样,有筛板、泡罩、浮阀、舌形、网孔、多降液管塔盘(MD)、穿流筛板、栅纹穿流板(无降液管塔板)等。每一类下面有很多小类。比如浮阀又分V-1形浮阀、V-4形浮阀(圆形浮阀);HTV船型;T形、B形浮阀(条形阀板)等。下面介绍几种最常用的塔盘。

① 泡罩。泡罩塔板是工业生产上最早出现的塔板(1813年),广泛应用在精馏、吸收、解析等传质过程中。

泡罩塔板工作原理示意图如图3-2所示,不锈钢泡罩塔盘如图3-3所示。

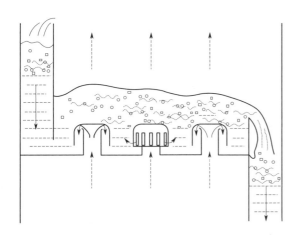

图 3-2 泡罩塔板工作原理示意图

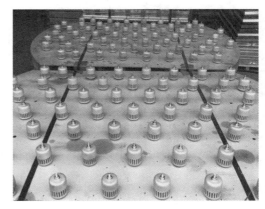

图 3-3 不锈钢泡罩塔盘

随着石油加工生产的发展和技术的进步,不断出现了种类繁多的新型高效板式塔,使泡罩塔的使用范围逐渐缩小,但至今石油化工生产中仍然还在使用,因为它具有以下优点。

- 气液两相接触比较充分,传质面积较大,因此塔板效率较高。
- 操作弹性较大,便于操作。
- 具有较高的生产能力,适用于大型生产。

它被逐渐淘汰的原因是结构复杂,造价较高,塔板压降较大等。

② 浮阀。浮阀是 20 世纪 50 年代初发展起来的一种新型塔盘结构,目前在实际工业中应用最广泛。浮阀塔盘的结构特点是在塔板上开有若干阀孔,每个阀孔装有一个可上下浮动的阀片,阀片本身连有几个阀腿。阀腿的作用是限制浮阀升起的高度和避免浮阀被气流冲走。阀片周围有几个略向下弯曲的定距片,当气速较低时,由于定距片的作用,阀片和塔板以点接触形式坐落在塔板上,可防止阀片粘贴在塔板上。浮阀结构示意图如图 3-4 所示。

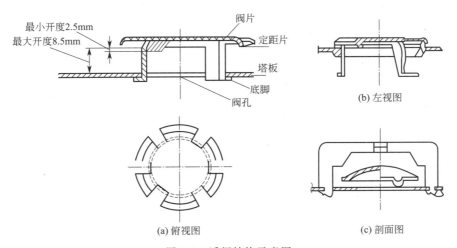

图 3-4 浮阀结构示意图

浮阀塔具有以下优点。

- 生产能力较大,比泡罩塔高 20%~40%,和筛板塔接近。

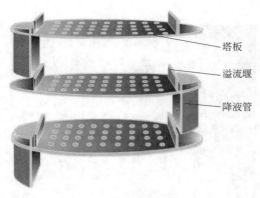

图 3-5 筛板塔板示意图

- 操作弹性大，由于浮阀可以根据气速大小自由升降、关闭或开启，当气速变化时，开度大小可以自动调节，适用于炼量波动和变化的情况。
- 塔板效率较高，上升气体以水平方向吹入液层，气液两相接触充分，因此一般比泡罩塔高15%左右。
- 塔板压降小。
- 造价低，结构较简单，制造容易，检修方便。

浮阀塔对材料的抗腐蚀要求较高，一般都采用不锈钢制造，以免在操作中被腐蚀而卡住，不能上下活动。

③ 筛板。筛板全称是筛孔塔板，它的结构和浮阀相类似，不同之处是塔板上不是开设装置浮阀的阀孔，而只是在塔板上开设许多直径3～5mm的筛孔，因此结构非常简单。筛板塔板示意图如图3-5所示。

筛板塔的主要优点就是结构简单，造价仅为泡罩塔的60%；塔板上液面落差低，塔板压降小；生产能力大；塔板效率高。主要缺点就是操作弹性小；筛孔易堵塞，不适合处理高黏度、易结焦的物料。

④ 舌形塔板。舌形塔板的结构特点是：在塔板上开出许多舌孔，方向和液体流动方向一致，舌片和塔板平面成一定的角度。舌孔按正三角形排列，塔板的流出侧没有溢流堰，只保留降液管。舌形塔板示意图如图3-6所示。

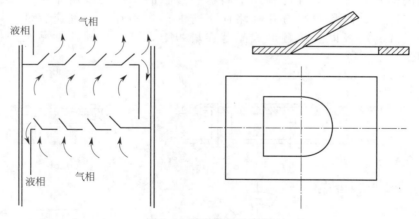

图 3-6 舌形塔板示意图

舌形塔板的优点如下。
- 结构简单，造价低。
- 塔板上液面落差低，塔板压降小。
- 生产能力大。
- 塔板效率高。

舌形塔板的缺点主要是操作弹性小。

虽然塔板的种类繁多，但各种塔板的作用是相同的，就是提供较大的气液相接触的表面积，以利于在两相之间进行传质和传热的过程。

（3）板式塔结构

板式塔是逐级接触式的气液传质设备，最普通的板式塔是由壳体、塔板、溢流堰、降液管、受液盘等部件组成。普通蒸馏塔结构扫描右边二维码查看。

① 壳体。蒸馏塔的壳体外形均为圆柱形。以前的蒸馏塔的材质多选用普通碳钢，随着原油硫含量的不断升高，壳体也随之升级。现在的蒸馏塔基本上都是使用复合钢板制造的，即外层钢板使用普通碳钢，内层塔板使用不锈钢或者防腐能力更高的316L等高等级钢材。

② 塔顶部分。在蒸馏塔内的顶端一般是气体出口的管口。在顶端到第一层塔板这一段是气液分离的空间。此空间较大，以降低气体上升速度，便于液滴从气相中分离出来。有些塔的塔顶为了除掉气相中的液滴或泡沫，还装有惯性分离或离心分离装置。

③ 塔底部分。塔底部分的空间非常大。它的作用一是储存大量的液体以稳定下一单元的进料，二是在此进行气液分离，使塔底重组分中所携带的轻组分回到塔上部。为达到此目的，在塔底一般设有汽提蒸汽盘管或汽提蒸汽分布管，也有相当多的塔使用重沸器来加热塔底油以驱赶出其中的轻组分。

在塔底封头的最底部是塔底油的抽出口，在抽出口上装有防涡板，以避免液体在抽出口处形成旋涡，将塔内气体抽走，造成泵抽空。对于一些含杂质的液体，比如催化裂化装置的分馏塔，除了防涡板外还设有防焦网，以避免油浆将催化剂焦块携带入管线内，堵塞管线、换热器管束或磨穿管线、阀门。

④ 进料段。进料段的主要作用是将已部分气化的油品迅速、彻底地分成气相、液相两部分。为此，开发出许多种进料装置，如单切线进料、双切线进料等。进料段也需要一定大的空间，以增加气液相分离时间。

⑤ 塔盘结构。塔盘安装时采用分块安装或整体安装两种方式，选择的依据是根据塔径的大小和安装检修的方便来确定的。

塔盘间的距离和塔径大小要根据工艺计算出来的雾沫夹带量、气相负荷、液相负荷等参数来确定。塔盘间距太大会使整个塔的高度增加，塔盘间距过小则易产生雾沫夹带和液泛，因此塔盘间距选择要合适，一般采用400mm、600mm、800mm三种距离。对于开有人孔、返塔口、抽出口等层，塔盘间距要大些，以便于安装检修。

3.3.2 填料塔的种类和结构

填料塔是在圆柱形筒体内设置填料，使气液两相通过填料层时达到充分接触，完成气液两相的传质过程。填料塔具有结构简单，填料可用耐腐蚀材料制作的特点，同时填料塔的压力降也比板式塔小，所以是石油加工生产中广泛应用的传质设备。

（1）填料塔的总体种类

填料塔的结构较板式塔简单。这类塔由塔体、喷淋装置、填料、分布器等组成。气体进入塔内后，经填料上升，液体则由喷淋装置喷出后，沿填料表面下流，气液两相便得到充分接触，从而达到传质的目的。

（2）填料的种类和特性

① 填料的特性。普通填料塔结构扫描右边二维码查看。

填料的特性常用下面几个参数说明。

● 填料的尺寸，常以填料的外径、高度和厚度数值的乘式来表示。例如

10mm×10mm×1.5mm 的拉西环，则表示拉西环外径为 10mm，高度为 10mm，厚度为 1.5mm。

- 单位体积中填料的个数 n，即每立方米体积内装多少个填料。
- 比表面 σ，单位体积内填料所具有的表面积，单位是 m^2/m^3。
- 空隙率（也叫自由体积）ε，塔内每立方米干填料净空间（空隙体积）所占的百分数，单位是 m^3/m^3。填料上喷淋液体后，由于填料表面挂液，则空隙率减小。
- 堆积密度 ρ，单位体积内填料的质量，单位是 kg/m^3。

② 填料的种类。填料塔所采用的填料根据装填方式主要分两大类：乱堆填料和规整填料。其中乱堆填料是指将一个个具有一定几何形状和尺寸的颗粒体，一般以随机的方式堆积在塔内，又称为散装填料或颗粒填料。乱堆填料根据结构特点不同，又可分为环形填料、鞍形填料、环鞍形填料及球形填料等。现介绍几种较为典型的乱堆填料。

a. 乱堆填料

- 拉西环填料于 1914 年由拉西（F. Rashching）发明，为外径与高度相等的圆环。如图 3-7 所示。拉西环填料的气液分布较差，传质效率低，阻力大，通量小，目前工业上已较少应用。

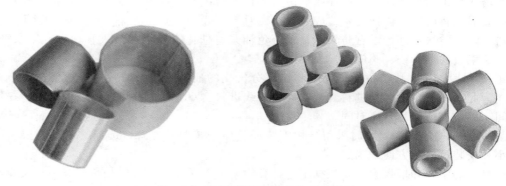

图 3-7　金属和陶瓷材质的拉西环填料

- 鲍尔环填料如图 3-8 所示，鲍尔环是对拉西环的改进，在拉西环的侧壁上开出两排长方形的窗孔，被切开的环壁的一侧仍与壁面相连，另一侧向环内弯曲，形成内伸的舌叶，诸舌叶的侧边在环中心相搭。鲍尔环由于环壁开孔，大大提高了环内空间及环内表面的利用

图 3-8　不锈钢和塑料材质的鲍尔环填料

率,气流阻力小,液体分布均匀。与拉西环相比,鲍尔环的气体通量可增加50%以上,传质效率提高30%左右。鲍尔环是一种应用较广的填料。

b. 规整填料。规整填料是按一定的几何形状排列,整齐堆砌的填料。规整填料种类很多,根据其几何结构可分为格栅填料、波纹填料、脉冲填料等。

● 格栅填料:格栅填料是以条状单元体经一定规则组合而成的,具有多种结构形式,如图3-9所示。工业上应用最早的格栅填料为木格栅填料。应用较为普遍的有格里奇格栅填料、网孔格栅填料、蜂窝格栅填料等,其中以格里奇格栅填料最具代表性。

格栅填料的比表面积较低,主要用于要求压降小、负荷大及防堵等场合。

● 波纹填料:它是由许多波纹薄板组成的圆盘状填料,波纹与塔轴的倾角有30度和45度两种,组装时相邻两波纹板反向靠叠,如图3-10所示。各盘填料垂直装于塔内,相邻的两盘填料间交错90度排列。波纹填料按结构可分为网波纹填料和板波纹填料两大类,其材质又有金属、塑料和陶瓷等之分。波纹填料的优点是结构紧凑,阻力小,传质效率高,处理能力大,比表面积大(常用的有$125m^2/m^3$、$150m^2/m^3$、$250m^2/m^3$、$350m^2/m^3$、$500m^2/m^3$、$700m^2/m^3$等几种)。

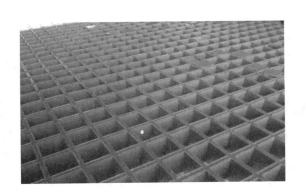

图3-9 塑料格栅填料

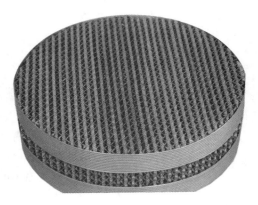

图3-10 不锈钢丝网波纹填料

波纹填料的缺点是不适于处理黏度大、易聚合或有悬浮物的物料,且装卸、清理困难,造价高。

3.3.3 填料塔与板式塔的比较

对于许多气液逆流接触过程,填料塔和板式塔都是可以适用的,设计者必须根据具体情况进行选用。填料塔和板式塔有许多不同点,了解这些不同点对于合理选用塔设备是有帮助的。

① 填料塔操作范围较小,特别是对于液体负荷变化更为敏感。当液体负荷较小时,填料表面不能很好地润湿,传质效果急剧下降;当液体负荷过大时,则容易产生液泛。设计良好的板式塔,则具有大得多的操作范围。

② 填料塔不宜于处理易聚合或含有固体悬浮物的物料,而某些类型的板式塔(如大孔径筛板、泡罩塔等)则可以有效地处理这种物质。另外,板式塔的清洗亦比填料塔方便。

③ 当气液接触过程中需要冷却以移除反应热或溶解热时,填料塔因涉及液体均匀分布问题而使结构复杂化。板式塔可方便地在塔板上安装冷却盘管。同理,当有侧线出料时,填料塔也不如板式塔方便。

④ 以前乱堆填料塔直径很少大于 0.5m，后来又认为不宜超过 1.5m，根据填料塔的发展状况，板式塔直径一般不小于 0.6m。
⑤ 关于板式塔的设计资料更容易得到而且更为可靠，因此板式塔的设计比较准确，安全系数可取得更小。
⑥ 当塔径不很大时，填料塔因结构简单而造价便宜。
⑦ 对于易起泡物系，填料塔更适合，因填料对泡沫有限制和破碎的作用。
⑧ 对于腐蚀性物系，填料塔更适合，因可采用瓷质填料。
⑨ 对热敏性物系宜采用填料塔，因为填料塔内的滞液量比板式塔少，物料在塔内的停留时间短。
⑩ 填料塔的压降比板式塔小，因而对真空操作更为适宜。

3.4 管式反应器

管式反应器是由多根细管串联或并联而构成的一种反应器。通常管式反应器的长度和直径之比大于 50～100。管式反应器在实际应用中，多数采用连续操作，少数采用半连续操作，使用间歇操作的则极为罕见。

3.4.1 管式反应器的特点

① 由于反应物的分子在反应器内停留时间相等，所以在反应器内任何一点上的反应物浓度和化学反应速度都不随时间而变化，只随管长变化。
② 管式反应器的单位反应器体积具有较大的换热面，特别适用于热效应较大的反应。
③ 由于反应物在管式反应器中反应速度快、流速快，所以它的生产率高。
④ 管式反应器适用于大型化和连续化的化工生产。
⑤ 和釜式反应器相比较，其返混较小，在流速较低的情况下，其管内流体流型接近于理想置换流。

3.4.2 管式反应器的结构

管式反应器包括直管、弯管、密封环、管件、温度补偿器、传热夹套及联络管和机架等几部分。

下面对部分构件进行介绍。
① 直管。根据反应段的不同，内管内径通常也不同，有 $\Phi 27mm$ 和 $\Phi 34mm$，夹套管用焊接形式与内管固定。夹套管上对称地安装一对不锈钢 Ω 形补偿器，以消除开停车时内外管线膨胀系数不同而附加在焊缝上的拉应力。

反应器预热段夹套管内通蒸汽加热进行反应，反应段和冷却段通热水移去反应热或冷却。所以在夹套管两端开了孔，并装有连接法兰，以便和相邻夹套管相连通。为安装方便，在整管中间部位装有支座。
② 弯管。弯管结构与直管基本相同。弯管在机架上的安装方法允许其足够的伸缩量，故不再另加补偿器。内管总长（包括弯头弧长）是 8m。
③ 密封环。套管式反应器的密封环为透镜环。透镜环有两种形状：一种是圆柱形的；另一种是带接管的 T 形透镜环，圆柱形透镜环用反应器内管同一材质制成。带接管的 T 形透镜环是安装测温、测压元件用的。

④ 管件。反应器的连接必须按规定的紧固力矩进行，因此对法兰、螺柱和螺母都有一定要求。

⑤ 机架。反应器机架用桥梁钢焊接成整体。地脚螺栓安放在基础桩的柱头上，安装管子支架部位装有托架。管子用抱箍与托架固定。

3.4.3 管式反应器的分类及工业应用

通常按管式反应器管道的连接方式不同，把管式反应器分为多管串联管式反应器和多管并联管式反应器。多管串联结构的管式反应器，一般用于气相反应和气液相反应，例如烃类裂解反应和乙烯液相氧化制乙醛反应。多管并联结构的管式反应器，一般用于气固相反应，例如气相氯化氢和乙炔在多管并联装有固相催化剂中反应制氯乙烯，气相氮和氢混合物在多管并联装有固相铁催化剂中合成氨。工业用管式反应器如图 3-11 所示。

图 3-11 工业用管式反应器

管式反应器是应用较多的一种连续操作反应器，常用的管式反应器有以下几种类型。

（1）水平管式反应器

图 3-12 给出的是进行气相或均液相反应常用的一种管式反应器，由无缝钢管与 U 形管连接而成。这种结构易于加工制造和检修。高压反应管道的连接采用标准槽对焊钢法兰，可承受 1.6~10MPa 压力。如用透镜面钢法兰，承受压力可达 10~20MPa。

图 3-12 水平管式反应器

（2）立管式反应器

图 3-13 给出几种立管式反应器。图 3-13(a) 为单程式立管式反应器，图 3-13(b) 为带中心插入管的立管式反应器。有时也将一束立管安装在一个加热套筒内，以节省安装面积，如图 3-13(c) 所示。立管式反应器被应用于液相氨化反应、液相加氢反应、液相氧化反应等工艺中。

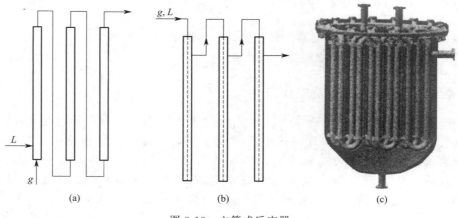

图 3-13 立管式反应器

(3) 盘管式反应器

将管式反应器做成盘管的形式，设备紧凑，节省空间。但检修和清刷管道比较困难。图 3-14 所示的反应器由许多水平盘管上下重叠串联组成。每一个盘管是由许多半径不同的半圆形管子相连接成螺旋形式，螺旋中央留出 Φ400mm 的空间，便于安装和检修。

(4) U 形管式反应器

U 形管式反应器的管内设有多孔挡板或搅拌装置，以强化传热与传质过程。U 形管的直径大，物料停留时间增长，可应用于反应速率较慢的反应。例如带多孔挡板的 U 形管式反应器，被应用于己内酰胺的聚合反应。带搅拌装置的 U 形管式反应器适用于非均液相物料或液固相悬浮物料，如甲苯的连续硝化、蒽醌的连续磺化等反应。

(5) 多管并联管式反应器

多管并联结构的管式反应器一般用于气固相反应，例如气相氯化氢和乙炔在多管并联装有固相催化剂的反应器中反应制氯乙烯，气相氮和氢混合物在多管并联装有固相铁催化剂的反应器中合成氨。

图 3-14 盘管式反应器

思考题

1. 石油化工各装置用泵的特点有哪些？
2. 什么是离心泵的气蚀和气缚？
3. 简述固定管板式换热器的优缺点。
4. 浮头式换热器和 U 型管式换热器的应用场景有哪些区别？
5. 板式塔的塔板类型有哪些？
6. 板式塔和填料塔各有哪些优势？
7. 简述几种管式反应器的应用场景。

第 4 章　油气钻采仿真平台

油气钻采是运用科学的理论、技术与装备高效的钻探地下油气资源,并经济有效地将地层中的油气开采到地面。校内实训仿真基地油气钻采平台包括油藏仿真装置、钻机仿真装置、井控仿真装置、修井机仿真装置、采油仿真装置、多相管流仿真装置等实训设备。

4.1　油气藏概述

石油是储存于地下岩石之中的,但不是所有的岩石都能够储存石油。只有那些具备了一定的物性条件和构造条件的岩石,才可能在特定的时期内储存石油。任何油气都储集于各种不同类型的圈闭中,因此圈闭是形成油气藏的必要条件。

4.1.1　圈闭的构成

地球最外圈层的固体物质部分称作地壳。地壳是由各种各样的岩石构成的,有些岩石二维延展特征明显,表现为层状特征,如沉积岩;而有些岩石则三维延展特征明显,表现为块状特征,如岩浆岩,如图 4-1 所示。

同一层内的岩石是在相同的环境下形成的,因此,其性质大致相同。不同层之间的岩石性质,则存在较大的差别。有些岩石的骨架颗粒粗大,颗粒之间的孔隙开度也较大,在一定条件下可以储存油气,因而是良好的储集岩,如砂岩;而有些岩石则相对较为致密,组成岩石的骨架颗粒细小,颗粒之间的孔隙开度也较小,油气难以进入,或进入之后再难以流出,这一类岩石则为非储集岩,如泥岩。

由于储集层岩石最初大都是在水生环境下形成的,因此,岩石的孔隙中一般都饱和着原生地层水。当油气从外部地层运移进入之后,储集层才可能储集石油。储集层岩石虽然具有储集油气的孔隙条件,但要真正聚集油气,还必须具备一定的构造条件。所谓构造,就

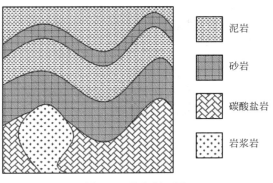

图 4-1　地壳剖面图

是储集层的空间展布特性。能够阻止油气继运移并能使其聚集起来的地质构造，称作圈闭。

一般说来，水平储集层和单斜储集层是不能聚集油气的，因为这样的储集层缺少圈闭条件，油气可以在浮力的作用下流走。一个圈闭有三个构成要素即储集层、盖层和遮挡物（图4-2）。储集层是储存油气的岩石层；盖层是阻止油气向上运移的岩石层；而遮挡物则是阻止油气侧向运移的岩石层，这种遮挡物可由地层的变形如背斜、断层等造成，也可以是因储集层沿上倾方向被非渗透地层不整合覆盖，以及因储集层沿上倾方向发生尖灭或物性变差而造成。

图 4-2　圈闭构成要素图

能够成为盖层和遮挡物的岩石属于同一类岩石，它们通常为孔隙开度相对较小的岩石种类，如泥岩等细粒碎屑岩。一些结晶类型的致密岩石，如碳酸盐岩，孔隙开度相对较小，也可以作为盖层和遮挡物。盖层和遮挡物都是弱渗透性质的岩石层，它们通过毛管压力封堵油气。

4.1.2　圈闭的度量

圈闭的大小和规模往往决定着油气藏的储量大小，其大小由圈闭的最大有效容积来度量。圈闭的最大有效容积表示该圈闭能容纳油气的最大体积。因此，它是评价圈闭的重要参数之一。圈闭大小的度量参数有三个：溢出点、闭合高度和闭合面积。

4.1.3　油气藏度量

当油气运移进入圈闭之后，将首先占据圈闭的最高部位，并把其中的一部分地层水排出。单一圈闭中的油气聚集或单一圈闭中被油气占据的部分，称作油气藏。油气藏由岩石和流体两部分组成。若圈闭中聚集的是液态石油，则为油藏；若圈闭中聚集的是气态石油，则为气藏。若圈闭中同时聚集了油和气，则为油气藏。同一个圈闭中的流体，轻者在上，重者在下，这是由于流体的重力分异作用所致。

油藏的度量参数也有三个：油水界面、油柱高度和含油面积。

4.1.4　油气藏条件

油气不是在地下任何地方都可以聚集起来形成油气藏的，油气藏只有在特定的地质条件下才能够形成，而且还必须满足一定的力学条件。

（1）地质条件

油气藏形成的地质条件主要包括：生油层（烃源岩）、储集层、盖层、圈闭、运移和保存条件等。

生油层是指那些富含有机质且成熟后能够生成油气的岩石层。由于有机质往往都是一些动植物及微生物尸体的碎片，颗粒细小而色暗，因此，生油层也往往粒细而致密并呈暗色。一个盆地必须存在足够数量的生油岩石，并且经过热演化作用之后，才能够大量生成油气。充足的烃源物质是油气藏形成的物质保障和前提条件。一般情况下，烃源岩都位于盆地的低洼或向斜构造中。

储集层是能够储存油气的岩石层。一个盆地中必须存在一定数量的储集层，否则、烃源岩生成的油气无处储存。

储集层、盖层和遮挡物组合起来形成的圈闭，是油气聚集成藏的必要条件。没有圈闭，油气无处聚集，只能呈分散状态散失到地层之中，而无法聚集起来形成油气藏。

油气往往生成于致密的细粒非储集岩（烃源岩）中，生成的油气首先必须从烃源岩中运移出来，然后，在储集岩中沿着储集层的上倾方向进行运移，并最终在圈闭中聚集起来，如图4-3所示。L. V. ILLing（1933）把油气从烃源岩向储集岩的运移（油气在烃源岩中的运移）称作初次运移，把油气在储集岩中的运移称作二次运移。油气能够从致密的烃源层运移进入上方的储集层中，却不能从储集层运移进入上方的致密盖层中，这就是油气运移的奇妙之处。显然，没有充分有效的油气运移，就不可能形成油气藏。

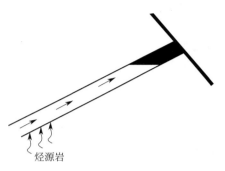

图 4-3　油气运移图

油气藏形成之后，还必须存在良好的保存条件，否则，因构造运动或因生物作用和水动力条件的变化，也可能将已经形成的油气藏破坏掉。

油气藏形成的6个地质条件必须同时满足，才能够形成今天的油气藏。由此可见，一个油气藏的形成，是多么难得。

（2）力学条件之一

石油和地层水都是流体物质，它们在圈闭中的分布规律必须遵守流体力学条件。按照油气藏的定义，单一圈闭中的油气聚集为一个油气藏，不同圈闭中的油气聚集为不同的油气藏。在同一个圈闭中，油气水在静力平衡的作用下产生分异现象。较轻的油气位于圈闭的顶部，而较重的地层水则位于圈闭的底部。油与地层水之间存在一个分界面，称作油水界面。根据流体力学理论，在同一个油藏中，应该只存在一个油水界面；若存在油气界面，也只能有一个。也就是说，同一个油藏应具有统一的油水界面；不同的油藏应具有不同的油水界面。因此，根据油水界面的形态，可以判断不同油层内的油气是否属于同一个油藏系统。

图4-4中二个油层中的油气具有相同的油水界面，因而属于同一个油藏，尽管在图中剖面上二个油层之间并不连通，但在其他位置上一定是连通的。

图4-5中二个油层中的油气具有不同的油水界面，因而属于不同的油藏。

图 4-4　油藏剖面图（Ⅰ）　　　　　　图 4-5　油藏剖面图（Ⅱ）

一个油藏的油水界面可能不是完全水平的，有时候甚至是倾斜的或凸凹不平的。不管呈现何种形态，一个油藏只能有一个油水界面。

（3）力学条件之二

根据流体力学理论，一个油藏中任意一点的实测地层压力应在同一条直线上，即满足同一个压力方程。也就是说，同一个油藏具有统一的压力系统，不同的油藏具有不同的压力系统。这一力学条件也可以表述成，同一个油藏任意一点的折算（等效）压力都相等。

图 4-6(a) 为油藏压力测点分布图，图 4-6(b) 为油藏测点压力（P）与测点深度（D）之间的关系曲线，所有测点压力都位于同一条直线上，所有测点压力折算到基准面上之后，只有一个数值。

如果一口油井钻遇多个油层，则可以用力学条件之二判断油层之间的连通关系及压力系统关系，即判断哪些油层属于同一个油藏。图 4-7(a) 中的二个油层相互连通并属于同一个油藏，而图 4-7(b) 中的二个油层则互不连通且属于不同的油藏系统。

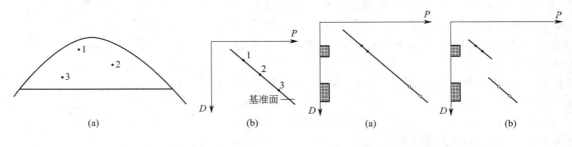

图 4-6　油藏压力系统图　　　　图 4-7　油藏压力系统判别图

4.1.5　油气藏分类

世界上的油气藏不计其数，油气藏的类型也多种多样，每一个油气藏都有别于其他油气藏的自身特点。为了更好地开发油气资源，有必要对油气藏进行科学的分类和命名。油气藏分类，通常从以下 5 个方面进行。

（1）储集层岩石类型

能够作为储集层的岩石类型很多，严格说来几乎所有的岩石种类都可以储存油气，只要岩石中发育的孔隙开度足够大即可。大多数的碎屑砂岩都发育有开度较大的原生粒间孔隙，因而是良好的储集岩，如图 4-8(a) 所示。结晶碳酸盐岩、岩浆岩和细粒碎屑泥岩的原生孔隙开度较小，因而一般情况下也都没有储存油气的能力。但是，如果岩石中发育了开度较大的次生孔隙（裂缝、溶洞等），则也可以储存油气而成为好的储集层，如图 4-8(b) 所示。

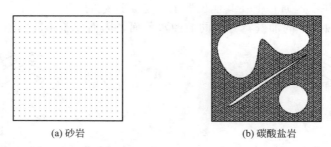

图 4-8　储集层岩石类型

（2）圈闭类型

按照圈闭的成因可把圈闭划分为构造圈闭、非构造圈闭两大类。构造圈闭包括背斜型圈闭、断层型圈闭两个亚类。非构造型圈闭主要由沉积、地层不整合和地层超覆等因素形成，可分为地层型圈闭、岩性型圈闭和古潜山型圈闭等类型。

① 构造圈闭。所谓构造圈闭，是指因为地应力变化导致的构造运动而形成的圈闭类型。主要有褶皱形式的背斜型圈闭和断层遮挡形式的断层型圈闭。

a. 背斜型圈闭。滚动背斜型圈闭是同生断层在发育过程中，因重力作用使得下降盘的地层在断层附近发生反向倾斜而形成的。挤压背斜型圈闭是在侧向挤压应力作用下发生褶皱变形形成的。这种侧向挤压应力既可以是区域性的，也可以发生在局部凹陷内由于相向正断层的下掉所引起的。若圈闭中聚集了油气，则为背斜油气藏。

b. 断层型圈闭。断块圈闭是由于倾斜的储集层上倾方向被断层错断，并与非渗透性层相接而形成的。断层可以是弯曲的或交叉的断层。断块圈闭中含油气高度受断层面和对盘对接的非渗透性地层封堵条件的控制。断鼻圈闭是鼻状背斜构造的上倾方向被断层封堵形成的，一般主要分布于盆地或坳陷、凹陷的边缘。若圈闭中聚集了油气，则为断层遮挡油气藏。

② 非构造圈闭。

a. 地层型圈闭。所谓地层型圈闭，是指因地层超覆、沉积间断或风化剥蚀等因素形成的圈闭，主要有地层不整合圈闭（包括角度不整合圈闭和平行不整合圈闭）、潜山圈闭和地层超覆圈闭等。

地层不整合圈闭是指由地层不整合接触形成的圈闭类型。早期沉积的水平地层因构造运动而倾斜抬升并遭到剥蚀，后因沉降作用而与上覆地层形成不整合接触，由此而形成的圈闭称作不整合圈闭。若圈闭中聚集了油气，则为地层不整合油气藏，如图4-9(a)所示。

地层超覆圈闭［如图4-9(b)所示］是由于岸边的逐层沉积作用形成的圈闭类型。在岸边的沉积序列中，储集层与非储集层交互层叠。储集层的自然沉积状态，不需要后期改造即可形成圈闭。若圈闭中聚集了油气，则为地层超覆油气藏。

b. 古潜山型圈闭。严格地讲，古潜山型圈闭应是一种地层剥蚀不整合型与岩性型的复合圈闭，特指前古近系基底起伏不平的背景上，长期地质营力作用所形成的新地层覆盖的潜山圈闭。按岩性可分为中上元古界碳酸盐岩潜山，如静北潜山太古界混合花岗岩潜山、东胜堡潜山等。按潜山形态也可进一步划分为残丘山、单面山、断阶山和地垒山。按构造位置的高低，可分为高潜山、低潜山等。若圈闭中聚集了油气，则为古潜山油气藏，如图4-10(a)所示。

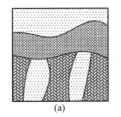 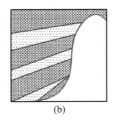 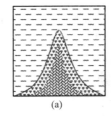 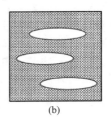

图4-9 地层不整合圈闭和地层超覆圈闭　　　图4-10 古潜山型圈闭和岩性型圈闭

c. 岩性型圈闭。透镜状岩性圈闭，此类圈闭是由于沉积作用形成的透镜状高孔渗性砂体四周为非渗透性岩层封闭所形成的，俗称"透镜体"。砂体上倾尖灭圈闭，该类圈闭是由于高孔渗性的储集体沿上倾方向发生尖灭所形成的。一般沿盆地边缘带、古隆起的翼部和古构造斜坡等部位分布。河道砂体圈闭，此种类型的圈闭，有别于砂体上倾尖灭型和透镜状岩性型，其平面上呈带状分布，剖面上呈透镜状。这些圈闭中聚集了油气之后，则称为岩性油气藏，如图4-10(b)所示。

除了上述两大类圈闭之外，还有一种所谓的物性圈闭，它是由于岩石的物性变化所形成的圈闭类型，如图4-11所示。物性圈闭可以位于储集层的任何部位，如地层内幕和向斜底部等。

关于圈闭的分类方案很多，仅采用构造型和非构造型两端元对圈闭进行划分很难把所有圈闭类型包括进来。事实上，沉积盆地中的圈闭类型绝大多数是构造和非构造圈闭共同作用下所构成的复合型圈闭。在以构造控制为主的油藏内，因构造隆起或由于断层遮挡，位于构造位置较高处发育纯油区，构造较低位置处发育水层，在单一圈闭范围内可形成有利含油区。

（3）孔隙类型

储集层岩石含有大量的孔隙，因而又常被称作多孔介质。储集层岩石的孔类型多种多样，分类方法也很多，若按孔隙形成的时间，可分为原生孔隙和次生孔隙。原生孔隙是在岩石形成之初就已经存在于岩石之中的孔隙，多为粒间孔；次生孔隙为岩石形成之后才产生的孔隙，多为构造缝和溶蚀孔洞。若按孔隙的形态，可分孔洞和裂缝。裂缝是二维延展性质的储集空间（三维尺度比小于1：10），孔和洞都是三维延展性质的储集空间（三维尺度比大于1：10）。若按孔隙所处的位置，可以将孔隙分为粒间孔和粒内孔，如图4-12所示。粒间孔中的原油比粒内孔中的原油容易被水驱替。若按孔隙的成因机制，可将孔隙缝分为溶蚀孔、构造缝等。目前一般将储集空间划分为孔、缝和洞三大类。

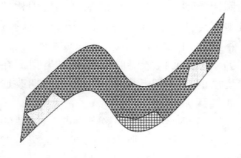

图4-11 物性圈闭

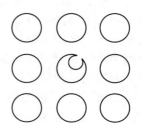

图4-12 粒间（原生）孔和粒内（次生）孔

若岩石的储集空间由孔、洞和缝三种孔隙中的任意一种组成，则储集层称作单一孔隙（单孔）介质，如孔隙介质；相应的油藏则称作单一孔隙介质油藏，如孔隙介质油藏。若岩石的储集空间由孔、洞和缝三种孔隙中的任意两种组成，则储集层称作双重（双孔）介质，如裂缝—溶洞型（双重）介质；相应的油藏则称作双重介质油藏，如裂缝—溶洞型（双重）介质油藏。若岩石的储集空间由孔、洞和缝三种孔隙组成，则储集层称作三重（三孔）介质，如裂缝—溶洞—孔隙型（三重）介质。相应的油藏则称作三重（三孔）介质油藏，如裂缝—溶洞—孔隙型（三重）介质油藏。如果油藏岩石中存在多种开度大小的孔隙，则可以按照孔隙开度的级别，将储集层岩石称作多重介质，相应的油藏称作多重介质油藏。

流体在三种孔隙中的流动能力是完全不同的。孔隙开度越大，流体的流动能力就越强。钻遇单一介质油藏的油井产量相差不大，而钻遇双重介质油藏的油井则有高产和低产之分，即油井产量也具有双重性质。钻遇裂缝或溶洞等较大孔隙开度的油井，其产量也相对较高；若油井只钻遇了开度较小的粒间孔隙，其产量就相对较低。

（4）流体性质

按流体性质给油藏进行分类，实际上是按地层条件下油气所呈现出的相态特征进行分类的。如果油藏流体在地下呈液态，则为油藏。如果油藏流体在地下呈气态，则为气藏。当然，还有油气共存的油气藏。油气在地下的相态特征，可以用相图加以判断。

油藏可以根据原油的密度大小细分为轻质油藏、中质油藏和重质油藏等。若地面脱气原油的密度小于 $0.85g/cm^3$，则为轻质油藏；若大于 $0.95g/cm^3$，则为重质油藏；若介于 $0.85 \sim 0.95g/cm^3$ 之间，则为中质油藏。根据原油的黏度大小，还可以将油藏细分为低黏油藏、中黏油藏、高黏油藏、超黏油藏等。若地面脱气原油的黏度小于 10mPa·s，则为低黏油藏；若介于 10~100mPa·s 之间，则为中黏油藏；若介于 100~1000mPa·s 之间，则为高黏油藏；若大于 1000mPa·s、则为超黏（稠油）油藏。

气藏可以根据凝析油含量的多少细分为干气藏、湿气藏和凝析气藏。若凝析油含量低于 $20g/m^3$，则为干气藏；若高于 $200g/m^3$，则为凝析气藏；若介于 $20\sim200g/m^3$ 之间，则为湿气藏。

（5）接触关系

接触关系是指圈闭中油、气、水三种流体之间的分布及相互关系。油水界面与储集层顶面构造的交界线（外含油边界）所包围的面积，称作油藏的外含油面积，并用符号 A_{oe} 表示；油水界面与储集层底面构造的交界线（内含油边界）所围的面积，称作油藏的内含油面积，并用符号 A_{oi} 表示。通常所说的油藏含油边界，实际上指的是油藏外含油边界。通常所说的油藏含油面积，实际上指的是油藏外含油面积，并统一用符号 A_o 表示。

外含油边界以外的区域为水区，内含油边界以内的区域为油区，内、外含油边界之间的区域为油水过渡区（带），如图 4-13 所示。

油藏所在的储集层中，位于含油边界之外的地层水，通称作边水；位于含油边界之内的地层水，通常称作为底水。

如果油藏的内含油面积为 0，即油藏的整个含油面积全部与底水接触，这样的油藏称作底水油藏，如图 4-14 所示。如果油藏的内含油面积不为 0，即油藏只有部分含油面积与底水接触，大量的地层水位于含油边界之外的区域，这样的油藏称作边水油藏。

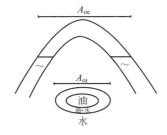

图 4-13　边水油藏剖面图和平面图

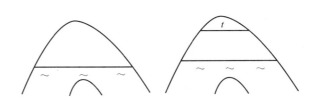

图 4-14　底水油藏和气顶底水油藏

如果储集层厚度小于油藏的油柱高度，则相对于油藏来说，储集层呈现出层状特征，这样的油藏称作层状油藏。显然，边水油藏就是层状油藏，因此，边水油藏在矿场上通常称作层状边水油藏。

如果储集层厚度大于油藏的油柱高度，则相对于油藏来说，储集层呈现出块状特征，这样的油藏称作块状油藏。显然，底水油藏就是块状油藏，因此，底水油藏在矿场上通常称作块状底水油藏。一个油藏是层状油藏还是块状油藏，与储集层厚度和油柱高度的绝对数值没有关系，而与它们之间的数值对比有关。

如果油气藏在地下存在油气二相，则根据油气体积的对比关系，可以将油气藏划分为气顶油藏和底油（油环）气藏。如果油气藏中气体的体积小于油的体积，则为气顶油藏；如果油气藏中气体的体积大于油的体积，则为底油（油环）气藏。如图 4-15 所示。

（6）油气藏命名

油气藏命名时，一般情况下都把孔隙特性放在首位，其次为岩性、圈闭和接触关系，流

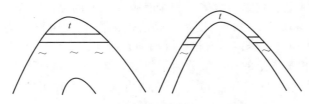

图 4-15　气顶气藏和底油气藏

体性质放在最后。例如，孔隙型砂岩背斜气顶边水油藏和裂缝—孔隙型碳酸盐岩潜山底水凝析气藏，油气藏名称清晰地反映出了油气藏的主要特征。当然，更多时候人们并不使用油气藏的全称，而是使用油气藏的简称。

若是孔隙型砂岩油气藏，一般省略孔隙类型，直接称为砂岩油气藏。若是裂缝—孔隙型油气藏，通常称为裂缝性油气藏。裂缝性油气藏的储集层为双重介质，而裂缝型油气藏的储集层则为单一介质。

油气藏的其他物理性质有时候也放在名称之中，以突出其重要性，如低渗、深层、高压等。何时在油气藏名称中加入其他性质，加在名称的什么位置，视具体情况而定。

4.2　钻机仿真装置

钻井是物探和开发油气田的主要手段。要把地下的石油和天然气开采出来，要直接了解地下的地质情况，要证实已探明的构造是否含有油气以及含油气的面积和储量，都需要通过钻井来完成。钻井质量的优劣、速度的高低，直接影响着勘探与开发油气田的速度和水平，只有不断提高钻井工艺技术水平，优质、高效地钻井，才能适应石油工业飞速发展的需要，满足国民经济日益增长的要求。

4.2.1　钻井设备

石油钻井是利用机械设备将地层钻成具有一定深度的圆柱形孔眼的过程，是勘探和开发石油和天然气资源的一个重要环节。要寻找和开发石油资源，就必须进行大量的钻井工作。

钻井系统是钻井各部分的有机结合，包括钻机、钻井工具、钻井液和钻井作业人员。在石油钻井作业中，钻井作业人员操作钻机带动钻井工具破碎岩石，向地下钻进，在钻井液的不断循环下，钻出规定的井眼。

石油钻机是油气田开发的钻井设备，用于石油天然气的联合勘探和开发。钻机型号的表示方法如图 4-16 所示。石油钻井用的钻机是一套联合机组，钻机由井架、绞车、游车、大钩、转盘、钻井泵、动力机组、联动机组全套钻井设备及井控、固控设备、发电机组、液压和空气动力等辅助设备等组成。根据钻井工艺中钻进、洗井、起下钻具等工序的需要，将钻机设置了八大系统，钻机总体组成如图 4-17 所示。

（1）起升系统

起升系统由绞车、井架、钢丝绳（大绳）、天车、游动滑车（游车）、大钩等组成。游动系统（天车、游车、钢丝绳）及大钩悬挂在井架内。绞车是起升工作所需要的动力通过传动装置传递。起升作业时，还需要一些辅助设备，如吊环、吊卡、卡瓦等。

起升系统的主要功用是起下钻具、控制送钻钻压、更换钻头和下套管等，有时还要处理井下复杂情况和辅助起升重物。

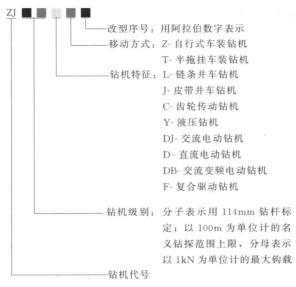

图 4-16 钻机型号的表示方法

1—天车；2—安全绳；3—钻井钢丝绳；4—二层平台；5—游车；6—顶驱；7—井架；8—钻具；9—偏房；10—防喷器；11—水罐；12—电缆桥架；13—发电机组；14—燃油罐；15—电控房；16—钻井泵；17—重晶石粉罐；18—钻井液罐；19—钻井液池；20—气液分离器；21—振动筛；22—节流管汇；23—坡道；24—管子排放架；25—蓄能器

图 4-17 钻机总体组成示意图

起升系统的工作原理：起升时，游车滚筒缠绕钢丝绳，天车和游车构成副滑轮组，大钩上升通过吊环、吊卡等工具实现钻具的提升。下放时，钻具或套管柱靠自重下降，借助绞车的刹车机构和辅助刹车控制大钩的下放速度。

① 井架。井架由井架的主体、人字架、天车台、二层台、工作梯、立管平台、钻台和井架底座等几个部分组成，主要用于安放和悬挂天车、游车、大钩、吊环、液气大钳、液压扣器、吊钳、吊卡等提升设备与工具。

目前，在国内外石油矿场上使用的井架种类繁多，但就结构形式来讲，一般可分为塔型井架和 A 型井架两种。

② 天车和游车。天车一般是多个滑轮装在同一根芯轴或两根轴心线一致的芯轴上。现在的天车大都是滑轮通过滚柱轴承装在一根芯轴上。芯轴一般是双支承的，轴的直径较大，芯轴的一端或两端有黄油嘴，芯轴里有润滑油道。润滑脂从黄油嘴注入，以润滑轴承。常用的天车型号有 TC-135、TC-130、TC-350、GF-400、TC-450、TC4-315 等。

游车的形状为流线型，以防起下时挂碰二层台上的外伸物。同时，游车要保证一定的重量，以使它在空载运行时平稳而垂直地下落。现在，钻机各型游车都是一根芯轴，滑轮在轴上排成一列，其结构与天车相似。常用的游车型号有 TC-135、YC-130、YC-350、MC-400、YC-450、YC-315 等。

③ 大钩。大钩是提升系统的重要设备，它的功用是在正常钻井时悬挂水龙头和钻具，在起下钻时悬挂吊环起下钻具，完成起吊重物、安放设备及起放井架等辅助工作。目前使用的大钩有两大类，一类是单独的大钩，其提环挂在游车的吊环上，可与游车分开拆装，如 DG-130 型大钩；另一类是将游车和大钩做成一个整体结构的游车大钩，如 MC-400 型游车大钩。为防止水龙头提环从大钩中脱出，在钩口处装有安全锁体、滑块、拨块、弹簧座及弹簧等构成的安全锁紧装置，为悬挂吊环和提放钻具，钩身压装轴及挂吊环轴用耳环闭锁，用止动板防止两支撑轴移动。钩身与钩杆用轴销连接，钩身可绕轴销转一定角度。常用的大钩型号有 DC-130、DG-350、MC-400、MC-200 等。

④ 绞车。绞车是构成提升系统的主要设备，是组成一部钻机的核心部件，是钻机的主要工作机械之一。其功用是：提供几种不同的起升速度和起重量，满足起下钻具和下套管的需要；悬挂钻具，在钻井过程中送钻和控制钻压；利用绞车的猫头机构上、卸钻具螺纹；作为转盘的变速机构和中间传动机构；当采用整体起升式井架时用来起放井架；当绞车带捞砂滚筒时，还担负着提取岩芯筒、试油等项工作；帮助安装钻台设备，完成其他辅助工作。绞车一般由绞车传动部分、提升部分、转盘驱动箱部分、控制部分、润滑部分和刹车机构等组成。

⑤ 钢丝绳。游动系统所用的钢丝绳称为大绳。它起着悬吊游车、大钩及传递绞车动力的作用，且钢丝绳运动频繁、速度高、负荷大，并承受弯曲、扭转、挤压、冲击、振动等复杂应力的作用。

钢丝绳按绳中钢丝捻成股和股捻成绳的方向来分，通常分为右旋和左旋两种。按丝捻成股和股捻成绳的方法来分，通常分为顺捻（股中钢丝的捻向与股的捻向相同，一般只作拖拉或牵引绳）、逆捻（股中钢丝的捻向与股的捻向相反，适用于提升设备）和混捻（钢丝绳的各股中既有顺捻，也有逆捻）三种。

(2) 旋转系统

旋转系统由地面旋转设备、井下钻具（井下动力钻具）和钻头等组成。该系统的主要功能是带动井下钻柱、钻头等旋转，破碎岩石，实现钻进。此外，该系统还连接起升系统和钻井液循环系统。

地面旋转设备包括转盘、水龙头及顶驱钻井装置。转盘是旋转系统工作机，是钻机的关键部件。水龙头在钻井过程中悬持并允许钻杆柱旋转，让钻井液进入钻杆柱内腔完成循环洗井作业，是起升、循环与旋转三个系统交汇的关节部件。习惯上把它归入钻机的地面旋转设备之列。

① 转盘。转盘主要由水平轴、转台、主轴承、壳体、方瓦及方补心等组成。其主要作用是：转动井中钻具，传递足够大的扭矩和转速；下套管和起下钻时，承托井中全部套管柱

或钻杆柱重量；完成卸钻头，卸扣，处理事故时倒扣、进扣等辅助工作；涡轮钻井时转盘制动上部钻杆柱，以承受反扭矩。常用转盘的主要有 ZP-520、ZP-271/2、MRL-271/2、ZP-445、ZP-371/2 等型号。

转盘的工作原理：由以上几部分组成的现代钻井转盘，动力经水平轴的法兰或链轮传入，通过圆锥齿轮传动转台，借助转台通孔中的方补心和小方瓦带动方钻杆、钻杆柱和钻头转动，同时，小方瓦允许钻杆轴向自由滑动，实现钻杆柱的边旋转边送进。起下钻或下套管时，钻杆柱或套管柱可用卡瓦或吊卡坐落在转台上。

② 水龙头。在一部钻机中，水龙头既是旋转系统的设备，又是循环系统的一个部件，它悬挂于大钩之下，上接水龙带，下接方钻杆。在钻进时，悬挂并承受井内钻柱的全部重量，并将钻柱与水龙带连接起来，构成钻井液循环通道。

水龙头主要由固定、旋转和密封部分组成。常用的水龙头有 CH-400、SL-450、SL-130、SL-135 等型号。现场使用的两用水龙头，是在一般水龙头的基础上，增加了旋扣装置。旋扣装置由气马达、伸缩机构及气路系统组成，接单根时，由气马达通过齿轮带动中心管旋转。

③ 顶驱。现在，石油钻井已部分使用顶部驱动钻井系统。顶部驱动钻井系统是集转盘、水龙头为一体，用电动钻机做旋转钻井动力，并能随提升系统而升降的钻井旋转系统，是对转盘钻井的一次重大改进。具有转盘钻无可比拟的优点，如可接立柱钻进、减少 2/3 的接单根时间、能倒划眼和下钻划眼、起钻时可旋转钻杆和继续循环钻井液、钻柱可顺利取出缩径井段、可以不接方钻杆即可钻过桥塞点和缩径点、上卸扣扭矩得到控制、采用钻井电机接卸钻杆和钻进、操作人员只需打背钳、钻台上只有平稳旋转的钻杆、起下钻时在井架内任何高度的位置随时都可以将主驱动轴同钻柱上扣和关井等。

(3) 钻井液循环系统

为了将井底钻头破碎的岩屑及时携带到地面上来以便继续钻进，同时为了冷却钻头保护井壁，防止井塌井漏等钻井事故的发生，旋转钻机配备有循环系统。钻井液循环系统的设备很多，主要由钻井泵、地面高压（低压）管汇、立管、水龙带，钻井液循环、净化、处理、配置设备，井下钻具及钻头等组成。该系统的主要功能是通过钻井泵将钻井液从钻井液池中吸入，经钻井泵加压后，送至地面高压管汇、立管、水龙带、水龙头、方钻杆、井下钻柱及钻头后冲洗井底，携带岩屑从环空（井眼与钻具之间的空隙）返出地面，从井底返回的钻井液池经各级净化设备，除去固相，然后重复使用，实现正常钻井。

① 钻井泵。钻井泵的作用是为钻井液的循环提供必要的能量，以一定的压力和流量，将钻井液输进钻具，完成整个循环过程。常用的钻井泵类型有 NB-600、2PN-1258、3NB-90、3NB-1000、SJ3NB-1300、3NB-1300、3NB-1600 型等，前两个是双缸双作用泵，后三个是三缸单作用泵。

目前使用最广泛的钻井泵的空气包是球形隔膜式预压空气包。空气包的作用是减小因钻井泵瞬时排量变化而产生的压力波动，使泵压平稳，保护设备不致因剧烈震动而造成损坏。空气包胶囊内要求充氮气或惰性气体，在没有氮气或惰性气体的情况下可用空气代替，严禁充入氧气或可燃气体。充气压力为最高工作压力的 20%～30%。

② 钻井液净化设备。钻井液净化设备的主要作用是使从井内返出的钻井液能得到充分的净化。钻井液净化设备主要包括振动筛、旋流除砂器、离心分离机、除气器、循环罐和搅拌器等。

(4) 动力驱动设备

为了使工作机获得足够的动力进行运转，必须配备动力设备及其辅助设备，如柴油机及其供油设备，或电机及其供电、保护、控制设备等。

柴油机适用于在没有电网的远地区井，交流电机依赖于工业电网或者需要柴油机发出交流电，直流电机需要柴油机带动直流发电机发出直流电，目前更常用的情况是柴油机带动交流发电机发出交流电，再经可控硅整流，将交流电变为直流电。

（5）传动系统

传动系统将动力设备提供的力和运动进行变换，然后传递和分配给各工作机组。以满足各工作机组对动力的不同需求。

传动系统又称联动机组，指的是动力与工作机中间的各种传动设备及部件。钻机的传动方式一般是机械、电、液、气传动的联合。许多转盘机是以机械传动为主、其他传动为辅的联合传动。机械传动系统主要包括齿轮、链条、皮带轮、皮带、轴及轴承等组成的变速装置，还包括离合器、液力变矩器等。传动系统的主要功用不仅是将动力传递给各个工作机，而且将动力较合理地分配给三大工作机组，从而使三大工作机组能够协调工作。

（6）控制系统

钻机用机械、电、气、液联合控制，也有的专用机械控或气控、液控、电控。机械控制设备有手柄、踏板、操纵杆等；气动（液动）控制设备有气（液）元件、工作缸等；电控制设备有基本元件、变阻器、电阻器、继电器等。该系统的功用是根据钻井工艺的要求，使每台工作机操作时反应迅速、动作准确可靠、便于集中控制和自动记录，使操作者能够按自己的意愿保证机各部件的安全、正常工作。

气控系统主要由供气机构、发令机构、传令机构、执行机构四个部分组成。主要功能是控制柴油机的启动、停车、调速和联动机并车与停车；控制绞车换挡及绞车、转盘、钻井泵的启动与停止；控制绞车、转盘的转速和转动方向；控制滚筒刹车、猫头的运转与停止；控制气动卡瓦、液气大钳、气动旋扣器、顶部驱动装置等起下钻操作机械；控制气动绞车、防碰天车装置、自动送钻装置及井口防喷器装置；控制空气压缩机、发电机、除砂泵、离心泵、搅拌机等装置；控制井架底座的升降及井架的起、放、缓冲作用。

钻机的气源设备由空气压缩机、压缩空气处理装置（冷却器、油水分离器、干燥器、除尘器）和贮气罐三部分组成。控制有压力控制阀、方向控制阀和流量控制阀三大类。

现代钻机还配备各种钻井仪表及随钻测量系统。监测显示地面有关系统设备工况，测量井下参数实现井眼轨迹控制。

（7）钻机底座

钻机底座主要由钻台底座、机泵底座及主要辅助设备底座等组成，一般采用型钢或管材焊接成简单的几何体。钻机底座的功用是安装固定钻机的各种设备，满足搬迁或整体要求。

（8）辅助系统

钻机有大量的辅助设备，如供电、供气、供水、供油、器材储存、防喷设施，钻井液的配制、储存、处理设施，以及各种仪器和自动记录仪表等。在边远地区或海上钻井，还要有采暖等其他辅助设备。

气动绞车：是一种用活塞式气马达为动力的单卷筒绞车。

猫头：两个猫头轴上的死猫头，刚性地安装在绞车猫头轴的两端，并与绞车猫头轴一起旋转，用于起下钻的上卸扣和起吊重物。内、外摩擦猫头的滚筒用滚子轴承支承在猫头轴上，通过安装在滚筒一端法兰内的摩擦离合器控制滚筒的动作，它能独立地转动。外摩擦猫头通常在起下钻时用来拧紧要下入井内的钻具接头丝扣;内摩擦猫头通常用在起钻时卸松钻具接头丝扣。猫头操作是一项十分危险的作业,稍有不慎就会造成人员伤亡或重大经济损失。随着钻井科学技术的进步,顶部驱动装置、液气大钳、自动上扣器、气(电)动小绞车等设备和设施已投入使用,猫头终将被逐步淘汰。

自动送钻装置:具有适应性广,钻压波动可控制在10kN以内,送钻均匀,无冲击,工作安全可靠等优点。在钻遇地层溶洞时可避免钻具快速下放,气路系统出现故障时能自动刹车;全气动控制,体积小、重量轻、移动性好;钻进时也可安装,维修时不影响正常钻进,操作简单等优点。

气动卡瓦:是代替手动卡瓦、用于起下钻时夹持井内结具的机械装置,具有使钻具在任一位置时夹持牢靠、自动定心、操作简便、安全等特点,起下钻时,司钻在提升钻具的同时,应踩下脚踏控制阀,压缩空气与气缸气管路连通,气缸便推动错体上升,卡瓦针口即与钻具脱开。松开脚踏控制阀复位时,压缩空气与气缸回气管路连通,钳体靠自重和气压下落,与此同时将吊起的钻具缓慢放下,夹紧钻具。在钻具上提、下放过程中,不得松开脚踏控制阀,钻具座在卡瓦上的操作应平稳、缓慢,不得过猛以免造成冲击,甚至卡瓦碎裂而落井。

手拉葫芦:是一种使用简易、携带方便的手动起重机械,具有使用安全、维护简便、机械效率高、手链拉力小、自重较轻、尺寸小和经久耐用等优点。

4.2.2 钻井司钻控制平台操作

(1) 钻井司钻控制台功用

司钻控制台是70型钻机模型的重要组成部分,逼真地体现了钻井设备各种先进性能,采用先进的变频交流调速装置,从而可使转盘速度在0~100r/min之间,方便而又平稳地调整,面板有电机转速显示和转盘转速的两个显示窗口,用数字显示有关数据,供操作者随时观察。泥浆泵、油泵、绞车均有开和停的信号灯显示,便于操作人员操作使用。电源采用急停式的事故停车,当有紧急情况时按下急停按钮即试验机上全部电源均断电,要想重新启动必须抬起急停按钮,方可重新按下操作程序启动各个设备。同时可控制振动筛、除泥器、除砂器、除气器、离心机的动作。

(2) 操作方法

① 接通总电源及操作台电源,并检查操作台上电源指示灯是否发亮。

② 按下操作箱上"电铃"按钮,以起警示作用。

③ 点动绞车"正转""反转"按钮,查看绞车运转是否正常。按下"正转"按钮时,绞车电机旋转方向需与绞车电机上箭头指示方向一致,将转盘开关开至"正转"方向,顺时针旋转调速旋钮,调速按钮正上方的液晶屏此时将显示驱动转盘用电机的转速,其右侧液晶屏将显示转盘的转速。转盘的最高转速为100r/min,建议在钻井训练时转盘速度调为50~60r/min;

④ 泥浆泵电机的转速需与箭头方向一致。

4.2.3 泥浆泵测试

(1) 泥浆泵作用

泥浆泵是地质矿产、水文水井的配套设备。特别适用于缺水及沙漠地区的钻机。其性能的好坏直接影响到工程施工效率、速度、质量与安全。泥浆泵具有高压力、可无级调速变量、参数合理、结构先进、性能可靠、重量轻、移动方便等显著特点。

(2) 使用操作特别注意事项

① 新泵或停泵的时间过长,若水箱低于泵中心高度,开泵前应向吸入管内注满浆液后启动,吸入管端应浸入水池液面下 0.3m,离底部不少于 0.3m。

② 调整变量的方法有两种:调整变量调速阀的开关大小;调整供油系统向液压马达的供油总量大小。

③ 发现排水脉动大,先增大流量增速循环 3~5min,冲出积存再吸入球阀。

④ 周边的泥团碎渣,或打开泵头底部的铜堵塞,用木杆多次顶开吸入球阀,以排除压在球阀上积存的泥团碎渣。

⑤ 发现曲轴箱前端上下三个腰形孔有泥浆窜出,应停泵,打开缸盖,拧紧压在活塞前端的铜质调整螺套,使橡胶活塞直径涨大;如发现活塞损坏,则应及时更换。

⑥ 曲轴箱前端上下三个腰形孔内腔不可积存泥团碎渣,应经常冲洗排净。

⑦ 工程结束时,泵需用清水加大流量增速循环清洗 3~5min,排出阀腔、缸腔及通道内泥团碎渣。

⑧ 安全阀出厂前,已调到额定压力,用户不可随意变动与调整,以确保安全运转与人身安全。

4.2.4 钻井实训

钻井实训操作规程请扫描右边二维码查看。

4.2.5 检查与保养

(1) 转盘

① 检查步骤

- 观察转盘固定,四角挡板块齐全,反正螺丝拉紧或丝杠顶紧,转盘无位移。
- 打开护罩观察链轮应无轴向位移,轴头固定螺丝无松动;查看快速轴密封状况,万向轴及连接螺纹无松动。检查完毕重新固定好护罩。
- 用扳手活动固定转台与方瓦以及方瓦与方补心所用的制动块和销子,应转动灵活;
- 打开加油孔盖,观察机油油量、油质是否符合标准。
- 启动转盘要平稳操作,启动后要检查转台是否跳动,声音是否正常。
- 转盘在使用过程中,用手触摸壳体不应过热,转台转动平稳,无上下跳动和杂音。
- 每班应至少检查一次转盘的固定情况。在钻进和起下钻过程中,应避免猛蹩、猛顿,严禁使用转盘崩扣。

② 保养步骤

- 润滑油变质应更换润滑油,数量不足应补充。
- 按时向各润滑点加注润滑脂。
- 新转盘使用一个月应更换机油,以后每使用三个月换油一次。防跳轴承和锁紧装置上的销轴每月应至少注入一次润滑脂。

(2) 游车

① 检查步骤

- 在游车工作前,应检查各滑轮是否旋转灵活及各连接部件是否紧固。
- 在工作时,因为每个滑轮转动圈数不一,滑轮应定期"掉头"使用,以使滑轮的磨损情况趋于平衡。

② 保养步骤
- 每周应将游车直放到钻台上仔细保养一次。
- 各条油路是否通畅。
- 钢丝绳是否碰护罩。
- 各固定螺栓有无松动。
- 焊接钢板的焊缝有无裂纹。
- 各轴承应每周注润滑油一次，注油时注至少量油脂挤出轴承外面为止。
- 冬季，在寒冷地区，应使用防冻润滑脂。
- 搬运游车时，应用起重机吊挂上横梁顶部的游车鼻子，不允许放在地面上拖运。

（3）天车
- 在天车工作前，必须有专人检查天车轮的灵活性。各滑轮的转动应灵活、无阻滞现象。当转动一个滑轮时，其相邻滑轮不应随着转动。
- 所有连接必须固定牢靠，不得有松动现象。
- 各滑轮轴承应定期逐个注满润滑脂。
- 天车轴及天车层底座应固定牢靠。
- 护罩和防条绳应齐全完好，固定牢靠。
- 当出现顿钻或提断钻具等事故时，应仔细检查钢丝绳是否跳槽。滑轮槽严重磨损或偏磨时，应视情况换位使用或更换滑轮。
- 轴承温度过高、发出噪声或滑轮不稳和抖动时，应及时采取降温措施和更换润滑脂或更换磨损的轴承。
- 滑轮有裂痕或轮缘缺损时，严禁继续使用，应及时更换。

（4）水龙头
- 新水龙头使用前必须按高于钻井中最大工作压力 1～2MPa 的泵压试压 15min，以不滋、不漏为合格。
- 水龙头在搬运过程中，中心管必须带护丝。
- 使用前，应按油池的油尺标记加足机油，并对冲管盘根盒和上、下机油盘根盒、提环销加注润滑脂，并检查上、下盘根盒压盖、冲管盘根盒是否上紧，用链钳转动中心管，确认无阻卡后方可使用。
- 使用新水龙头或长期停用的水龙头时，必须先慢后快，用 I 挡启动转盘，待转动灵活后再提高转速。
- 对新的水龙头或修理后第一次使用的水龙头，在使用满 200h 后应更换润滑油。
- 工作中，每班应检查一次油位，并使之不得低于油标尺的最低刻度线。每两个月应更换一次润滑油。
- 工作中，应在没有泵压的情况下，每班加注一次黄油。
- 在水龙头运转过程中，要随时检查冲管密封盘根盒处是否侧漏钻井液、机油盘根处是否溢机油、水龙头壳体是否温度过高（油温不得超过 70℃）、冲管螺纹压帽是否上紧、鹅颈管与水龙带连接油壬是否侧漏。
- 接单根或起钻前，应检查冲管盘根磨损情况及盘根压帽的松紧程度。
- 快速钻进或严重跳钻时，应检查鹅颈管法兰连接螺栓的固定情况。

4.3 井控仿真装置

在钻（修）井过程中，为了防止地层流体侵入井内，总是使井筒内的钻井液柱压力略大于地层压力，这就是对油气井的初级压力控制。但在钻井作业中，常因各种因素的变化，使油气井的压力控制遭到破坏而导致井喷，这时就需要依靠井控设备设施压井作业，重新恢复对油气井的压力控制。有时井口设施严重损坏，油气井失去压力控制，这时需要采取紧急抢救措施，对油气井进行抢救。目前，井控设备已由单一的老式手动防喷器发展成一套完整的井控设备系统。井控设备为安全钻井提供了保障，保护了钻井人员、钻井设备以及油气井的生产安全，使油气田的勘探与开发获得更好的收益。

4.3.1 井控设备

井控就是井涌控制或压力控制。采取一定的方法控制底层压力，基本上保持井内大力平衡、保证作业施工的顺利进行。

（1）井控设备组成及功能

① 井控设备组成。井控设备是指实施油气井压力控制技术所需的专用设备、管汇、专用工具、仪器和仪表，井控设备主要由以下几部分组成，如图4-18所示。

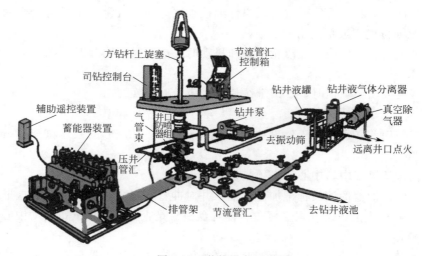

图4-18 井控设备示意图

- 以防喷器为主体的钻井井口：包括防喷器、控制系统、套管头、四通等。
- 以节流、压井管汇为主体的井控管汇：包括防喷管汇、节流、压井管汇、放喷管线等。
- 钻具内防喷工具：包括方钻杆上下旋塞阀、应急旋塞、浮阀、防喷单根、钻具止回阀等。
- 以监测和预报地层压力为主的井控仪表：包括泥浆返出量、泥浆总量和钻井参数的监测报警仪等。
- 泥浆加重、除气、灌注设备：包括液气分离器、除气器、加重装置、起钻自动灌泥浆装置等。
- 井喷失控处理和特殊作业设备：包括不压井起下钻加压装置、旋转防喷器、灭火设备等。

② 井控设备具有的功能

● 及时发现溢流。在钻井过程中，能够对油气井进行监测，以便尽早发现井喷预兆，及时采取控制措施。

● 迅速控制井口。溢流、井涌、井喷发生后，能迅速关井，并通过建立足够的井口回压，实现对地层压力的二次控制。

● 允许井内流体可控制的排放。实施压井作业，向井内泵入泥浆时能够维持足够的井底压力，重建井内压力平衡。

● 处理井喷失控。在油气井失控的情况下，进行灭火抢险等处理作业。

(2) 防喷器

① 钻井工艺对防喷器的要求。为保障钻井作业的安全，防喷器必须满足下列要求：关井动作迅速；操作方便；密封安全可靠；现场维修方便。

② 液压防喷器的最大工作压力与公称通径。液压防喷器的最大工作压力是指防喷器安装在井口投入工作时所能承受的最大井口压力（又称额定工作压力）。液压防喷器的公称通径是指防喷器的上下垂直通孔直径。

我国液压防喷器的最大工作压力共分为 6 级，即：14MPa、21MPa、35MPa、70MPa、105MPa、140MPa。我国液压防喷器的公称通径共分为 8 种，即：103.2mm、180mm、230mm、280mm、346mm、540mm、680mm、762.2mm。

国内现场常用的公称通径多为 230mm、280mm、346mm、540mm 等。

③ 液压防喷器的型号。防喷器的型号由产品代号、通径尺寸、额定工作压力值组成。产品代号由产品名称主要汉字汉语拼音的第一个字母组成。公称通径的单位为 mm 并取其整数值。最大工作压力（额定工作压力）的单位以 MPa 表示。

防喷器的型号表示如下：

单闸板防喷器　　FZ 公称通径-最大工作压力；
双闸板防喷器　　2FZ 公称通径-最大工作压力；
三闸板防喷　　　3FZ 公称通径-最大工作压力；
万能防喷器　　　FH 公称通径-最大工作压力。

例如，公称通径 230mm，最大工作压力 21MPa 的单闸板防喷器，型号为 FZ23-21；公称通径 346mm，最大工作压力 35MPa 的双闸板防喷器，型号为 2FZ35-35；公称通径 280mm，最大工作压力 35MPa 的万能防喷器，型号为 FH28-35。

④ 井口防喷器的组合。在钻井过程中，通常油气井口所安装的部件自下而上的顺序通常为：套管头、四通、闸板防喷器、万能防喷器、防溢管。

由于油气井本身情况各不相同，井口所装防喷器的类型、数量并不一致，井口所装防喷器的类型、数量、压力等级、通径大小是由很多因素决定的。

⑤ 防喷器公称通径的选择。液压防喷器的公称通径应与其套管头下的套管尺寸相匹配（即必须略大于所使用的套管接箍的外径），以便通过相应钻头与钻具，继续钻井作业。

⑥ 防喷器压力等级的选择。按预测井眼全部充满地层流体时的最高关井压力，选择与之相匹配的防喷器压力等级，并根据不同的井下情况选用各次开钻防喷器的尺寸系列和组合形式，确保封井可靠，不至于因耐压不够而导致井口失控。含硫地区井控装备选用材质应符合行业标准 SY5087《含硫油气井安全钻井推荐作法》的规定。

⑦ 组合形式的选择。组合形式的选择即选择防喷器的类型和数量，不同压力级别的防

喷器组合按油气田井控实施细则的要求进行选择。

⑧ 典型防喷器功能。

a. 环形防喷器的功能。环形防喷器通常与闸板防喷器配套使用。它能完成以下作业：

当井内有钻具、油管或套管时，能用一种胶芯封闭各种不同尺寸的环形空间；

当井内无钻具时，能全封闭井口；

在进行钻井、取芯、测井等作业中发生井涌时，能封闭方钻杆、取芯工具、电缆及钢丝绳等与井筒所形成的环形空间；

在使用调压阀或缓冲储能器控制的情况下，能通过18°或35°无细扣对焊钻杆接头，强行起下钻具。

b. 闸板防喷器的功能。

当井内有钻具时，可用与钻具尺寸相应的半封板封闭井口环形空间；

当井内无钻具时，可用全封闸板全封井口；

当井内有钻具需将钻具剪断并全封井口时，可用剪切闸板迅速剪切钻具全封井口；

闸板防喷器的壳体上有侧孔，在侧孔上连接管线可用以代替节流管汇循环泥浆或放喷；

闸板防喷器可用来长时间封井。

c. 旋转防喷器的功能。密封钻柱与井口的环空；实现旋转功能；实现井口的带压钻进；钻进过程中控制循环流体的流向。旋转防喷器主要应用于欠平衡钻井、气体井。

（3）节流管汇

① 节流管汇的功能。节流管汇是成功地控制井涌、实施油气井压力控制技术的可靠而必要的设备。在油气井钻进中、井筒中的钻井液一旦被流体污染，就会使钻井液静液柱压力和地层压力之间的平衡关系遭到破坏，导致井涌。当需循环出被污染的钻井液，或泵入性能经调整的高密度钻井液以便重建平衡关系时，在防喷器关闭的条件下，利用节流管汇中节流阀的启闭控制一定的套压，来维持稳定的井底压力，避免地层流体的进一步流入。通常是控制钻井液流过节流阀来产生井内止回，并保证液柱压力略大于地层压力的条件下排除溢流和进行压井。通过节流阀的节流作用实施压井作业，替换出井里被污染的钻井液，同时控制井口套管压力与立管压力，恢复钻井液液柱对井底压力控制，制止溢流；通过节流阀的泄压作用，降低井口压力，实施"软关井"；通过放喷阀的大量泄流作用，降低井口套管压力，保护井口防喷器组。

② 主要部件结构。节流管汇由主体和控制箱组成。主体主要由节流阀、闸阀、管线、管子配件、压力表等组成，其额定工作压力应与最后一次开钻所配置的钻井井口装置工作压力值相同，节流阀后的零部件工作压力应比额定工作压力低一个等级。

（4）压井管汇

① 压井管汇的作用。当用全封闸板全封井口时，通过压井管汇往井筒里强行吊灌重钻井液，实施压井作业；当已经发生井喷时，通过压井管汇往井口强注清水，以防燃烧起火；当井喷着火时，通过压井管汇往井筒里强注灭火剂，能帮助灭火。

② 压井管汇的主要部件。它主要由单向阀、平板阀、压力表、三通或四通组成。

压井管汇的压力等级和连接形式应与全井防喷器最高压力等级相匹配，压井管汇水平安装在双四通的5号阀或单四通的1号阀外侧。

（5）防喷管汇、放喷管线

① 防喷管汇。防喷管汇包括四通出口至节流管汇、压井管汇之间的防喷管线、平行闸板阀、法兰及连接螺柱或螺母等零部件。采用单四通配置时，可根据钻井设计的需要增接一条备用防喷管线。

② 放喷管线。装双四通的放喷管线包括节流管汇、压井管汇以外的管线、闸阀、法兰及连接螺柱及螺母等零部件，装单四通的放喷管线包括压井管汇、节流管汇以外的零部件。

（6）钻具内防喷工具

在钻井过程中，当地层压力超过钻井液静液柱压力时，为了防止地层压力推动钻井液沿钻柱水眼向上喷出，防止水龙带因高压而被憋坏，则需使用内防喷工具。钻具内防喷工具主要有方钻杆上旋塞阀、方钻杆下旋塞阀、钻具止回阀、浮阀等。

① 钻具止回阀。钻具止回阀结构形式很多，就密封元件而言，有蝶形、浮球形、箭形等密封结构。使用方法也各有异，有的被连接在钻柱中；有的则在需要时，将它投入钻具水眼中而起封堵井压的作用。

② 方钻杆旋塞阀。方钻杆上旋塞，接头丝扣为左旋螺纹，使用时安装在方钻杆上端；方钻杆下旋塞，接头丝扣为右旋螺纹，使用时安装在方钻杆下端。

主要用途如下：

当井内发生井涌或井喷时，钻具止回阀失灵或未装钻具止回阀时，可以先关闭上部方钻杆旋塞阀，然后上提方钻杆关闭防喷器，以免使水龙带被憋破；

上部和下部方钻杆旋塞阀一起联合使用，若上旋塞失效时，可提供第二个关闭阀；

当需要在钻柱上装止回阀时，可以先关下旋塞，制止液体从钻杆中流出。在下旋塞以上卸掉方钻杆，然后将投入式止回阀投入到钻具内接上方钻杆，开下旋塞，利用泵压将止回阀送到位。

③ 钻具浮阀。钻具浮阀是一种全通径、快速开关的浮阀。当循环不被停止时能紧急关闭。钻具浮阀是由浮阀芯及本体组成，浮阀芯是由阀体、密封圈、阀座、阀盖、弹簧、销子组成。在正常情况下，钻井液冲开阀盖（阀盖分为普通阀盖和带喷嘴阀盖）进行循环。当井下发生井喷时，阀盖关闭达到防喷的目的。

井控设备按安全生产技术需要以及设备的供应能力来配置。低压油井常常只配备井口防喷器组、蓄能器装置、节流压井管汇；而高压油气井或含有毒有害气体的井，井控设备则要配备齐全。

根据各油气田发生井喷失控的实例，井喷失控的直接原因大致可归纳为以下几个方面：
- 地质设计与工程设计缺陷井控装置安装。
- 使用及维护不符合要求。
- 井控技术措施不完善、未落实。
- 未及时关井，关井后复杂情况处置失误。
- 思想麻痹，存在侥幸心理，作业过程中违章操作。

4.3.2 井控仿真装置操作

（1）装置概况

井控设备系指实施油气井压力控制所需的一整套设备、仪器仪表和专用工具。

井控装置包括三部分：井口防喷器组、蓄能器装置、井液控制系统。其中井口防喷器组、蓄能器装置为装置模型，井液控制系统为真实走水走气系统。

整套装置由DCS集中控制，现场仪表为DCS模拟仪表，通过数据库计算出井压及井液流量并赋值给现场仪表显示。井控装置流程图如图4-19所示，井控仿真装置主要设备表如表4-1所示，主要仪表指标表如表4-2所示。

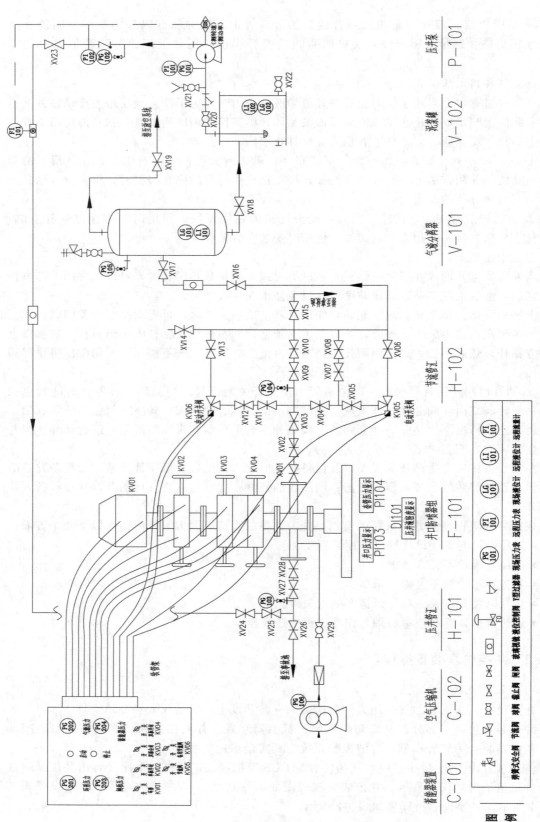

图 4-19 井控装置流程图

表 4-1 井控仿真装置主要设备表

序号	设备编号	设备名称	序号	设备编号	设备名称
1	V-101	气液分离器	5	F-101	井口防喷器组
2	V-102	泥浆罐	6	C-101	蓄能器装置
3	H-101	压井管汇	7	C-102	空气压缩机
4	H-102	节流管汇	8	P-101	压井泵

表 4-2 主要仪表指标表

序号	位号	正常值	单位	说明
1	FI-101	5	m^3/h	压井泵出口流量
2	LI-101	50	%	气液分离器液位
3	LI-101	50	%	泥浆罐液位
4	DI-101	1.25	g/cm^3	压井液密度
5	PI-101	−0.05	MPa	压井泵入口压力
6	PI-102	0.15	MPa	压井泵出口压力
7	PI-103	8	MPa	井口压力
8	PI-104	9	MPa	套管压力
9	PG-105	0.1	MPa	气液分离器压力
10	PG-106	0.7	MPa	空气压缩机出口压力
11	PG-201	14	MPa	环形压力
12	PG-202	0.8	MPa	气源压力
13	PG-203	14	MPa	闸板压力
14	PG-204	21	MPa	蓄能器压力

(2) 井控仿真装置操作规程

井控仿真装置设计了井控开车、关井、离心泵性能测试共计三类操作内容。井控仿真装置操作说明扫描下方二维码查看。

4.4 修井机仿真装置

修井作业，指的是石油钻井以及后续油井维护的一种作业，为了确保油井能顺利使用，而采取的维护和保养措施。

修井作业是一项复杂的系统工程，需要使用大型机具设备、所使用的手动工具大都质量较大，再加上其属于野外施工，环境繁难、体力繁重、工艺繁杂、工序繁琐，生产过程危险性大，需要采取细致的技术措施，以保证作业过程安全。

4.4.1 修井机

修井设备是用来对井下管柱或井身进行维修与更换而提供动力的一套综合机组。修井机型号的表示方法如图 4-20 所示。以 XJ350 修井机为例，修井机结构组成图如图 4-21 所示，修井设备主要由八大系统组成。

(1) 动力驱动设备

动力驱动设备包括动力机与辅助装置，主要有柴油机、供油设备（油箱）、启动装置（汽油机、交直流电动机供电与保护设备）。

修井机的动力一般采用高速柴油机，在动力的配置上又分为单发动机和双发动机，单发动机为车上、车下共用，双发动机分为车上、车下共用两台发动机和车上、车下各由一台发动机供给动力。

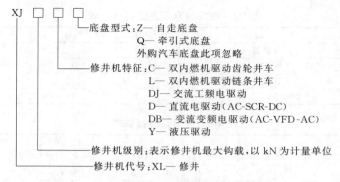

图 4-20　修井机型号的表示方法

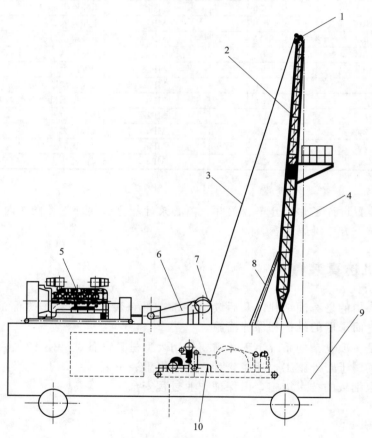

图 4-21　XJ350 修井机结构组成图

1—天车；2—伸缩式井架；3—游动系统；4—游车；5—动力系统；6—传动系统；
7—绞车；8—起升系统；9—加载系统；10—泥浆泵及循环系统

（2）传动系统设备

传动系统设备是一套协调的传动部件，包括减速箱、行车机构、变速机构等。它的传动方式主要有机械传动、液力传动（滑轮传动）和液压传动。

传动系统将动力源的动力传递到各设备。传动部分一般采用发动机和液力机械变速箱直接连接，如果车上、车下共用两台发动机，那就需要一个并车厢，液力机械变速箱和并车厢，并车厢之间用传动轴连接，然后通过链条和捞砂滚筒或主滚筒连接，再通过链条到转盘角传动箱、爬坡链条箱再到转盘，也可由并车厢（角传动箱）通过传动轴直接到爬坡链条箱再到转盘。捞砂滚筒、主滚筒、转盘一般采用气动轴向气囊推盘离合器控制，也可用气动胎式离合器控制。

（3）行走系统设备

行走系统设备由一套运行部件组成，包括底盘、驱动机与驱动轮等。

（4）地面旋转设备

地面旋转设备包括转盘、水龙头、大钩等，其作用是进行冲、钻、磨铣、套铣、打捞等。

① 转盘。主要用来带动方钻杆旋转井下钻具，在处理事故时，用于进行套铣、倒扣、磨削、刮削、钻水泥塞等旋转作业施工项目。完成钻、修井作业中的旋转作业。

② 井下工具
- 井下机组：潜油电泵、保护器、潜油电机、气体分离器、电缆。
- 附属工具：扶正器、单流阀、泄油阀。
- 小修井下工具：封隔器、井下安全、滑套（SSD）、工作筒（NIPPLE）、偏心工作筒、伸缩短节、Y型接头、流动短节、加厚管、引鞋。
- 大修井下工具：倒扣捞筒、倒扣捞矛、引管公锥、母锥、双滑块捞矛、加长引管双滑块捞矛、单滑块捞矛、伸缩捞矛、套铣筒、套铣头、铅模、磨鞋、内割刀、安全接头、超级震击器、扶正器、变扣、正反扣钻杆、套管刮管器、钻铤、钻头等。

（5）提升系统设备

提升系统设备包括提升设备（绞车、天车、井架、游车、钢丝绳）与井口起下操作机具（吊卡、液压卡瓦、气动卡瓦、机械手动卡瓦、液压式机械油管上扣器、油管运移机构）。它的作用是起下井下管柱、钻具、更换采油树等。

① 井架。井架系统主要由井架下体、井架上体、天车总成、上下体锁紧承载装置，大钳平衡装置、猫头装置、立管、梯子、二层工作台、套管扶正台和大钩托架等组成。

井架的立起和放倒由连接在钻台橇座和井架下体上的两个起升油缸来完成。井架底座与钻台采用螺栓连接，通过液压千斤和在每组连接板之间增减调整垫片的方法可保证钻修机在移动到任意一口井时大钩与井口的顺利对中。另外，在井架系统中还配有照明系统及天车顶部的红色信号灯。

② 绞车。绞车系统主要是通过动力的传动来完成游动系统的起升作业和转盘的旋转钻进作业，安装于绞车橇上，结构紧凑，拆卸、吊装均很方便，绞车系统主要由绞车橇座和安装于其上的并车厢、主滚筒总成、主滚筒刹车系统（盘刹）、辅助刹车、天车防碰装置、毂冷却水循环系统、绞车机架及护罩、输入输出链条盒、液压油箱及支架、转盘传动箱及下坡链条盒等组成。

③ 游车大钩。将绞车的旋转动力变为大钩的提升运动。由顶盖、滑轮、滑轮轴、左右侧板、滚子轴承、吊环锁臂、锁紧臂、制动环、定位块、圆栓滚子轴承等组成。

④ 吊环。吊环挂在顶驱或大钩的耳环上用以悬挂吊卡，有单臂和双臂两种型式。

⑤ 指重表。指重表主要是记录和显示起重大绳的拉力，以防超过提升系统或者井下管柱的安全负荷而造成生产事故。目前有液压式、拉力式和电子式三种。

（6）循环冲洗系统设备

循环冲洗系统是通过泥浆泵，将泥浆沿井下管柱流至井底，再从环空返出，实现循环，携带岩屑，或实现压井等作业。全套循环冲洗系统设备包括泥浆泵、地面管线、水龙带、循环池、清水罐等，其作用是完成井下作业，如冲砂、清蜡、洗井、压井、验吊、找漏、加深钻进等。

① 泥浆泵。以柴油机为动力，经液力变速箱、万向轴，通过链条驱动泥浆泵。泥浆泵是一种往复泵，由动力端和液力端两大部分组成，动力端由曲柄、偏心轮、连杆、十字头等组成，液力端由泵缸、活塞、吸入阀、排出、吸入管、排出管等组成。

动力通过链轮带动曲柄旋转使活塞作往复运动，吸入过程液体在大气压力作用下通过吸入阀进入液缸，排出过程液体在活塞推动下经排出阀排出。

② 灌注泵（增压泵）。它是为了避免泵在进口压力低时出现气塞现象。每台泵均可配备灌注系统其结构由灌注泵及其底座、蝶形阀和相应的管汇组成，安装在吸入管汇上。在泵启动前，泵壳内灌满被输送的液体；启动后，叶轮由轴带动高速转动，叶片间的液体也必须随着转动。在离心力的作用下，液体从叶轮中心被抛向外缘并获得能量，以高速离开叶轮外缘进入蜗形泵壳。在蜗壳中，液体由于流道的逐渐扩大而减速，又将部分动能转变为静压能，最后以较高的压力流入排出管道，送至需要场所。

③ 水龙头。水龙头由悬挂在大钩上的固定部分和连接钻具的转动部分组成。固定部分包括提环、外壳、上盖、鹅颈管和盘根盒。转动部分包括中心管、主轴承、扶正轴承和泥浆管等。转动部分连接方钻杆，并随整个钻柱在转盘的带动下旋转，常用于钻进时循环泥浆以携带碎屑和冷却钻具，还可用于冲砂和其他作业。

④ 水龙带。它是立管与水龙头间泥浆连接管线。在水龙带与水龙头间配置高压过渡接头和100m（4in）APH标准连接锤击由壬，可与水龙头配套使用，在钻进中循环泥浆、冲砂等情况下传输动力液。使用水龙带时不能超过其最高的工作压力。

⑤ 循环管汇系统。循环管汇系统包括压井管汇、节流管汇和常压气液分离器等。

（7）控制系统设备

控制系统设备包括机械控制设备（手柄、踏板及杠杆机构等），气动控制设备（各种开关、调压阀、工作缸等），液动控制设备（同于气动），电控制设备（各种电控开关、变阻器、启动器、电动机），集中控制器，驾驶室，观察记录表（水温表、机油压力表、柴油压力表、气压表、指重表等）。它的作用是协调各机组工作。

（8）辅助设备

修井机包括值班房、照明设备、消防设备、配合修井作业的井口工具（安全卡瓦、防喷器、各类连接接头）等辅助设备。

① 井口工具。常用井口工具的种类：油管钳、吊钳、吊卡、卡瓦、油管防喷考克及钥匙、管钳、榔头、起下电缆专用工具（锁紧钳、夹紧钳、电缆夹紧钳）等。

② 液路系统。液路系统包括油泵管路、起升管路、猫头油缸管路、承载销油缸管路、平台移动管路，以及相关的各个部件组成。

③ 照明、电力
- 电压：220V、380V。
- 灯具：荧光灯、红色闪光警示灯、汞蒸气探照灯、防爆防腐灯。
- 电器防爆：防爆电机包括搅拌器、混合泵、灌注泵、储能器、冷却系统。

④ 气动设备。气路系统由气路排管、气源管路、空压机管路、绞车辅助刹车管路、变矩器换挡控制管路、主滚筒控制管路、天车防碰与复位管路、紧急刹车控制管路、泥浆泵控制管路、油泵卸荷管路、油门熄火管路，以及相关的各个部件组成。

4.4.2 修井机安全检查

对修井装置开展有效的巡回检查，能够保证设备安全运行，现将检查内容、检查标准、经常发生的偏差点及处理措施按各组成设备进行分类，方便检查与风险控制的实施。项目包括：动力系统、各滤清器、传动箱内油面、冷却系统、蓄电池、刹车系统、大绳、照明系统、液压油箱油面、液压系统、气控系统、天车、井架、底座、起升缸、伸缩缸、扶正器、油车大钩、绞车、盘式刹车装置、操控系统、转向灯、刹车装置、驾驶室、轮胎气压、承载绷绳、防风绷绳、润滑部位、灯光电路和二层平台。

(1) 动力系统

① 检查内容及标准。发动机机油，液面在标定线区间；检查变速箱油位符合要求，无渗漏；检查齿轮油液位，检查输入轴、输出轴无松动；滚筒固定牢固。

② 产生的主要偏差及后果。未在页面标定线区间，造成发动机损坏；油位过低，渗漏，造成设备损坏，环境污染；齿轮油缺失，输入轴、输出轴松动，损坏齿轮、轴承；螺钉松动，造成滚筒损坏。

③ 防范控制措施。定期检查机油，缺失或变质，立即补加或更换；缺失或变质，补加或更换，渗漏整改；及时检查补充，更换油料；检查输入轴、输出轴连接是否紧密，松动紧固；紧固螺钉。

(2) 各滤清器

① 检查内容及标准：空气滤清器无尘沙，柴油滤清器、机油滤清器无杂质。

② 产生的主要偏差及后果：空气滤清器、机油滤清器、柴油滤清器堵塞，造成发动机损坏或不工作。

③ 防范控制措施：检查滤清器，风沙大的地区加强检查频率，及时清理杂物。

(3) 传动箱内油面

① 检查内容及标准：液面在标定线区间。

② 产生的主要偏差及后果：传动箱缺油干磨，油温过高、油品变质、有杂质，造成传动箱齿轮损坏。

③ 防范控制措施：检查油面，缺失或变质，立即补加或更换。

(4) 冷却系统

① 检查内容及标准：冷却液位线合格，水箱、水泵无渗漏。

② 产生的主要偏差及后果：水箱、水泵、连接部位渗漏，冷却液损失，环境污染，发动机温度过高，造成发动机损坏。

③ 防范控制措施：渗漏整改、添加冷却液。

(5) 蓄电池

① 检查内容及标准：检查电瓶表面清洁，电解液液面高度达标（10～15mm）；电路连接线与接线柱连接牢靠，接线柱无腐蚀，呼吸孔通畅；周围无易燃物。

② 产生的主要偏差及后果：电解液液面过高或过低，减少或加装时，造成醋酸伤人，电瓶损坏。电路连接线与接线柱连接不牢靠，接线柱腐蚀，呼吸灯不通畅，造成火灾。

③ 防范控制措施：发现缺失，进行添加；松动紧固，损坏更换，周围不得摆放易燃物。

(6) 刹车系统

① 检查内容及标准。刹车毂磨损量不超标；刹车带无变形，刹车块磨损不超出 3～5mm；刹车连杆灵活好用，修井机刹把应有棘爪锁紧装置或安全防滑链，刹车后刹把与钻台面成 40°～50°夹角。

② 产生的主要偏差及后果。磨损超标，刹车失灵，大钩落下，砸伤人员，砸坏设备；刹车带变形，刹车块磨损超标，刹车失灵，大钩落下，砸伤人员，砸坏设备；未安装棘爪锁

紧装置或安全防滑链，刹车失灵，造成大钩落下，砸伤人员，砸坏设备。

③ 防范控制措施。磨损超标更换；刹车带变形，刹车块磨损超标更换；安装棘爪锁紧装置或安全防滑链，刹把角度调整合适。

(7) 大绳

① 检查内容及标准。死绳端和活绳端紧固，大绳没捻距不超过6丝、每股断丝不超过3丝。

② 产生的主要偏差及后果。大绳断丝超标或固定不牢，起下钻或解卡时，造成大钩坠落，砸伤人员、设备。

③ 防范控制措施。每班起下钻，解卡前进行检查，发现断丝超标，立即更换，死绳端保险绳卡固好。

(8) 照明系统

① 检查内容及标准。井架灯线路无老化。

② 产生的主要偏差及后果。电路老化漏电伤人，连接不牢固，灯头坠落，砸伤人员。

③ 防范控制措施。电线老化进行更换，灯头松动，紧固。

(9) 液压油箱油面

① 检查内容及标准。停机状态，油未进入液缸前油面处于油箱油位计最高位。

② 产生的主要偏差及后果。液压系统缺油，油品变质，有杂质，造成液压系统失灵。

③ 防范控制措施。检查油面，缺失或变质，立即补加或更换。

(10) 液压系统

① 检查内容及标准。管线紧固无破损，老化，接头无堵塞，温度、压力、油面、运转等情况正常。

② 产生的主要偏差及后果。管线老化破损，接头漏油，造成污染，设备损坏。

③ 防范控制措施。每班作业前检查液路系统，发现破损、老化更换，松动紧固。

(11) 气控系统

① 检查内容及标准。压力表灵活有效、各气路管线连接紧固、本体无破损老化，工作气压保持在0.7～0.8MPa之间。

② 产生的主要偏差及后果。压力表失效，各气路管线连接松动、本体破损老化，工作气压过低，各种阀件失效，系统失控，损坏设备。

③ 防范控制措施。损坏更换，阀件失灵，停止使用。

(12) 天车

① 检查内容及标准。滑轮完好，润滑到位，防跳槽装置无损坏；防碰天车灵活有效。

② 产生的主要偏差及后果。滑轮变形、防跳槽装置损坏，造成大绳磨损、大绳跳槽。防碰天车失灵，造成顶天车、大绳断裂，落物伤人、设备损坏。

③ 防范控制措施。每次立井架前、放井架后对天车滑轮防跳槽装置进行检查，润滑、损伤、变形更换；每次起下钻前试提大钩，检查防碰天车是否灵活有效。

(13) 井架

① 检查内容及标准。井架无弯曲、变形，井架前倾小于等于3.5°，油车大钩中心与井口中心对正；井架上体伸缩自如，承载座工作正常。

② 产生的主要偏差及后果。井架弯曲、变形，井架倾斜、倒塌、人员砸伤，设备损坏；承载机构失灵，起升液缸受损，井架上体下落，砸伤人员，设备损坏。

③ 防范控制措施。发现井架弯曲、变形，停止工作；井架起升完毕，地面人员观察承

载机构工作是否正常,发现异常,维修整改。

(14) 底座

① 检查内容及标准:基础平整,无悬空、支腿同时受力。

② 产生的主要偏差及后果:基础下陷,支腿悬空,车体变形,修井机倾覆,人员砸伤,设备损坏。

③ 防范控制措施:基础下陷,放井架加固定基础。

(15) 起升缸

① 检查内容及标准:各液路系统工作正常,液缸无气侵,管线无破损、老化、无堵塞,接头紧固。

② 产生的主要偏差及后果:管线破损老化、堵塞,接头松动,液缸气浸,系统压力低或无压力、执行元件动作慢、起升缸不伸出。

③ 防范控制措施:更换原件,液缸排气,疏通管线,松紧固定。

(16) 伸缩缸

① 检查内容及标准:各液路系统工作正常,液缸无气侵,管线无破损老化、无堵塞,接头紧固。

② 产生的主要偏差及后果:管线破损老化、堵塞,接头松动,液缸气浸,系统压力低或无压力、执行元件动作慢、起升缸不伸出。

③ 防范控制措施:更换原件,液缸排气,疏通管线,松紧固定。

(17) 扶正器

① 检查内容及标准:扶正器灵活好用。

② 产生的主要偏差及后果:扶正器锈蚀,弹簧断裂,轴承锈蚀,造成伸缩液缸弯曲损坏。

③ 防范控制措施:按时保养,损坏更新。

(18) 游车大钩

① 检查内容及标准:滑轮磨损的最小绳槽半径等于钢丝绳公称半径+2.5%;定期对游车轮轴、中间体、连接板、轴端进行检查润滑,大钩弹簧、保险销完好,耳环螺栓紧固。

② 产生的主要偏差及后果:滑轮最小绳槽半径大于钢丝绳公称半径+2.5%,大绳磨损加速造成断裂,人员伤亡,设备损坏;游车轮轴、中间体连接板轴端检查不到位,大钩弹簧、保险销损坏,耳环螺栓松动,人员伤亡、设备损坏。

③ 防范控制措施:滑轮最小绳槽半径大于钢丝绳公称半径的+2.5%,立即更换滑轮;检查保养,润滑、损坏零部件及时更换,松动紧固。

(19) 绞车

① 检查内容及标准:各零部件无损坏,螺栓紧固,钢丝绳排列整齐。

② 产生的主要偏差及后果:零部件缺失,螺栓松动,防护罩损坏,人员伤害、设备损坏。

③ 防范控制措施:检查,确认零部件完好、各连接部件紧固,缺失补齐,松动紧固。

(20) 盘式刹车装置

① 检查内容及标准:液压刹车系统压力6~6.5MPa,刹车片磨损不超过1/2厚度,刹车盘无变形、裂纹;磨损不超过2mm。各部位销子、保险销完好。

② 产生的主要偏差及后果:液压系统压力不足,刹车盘变形、裂纹,刹车片、刹车盘磨损超标,各连接固件松动,刹车失灵,造成人员伤亡、设备损坏。

③ 防范控制措施：每次起下管前检查刹车系统，液压系统压力不足调整，松动紧固，超标损坏更坏。

（21）操控系统

① 检查内容及标准：各仪表工作正常，操作手柄灵活好用，天车防碰灵活，指重表标准。

② 产生的主要偏差及后果：仪表失灵、天车防碰失灵、指重表显示不准确，造成人员伤亡、设备损坏。

③ 防范控制措施：每班检查，各仪表工作正常，防碰灵活，指重表灵敏合格，发现异常，停止工作，及时修理。

（22）转向灯

① 检查内容及标准：转向灯有效。

② 产生的主要偏差及后果：转向灯失灵，失去指示作用，造成车祸。

③ 防范控制措施：检查，损坏更新。

（23）刹车装置

① 检查内容及标准：刹车灵活有效。

② 产生的主要偏差及后果：刹车失控，造成车祸，人员伤亡，车辆损坏。

③ 防范控制措施：检查修理。

（24）驾驶室

① 检查内容及标准：检查各仪表工作正常，转向机构、刹车灵活，手刹有效。

② 产生的主要偏差及后果：各仪表、转向机构、刹车失灵，手刹无效，造成交通事故，人员伤亡，设备损坏。

③ 防范控制措施：检查，发现损坏、失灵，停止工作，立即维修。

（25）轮胎气压

① 检查内容及标准：轮胎气压，压力要达到 0.7MPa。

② 产生的主要偏差及后果：轮胎气压过高，造成轮胎爆裂，发生交通事故，人员伤亡。

③ 防范控制措施：定期进行轮胎气压监测、充气，压力不可过高。

（26）承载绷绳、防风绷绳

① 检查内容及标准：井架绷绳直径不小于 15.5mm（修井机以原配绷绳尺寸为准），井架负荷绷绳断丝每捻距不超过 6 丝、每股断丝不超过 3 丝。每端应使用与绷绳规格相同的 4 个绳卡固定，绳卡的压板应压在活绳上，其间距为 15~20cm。

② 产生的主要偏差及后果：使用绷绳直径小于 15.5mm，断丝超标，卡子及卡距不合格，井架倒坍，人员砸伤、设备损坏。

③ 防范控制措施：井架绷绳直径不小于 15.5mm，断丝超标更换，卡子、卡距不合格整改。

（27）润滑部位

① 检查内容及标准：齿轮油润滑部位黄油充足。

② 产生的主要偏差及后果：齿轮油不足或未及时对润滑部位加注润滑油，造成设备磨损。

③ 防范控制措施：润滑部位加注润滑油。

（28）灯光电路

① 检查内容及标准：灯光照明正常。

② 产生的主要偏差及后果：照明灯不亮，夜间、阴天、大雾天行车已发生交通事故。
③ 防范控制措施：日常检查，发现损坏修理。

（29）二层平台

① 检查内容及标准。本体无变形、开焊、裂痕；链接销固定牢固；翻板无变形、开焊、链接牢靠；指梁无开焊、断裂；吊绳无断丝；上下导向轮滑固定牢靠，转动灵活；死绳头固定牢靠；猴台站板无开焊、断裂；护栏齐全，牢固、无开焊；逃生装置有效。

② 产生的主要偏差及后果。本体变形，导致二层平台无法展开、开焊、裂痕，人员陨落、伤亡；链接销固定不牢固，导致二层平台脱落，砸伤人员；翻板变形、开焊、连接不牢靠，造成翻板脱落，砸伤人员；指梁开焊、断裂，造成支梁变形；吊绳断丝超标，造成二层平台坠落，砸伤人员；固定不牢靠、转动不灵活，造成二层平台坠落，人员砸伤；死绳头固定不牢，造成二层平台坠落，砸伤人员；猴台站板开焊、断裂，导致人员坠落；护栏缺失、不牢固、开焊，导致人员坠落；逃生装置失效，造成人员坠落。

③ 防范控制措施。对本体检查，变形、开焊、裂痕，停止使用，更换维修；链接销固定牢固；对翻板检查，发现损坏及时整改；对指梁检查，开焊、断裂，更换维修；断丝超标，更换吊绳；确保润滑良好，转动灵活；松动紧固；对猴台站板检查，损坏维修；对护栏检查，缺失、开焊等，更换维修。

4.4.3 修井作业训练

（1）修井机开机准备训练

在立好修井机架的基础上，再校正修井机井架，然后进行常规作业施工操作。检查发动机的润滑油油面，散热器内的液面，以及柴油箱内的油面，检查发动机周围有无影响发动机旋转的异物，发动机启动后，首先检查机油压力是否正常，然后仔细听听发动机有无异常响声，发电机是否发电，打气泵打气是否正常，是否达到规定的温度。检查修井机周围有无影响车辆行驶的障碍物，清理车上的杂物及检查部件是否固定牢固（游动滑车及所有绷绳）。

（2）打捞作业

打捞管类落物的工具有：公锥、母锥、滑块卡瓦捞矛、接箍捞矛、可退捞矛、卡瓦捞筒、开窗捞筒、可退捞筒、水力捞矛、倒扣捞筒捞矛等。

打捞杆类落物的工具有：抽油杆打捞筒、组合式抽油杆捞筒、活页捞筒、三球打捞器、偏心式抽油杆接箍打捞筒、捞钩、抽油杆接箍捞矛等。

打捞绳类落物的工具有：外钩、内钩、内外组合钩、活齿外钩、老虎嘴等。

打捞小件落物的工具有：一把抓、反循环打捞篮、局部反循环打捞篮、磁力打捞器等。

① 可退式捞矛打捞操作。检查可退式捞矛是否与井内落鱼尺寸相匹配，各部件是否完好，卡瓦是否好用，发现问题及时处理；用钢卷尺测量可退式捞矛各部分的长度并作好记录；将可退式捞矛下入井内，下5根钻具后装好自封封井器，将可退式捞矛下至距鱼顶2m时停止下放；接管线，开泵正循环冲洗鱼顶。同时，缓慢下放钻具，探鱼顶；在下探过程中，注意观察钻具悬重变化，当钻具悬重有下降趋势时，停止下放并记录管柱悬重；右旋并缓慢下放钻具，当悬重下降5kN停止下放，并停泵；反转钻具2～3圈，缓慢上提打捞管柱，悬重明显上升，可确定落鱼已捞获，若井内落物重量较轻（1～2根油管），且不卡，试提时，落鱼是否被捞上，悬重显示不明显。这时，应在旋转管柱的同时，反复上提下放管柱2～3次后再上提管柱；若捞上落鱼，发现被卡并且解卡无效时，需退出捞矛时，则利用钻具下击加压，上提管柱至悬重小于原悬重5kN，正转管柱2～3圈；缓慢上提打捞管柱，将

捞矛退出鱼腔后，起出全部管柱（起出工具前应提前倒下自封封井器）。

② 滑块捞矛打捞操作。检查滑块捞矛的矛杆与接箍连接螺纹是否上紧，水眼是否畅通，滑块的挡键是否牢靠；滑块滑至斜键1/3处，用游标卡尺测量此位置的直径（该数据应与落鱼内径尺寸相符）；测量滑块捞矛长度、接箍外径，绘制下井滑块捞矛的草图；将滑块捞矛和安全接头接在下井的第一根钻具的尾部，然后下入井内，下5根管柱后装上自封封井器，滑块捞矛下至距鱼顶5～10m处停止下放；接管线，开泵正循环冲洗鱼顶（带水眼的滑块捞矛）同时缓慢下放钻具，注意观察指重表负荷变化；当悬重下降有遇阻显示时，加压10～20kN停止下放；试提判断是否捞上落鱼，判断方法如下：若井内落物重量较轻（1～2根油管），且不卡，试提时，落鱼是否被捞上，悬重显示不明显。这时，应在旋转管柱的同时，反复上提下放管柱2～3次后再上提管柱，若井内落物重量较大，且不卡，试提时，悬重明显上升，可确定落鱼已捞获，若井内有砂，一般有少部分落鱼插入砂面，则先试提再下放，观察管柱下放位置，如果高于原打捞位置，可确定落鱼已捞获，若井内落物被卡，试提时，悬重明显上升，活动解卡后，悬重明显下降，这时落鱼已被捞获；落鱼捞上后上提5～7m刹车，再下放管柱至原打捞位置，检查落鱼是否捞得牢靠，防止起管柱中途落鱼落井；起出管柱（起出工具前应提前倒下自封封井器），带出落鱼。

③ 洗井操作训练。按设计要求，备足清水（井筒容积的1.5～2倍），放出油、套管内的气体，从井口接好进出、口地面管线。然后将水泥车和井口管线连接并上紧。倒好采油树闸门，对进口管线用清水试压，试压压力为设计工作压力的1.2～1.5倍，5min不刺不漏为合格，倒好洗井流程，用本区污水循环洗井脱气，洗井过程中控制出口排量。

④（起）下油管训练。先搭油管桥，油管桥架不少于3个支点，并离地面高度不少于300mm，两端悬空部分不得超过1.5m，油管桥座要平稳牢固。接着拆井口，装防喷器，按标准试压合格后，卸顶丝，根据动力提升能力、井架和井下管柱结构的要求，观察拉力表的变化，管柱缓慢提升，提出悬挂器。

井口操作人员需分别抓住吊卡的两侧，将吊卡靠在油管本体上，关好吊卡，下放油管，使接箍坐在吊卡上，用管钳把油管螺纹全部卸开后，提出悬挂器。提出油管一根后，装好自封封井器。

起油管摘吊环时，先将插在吊卡耳朵上的销子拔出来，两名操作人员分别将两只吊环从吊卡的耳朵里拉出来。随着管柱的减少，逐步加快提升速度。起出油管单根时，应放在小滑车上，将油管按起出顺序排列整齐，每10根一组，摆放在牢固的油管桥上。

⑤ 通井操作训练。将通井规测量好尺寸后，接在下井第一根油管底部，并上紧丝扣，将通井规下入井内，当下入油管5根后，井口装好自封封井器。继续下油管，速度控制为10～20m/min，当通井至距人工井底以上105m左右时，减慢下放速度，同时观察拉力计（或指重表）变化情况。若通井遇阻，计算遇阻深度。如探到人工井底则连探三次，然后计算出人工井底深度，起出通井规。

⑥ 打铅印操作训练。将检查测量合格的铅模，连接在下井的第一根油管底部，下油管5根后装上自封封井器，铅模下至鱼顶以上5m左右时，开泵大排量冲洗，排量不小于500L/min边冲洗边慢下油管，下放速度不超过2m/min。当铅模下至距鱼顶0.5m时大排量冲洗鱼顶上面的砂子及脏物后停泵，再以1m/min以下的速度下放，一次加压打印，一般加压30kN，特殊情况可适当增减，但增加钻压不能超过50kN，起出全部油管（起出铅模前要提前倒下自封封井器），卸下铅模，清洗干净。

用照相机拍照铅模，以保留铅模原始印痕，用1∶1的比例绘制草图详细描述铅模变形情况并存档，以备检查。

⑦ 穿绳训练。地面操作人员将游动滑车摆正位置，把提升大绳缠在通井机滚筒上，由一名操作人员（系好安全带）携带引绳沿井架梯子爬上井架顶端天车位置处后，将安全带的保险绳系在天车牢固的位置上，如图 4-22 所示。

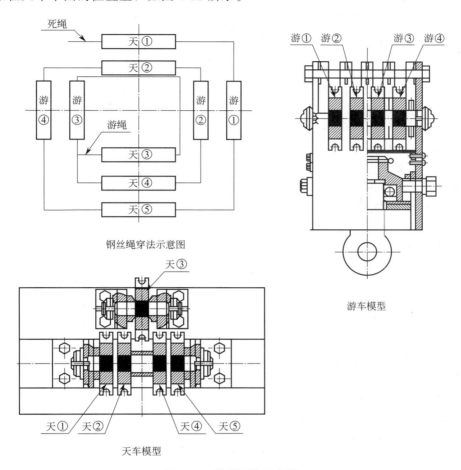

图 4-22　穿绳训练示意图

注：天①、天②、天③、天④、天⑤分别表示天车滑道①、天车滑道②、天车滑道③、天车滑道④、天车滑道⑤；游①、游②、游③、游④分别表示游车滑道①、游车滑道②、游车滑道③、游车滑道④。

井架顶端处的操作人员，将引绳从天车滑轮组右边第一个滑轮穿过，使引绳的两端头分别从井架前、后落到地面上，地面操作人员把井架后边的引绳端头与通井机滚筒上的提升大绳端头连接，引绳顺着提升大绳端头环形缠绕五次，用白棕绳捆牢；同时，将井架前引绳端拴在提升大绳端部，地面操作人员缓慢拉动井架前的引绳（通井机操作手同时松开滚筒刹车），将提升大绳拉向井架天车。

提升大绳与引绳连接处到达天车后，天车处的操作人员把提升大绳扶入天车右边第一个滑轮内（快轮），地面操作人员继续拉动引绳，将提升大绳从天车拉向地面，提升大绳端头到达地面后，解开提升大绳上的引绳，再用 1.5m 长的细麻绳与提升大绳端头连接起来，将细麻绳从游动滑车右边第一个滑轮自上而下穿过，拉动细麻绳的另一端使提升大绳进入游动滑车右边第一个滑轮内。

天车上的操作人员调整引绳，使位于井架后的引绳从井架前顺到地面，地面操作人员将后引绳与游动滑车第一个滑轮穿过的提升大绳端头，用环形扣缠绕并用白棕绳坯扎牢,将从天车前顺下的引绳拴在提升大绳的端部,慢拉动前引绳带动提升大绳升向井架天车。

⑧ 井口压力表的更换。把准备好的工具用具、压力表带到井口,首先校对被换压力表与给定的压力表量程是否相符,井口流程情况,是否都正常,压力表显示的压力是否是真实的,并记录好压力值。关压力表针型阀,按顺时针方向关手轮至关不动为止,左手持300mm扳手,把开口调节至压力表接头合适位置,卡好接头,右手持200mm扳手卡住压力表卸扣,左手轻力扶住,右手用力逆时针卸压力表,在压力表与表接头松动后,缓慢继续卸,放掉弹簧管内的余压,在压力表指针归零后,可放下手中扳手,用手卡住压力表螺丝上部继续卸载,至最后卸掉。

把卸下压力表放好,用螺丝刀清理压力表接头内余留污物,再用棉纱擦净,给准备更换的压力表螺纹缠生料带,左手拿住压力表整体,使连接螺纹向右手,用右手往螺纹上缠生料带,顺时针4~5圈即可。

再用双手使压力表与表接头对正,缓慢上扣,等上几扣后,确认没有偏扣,再用200mm扳手继续上,并上紧上正,在压力表上好后用手用力逆时针方向找开针型阀手轮,在看到压力表指针起压时,停止起压,在压力不再上升后,仔细检查压力表接头有无渗漏,在确认无问题后开大针型阀,记录压力表显示的压力,并与原压力值对比,做好记录,收拾工具,清理现场。

⑨ 冲砂。将冲砂笔尖接在下井第一根油管底部,并用管钳上紧,下油管5根后,在井口装好自封封井器。继续下油管至砂面以上10~20m时,缓慢加深油管探砂面,核实砂面深度,探砂面加压不超过10kN,连探2次,误差不超过0.5m,记录砂面位置。

提油管1根,油管顶部必须装旋塞阀,接好冲砂施工管线后,循环洗井,观察水泥车压力表及排量的变化情况,正常后,慢慢加深管柱,同时,用水泥车向井内泵入冲砂液,如有进尺,则以0.5m/min的速度,缓慢均匀加深管柱。接单根前,要循环洗井10min以上。冲砂施工要求连续冲砂超过5个单根后要洗井1周,方可继续下冲,直到人工井底或设计深度。

高压自喷井冲砂需控制出口排量,保持与进口平衡,防止井喷。冲砂至人工井底或设计要求深度后,要充分循环洗井,当出口含砂量小于0.2%时,上起冲砂管柱,至油层顶部30m以上。

停泵4h,下放管柱探砂面,观察是否出砂,若无砂,提出冲砂管柱,严重漏失井冲砂作业可采用暂堵剂封堵,大排量联泵冲砂,气化液冲砂等。

4.5 采油仿真装置

通过勘探、钻井、完井之后,油井开始正常生产,油田也开始进入采油阶段,根据油田开发需要,最大限度地将地下原油开采到地面上来,提高油井产量和原油采收率,合理开发油藏,实现高产、稳产。

当油层的能量不足以维持自喷时,则必须人为地从地面补充能量,才能把原油举升出井口称为人工举升。按照给井底油流补充能量的方式,人工举升方式主要分有杆泵、无杆泵和气举三大类。有杆泵地面动力设备带动抽油机,并通过抽油杆带动深井泵,目前应用最广泛的还是游梁式抽油机深井泵装置,因为此装置结构合理、经久耐用、管理方便、适用范围广。无杆泵不借助抽油杆来传递动力的抽油设备。目前无杆泵的种类很多,如水力活塞泵、电动潜油离心泵、射流泵、螺杆泵等。

4.5.1 抽油机仿真装置

抽油机的结构简单、制造简易、维修方便，可以长期在油田全天候运转，使用可靠。抽油机井由井口装置（采油树）、抽油机、井下抽油泵、抽油杆、油管、套管等组成。地面操作部分为采油树与抽油机。

（1）采油树

采油树用于悬挂油管、承托井内部全部油管重量，密封油套环空，控制和调节油井的生产，录取油套压力资料、测试等日常管理，保证各项作业施工的顺利进行。以 CY250 采油树为例，各零部件有：套管四通、左右套管阀门、油管头、油管四通、总阀门、左右生产阀门、测试或清蜡阀门（封井器）、油管柱顶丝、卡箍、钢圈及其他附件组成。采油树结构示意图如图 4-23 所示。

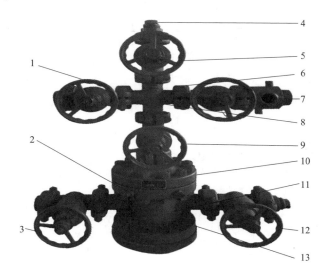

图 4-23　CY250 采油树结构示意图
1—左右生产阀门；2—油管柱顶丝；3—左右套管阀门；4—连接防喷管或封井器；
5—测试或清蜡阀门；6—卡箍；7—连接生产管；8—油管四通；9—总阀门；
10—上法兰；11—套管四通；12—左右套管阀门；13—下法兰

（2）抽油机

抽油机是抽油机井的地面机械传动装置，它和抽油杆、抽油泵配合使用，能使井下原油抽到地面。抽油机由主机和辅机两大部分组成。主机由底座、减速箱、曲柄、连杆、平衡块、横梁、支架、驴头、悬绳器及刹车装置组成。辅机由电动机、电路控制装置组成。常规游梁式抽油机结构示意图如图 4-24 所示。

抽油机的工作原理是由动力机供给动力，经减速器将动力机的高速转动变为抽油机曲柄的低速转动，并由曲柄—连杆—游梁机构将旋转运动变为抽油机驴头的上、下往复运动，经悬绳器总成带动深井泵工作。抽油机的主要部件有提供动力的动力机；传递动力并降低速度的减速器；传递动力并将旋转运动变成往复运动的四杆机构；传递动力并保证光杆做往复直线运动的驴头及悬绳器总成；使抽油机能停留在任意位置的刹车装置以及为使动力机能在一个较小的负载变化范围内工作的平衡装置等。

我国游梁式抽油机型号的表示方法，如图 4-25 所示。例如，规格代号为 8-3-37 的常规

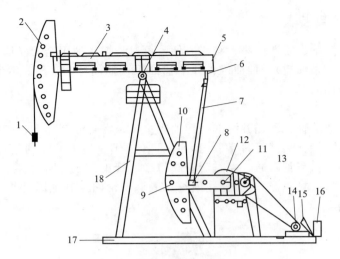

图 4-24 常规游梁式抽油机结构示意图

1—悬绳器；2—驴头；3—游梁；4—中轴；5—尾轴；6—横梁；
7—连杆；8—曲柄轴；9—曲柄；10—平衡块；11—输出轴；
12—减速箱；13—大皮带轮；14—电动机；15—刹车装置；
16—配电箱；17—底座；18—支架

游梁式抽油机，减速器采用点啮合双圆弧齿轮，平衡方式为曲柄平衡，型号为 CYJ8-3-37HB。表示抽油机的额定悬点载荷为 80kN，光杆悬点最大冲程为 3m，减速器额定扭矩为 37kN·m。

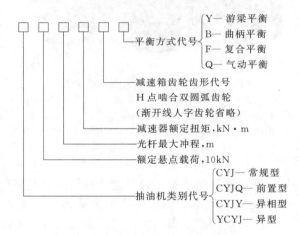

图 4-25 游梁式抽油机型号表示方法

（3）抽油泵

抽油泵是有杆泵抽油系统中的主要设备，主要由工作筒（外筒和衬套）、活（柱）塞及阀（游动阀和固定阀）组成。抽油泵按其结构不同可分为管式泵和杆式泵。管式泵适用于下泵深度不大、产量较高的井。杆式泵适用于下泵深度较大，但产量较低的井。上冲程，游动阀受油管内活塞以上液柱的压力作用而关闭，并排出活塞冲程一段液体。固定阀由于泵筒内压力下降，被油套环形空间液柱压力顶开，井内液体进入泵筒内，充满活塞上行所让出的空间。

下冲程，由于泵筒内液柱受压，压力增高，而使固定阀关闭。在活塞继续下行中，泵内压力继续升高，当泵筒内压力超过油管内液柱压力时，游动阀被顶开，液体从泵筒内经过空心活塞上行进入油管。

4.5.2 无杆泵采油

（1）潜油电泵

潜油电泵的全称是电动潜油离心泵（简称电泵）。它以排量大、自动化程度高等显著的优点被广泛应用于原油生产中，是目前重要的机械采油方法之一。

典型的潜油电泵井系统主要由三部分组成：①地面部分，包括变压器、控制屏、接线盒和特殊井口装置等。②中间部分，主要有油管和电缆。③井下部分，包括多级离心泵、油气分离器、潜油电机和保护器。上述三部分的核心是潜油电机、保护器、油气分离器、多级离心泵、潜油电缆、控制屏和变压器七大部件。工作时，地面电源通过变压器变为电机所需要的工作电压，输入到控制屏内，然后经由电缆将电能传给井下电机，使电机带动离心泵旋转，把井液通过分离器抽入泵内，经泵的液体由泵的叶轮逐级增压，经油管举升到地面。图 4-26 为潜油电泵示意图。

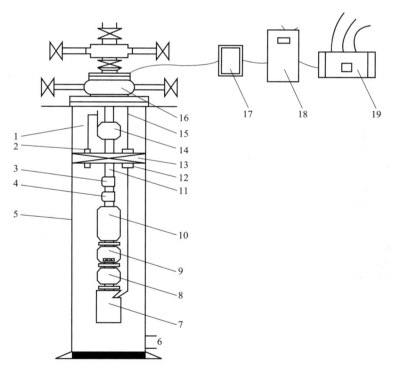

图 4-26　潜油电泵示意图
1—控制管线；2—放气阀；3—卸油阀；4—单流阀；5—套管；6—油层；7—潜油电机；
8—保护器；9—油气分离器；10—泵；11—生产油管；12—电缆穿透器；13—电缆封隔器；
14—安全阀；15—动力电缆；16—井口；17—接线盒；18—控制屏；19—变压器

（2）水力活塞泵

水力活塞泵是一种液压传动的无杆抽油设备，它是由地面动力泵通过油管将动力液送到井下驱动油缸和换向阀，从而带动抽油泵抽油工作的一种人工举升采油设备。

水力活塞泵系统由三部分组成：井下、地面和中间部分。井下部分是水力活塞泵的主要机组,它由液动机、水力活塞泵和滑阀控制机构三个部件组成,起着抽油的主要作用;地面部分由地面动力泵、各种控制阀及动力液处理设备等组成,起着供给和处理动力液的作用;中间部分有中心动力油管以及提供原油和工作过的乏动力液一起返回到地面的专门通道。

工作时候,动力液过滤后经动力泵加压,在经排出管线及井口四通阀,沿中心油管送入井下,驱动井下机组中的往复式液动机工作。液动机通过活塞带动抽油泵的柱塞做往复运动,使泵不断地抽取原油。经液动机工作后的乏动力液和抽取的原油一起,从油管的环形空间排回到地面,在通过井口四通阀,流入油气分离器进行油气分离。分离出的气体排走,油则流回储罐。一部分油送到集油站,另一部分油滤清后再进入地面动力泵作动力液使用。

(3) 螺杆泵采油

螺杆泵是一种利用抽油杆旋转运动进行抽油的人工举升采油方法。自1930年发明螺杆泵以来,螺杆泵技术工艺不断改进和完善,特别是合成橡胶技术和黏结技术的发展,使螺杆泵在石油开采中已得到了广泛的应用。目前在采用聚合物驱油的油田中,螺杆泵已成为常用的人工举升方法。

螺杆泵是依靠空腔排油即转子在泵筒(定子)中做行星运动的结果。转子和定子就位后,形成了一个个互不连通的封闭腔。当转子转动时,封闭腔沿轴线方向由吸入端向排出端方向运动,封闭腔在排出端消失,其中在空腔内所充满的液体也就随着它的运动由吸入端均匀地推挤到排出端,同时又在吸入端重新形成新的低压空封闭腔,将液体吸入。这样封闭腔不断地形成、运动、消失,液体也不断地充满、挤压、排出,把井中的原油不断地吸入,通过油管举升到井口。螺杆泵设计简单,没有阀的磨损,不会由于砂子、盐、蜡或其他影响因素而造成阻塞。

(4) 水力射流泵

水力射流泵(简称射流泵)是一种特殊的水力泵。射流泵主要由喷嘴、喉管及扩散管组成。喷嘴是用来将流经的高压动力液的压能转换为高速流动液体的动能,并在嘴后形成低压区。高速流动的低压动力液与被吸入低压区的油层产出液在喉管中混合,流经截面不断扩大的扩散管时,因流速降低将高速流动的液体动能转换成低速流动的压力能。混合液的压力提高后被举升到地面。图4-27是水力射流泵的示意图。

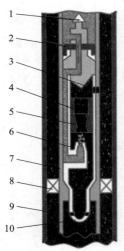

图4-27 水力射流泵示意图

1—打捞头;2—提升橡皮碗;3—排油孔;4—扩散管;5—喉管;6—喷嘴;7—油管;8—封隔器;9—套管;10—尾管

射流泵是通过流体压力能与动能之间的流体能量直接转换来传递能量,不像其他类型的泵那样,必须有机械能量与流体能量的转换。因此,射流泵没有运动部件,适合于汲取腐蚀和磨蚀性油井流体。其结构紧凑,泵排量范围大(10~1500 m^3/d),对定向井、水平井和海上丛式井的举升有良好的适应性。由于可利用动力液的热力及化学特性,水力射流泵可用于高凝油、稠油、高含蜡油井中。射流泵可以采用自由安装,因而检杆及泵下测量工作都比较方便。尽管射流泵具有以上优点,但因为射流泵是一种高速混合装置,泵内存在严重的湍流和摩擦,系统效率较低。射流泵在吸入压力低时,容易在入口处产生气蚀。在正常条件下其使用仍受到一定的限制。

4.5.3 气举采油

气举是一种人为地把气体(天然气或空气)压入井内使井下液流举升到地面的方法。气举井示意图如图 4-28 所示。按进气的连续性，气举可分为连续气举与间歇气举两大类。

连续气举是将高压气体连续地注入井内，使其和地层流入井底的流体一同连续从井口喷出的气举方式，它适用于采油指数高和因井深造成井底压力较高的井。

间歇气举是将高压气间歇地注入井中，将地层流入井底的流体周期性地举升到地面的气举方式。间歇气举时，地面一般要配套使用间歇气举控制器（时间-周期控制器）。间歇气举既可用于地产井，也可用于采油指数高、井底压力低，或者采油指数与井底压力都低的井。

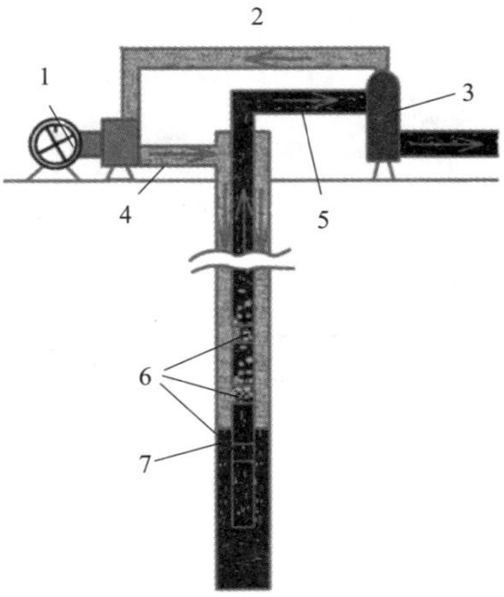

气举采油的特点如下。

① 灵活性高。气举采油的井口、井下设备比较简单，管理调节方便，产量具有较大的灵活性。若一口井设计得当，通过气举，产量也许能达到 1000 桶/日，或仅仅只有 50 桶/日。这样只需要一种装置，就可以按照不同的生产需求进行有效的生产。

图 4-28 气举井示意图
1—压缩机；2—低压气管；3—油气分离器；4—高压气管；5—低压油气管；6—普通阀；7—液封

② 适应性强。特别是对于海上采油，深井，斜井，井中含沙、水、气较多和含有腐蚀性成分而不适宜用泵进行举升的油井，都可以采用气举采油法，在新井诱导油流及作业井的排液方面气举也有其优越性。

③ 故障率低。气举井的事故率低，在所有人工举升中是最低的 21%。

④ 投资大，使用受限制。气举装置采油需要压缩机站及大量高压管线，地面设备系统复杂，投资大，且气体能量利用率低，需要大量的天然气，因此使用受到限制。

4.6 多相管流仿真装置

4.6.1 DGM-Ⅱ型多相管流仿真装置

DGM-Ⅱ型多相管流模拟装置可用来研究单相或多相流体在垂直管流、任意角度管流、水平管流情况下的压力损失，并可观察垂直管流下气液混合物的流动型态（泡状流、弹性流、段塞流、环状流、雾流）以及水平气液两相流动的流动型态（泡状流、团状流、层状流、波状流、冲击流、环状流、雾状流）。对于在井筒内各种流动的流体，预测其压力损失，需考虑下面三个主要因素：高度因素、摩擦因素和加速度因素。

对于垂直或倾斜流，高度因素是最重要的，既适用于任何流体（单相或多相），又适用于任何流动角度（向上）的管内液体的流动。它们管内液体的流动公式如下：总的压力损失＝高度引起的损失＋摩擦引起的损失＋加速度引起的损失。

井筒气液两相流动的基本参数（通过公式计算）包括：气相实际速度、液相实际速度、气相折算速度、液相折算速度、两相混合速度、滑脱速度及滑脱比、含气率（真实含气率又称空隙率）和含液率（真实含液率又称持液率）、两相流动的密度（流动密度和真实密度），并可计算井筒的压力分布。

(1) 多相管流仿真装置组成

多相流仿真装置主要由空压机、储液池、气液混合器、气液分离器以及管径分别为 20mm、40mm、60mm 的三组模拟管道等设备组成，管道倾角可在 0°至 90°区间任意调节，气、液两相流体注入比例可调节。多相管流工艺流程图如图 4-29 所示。

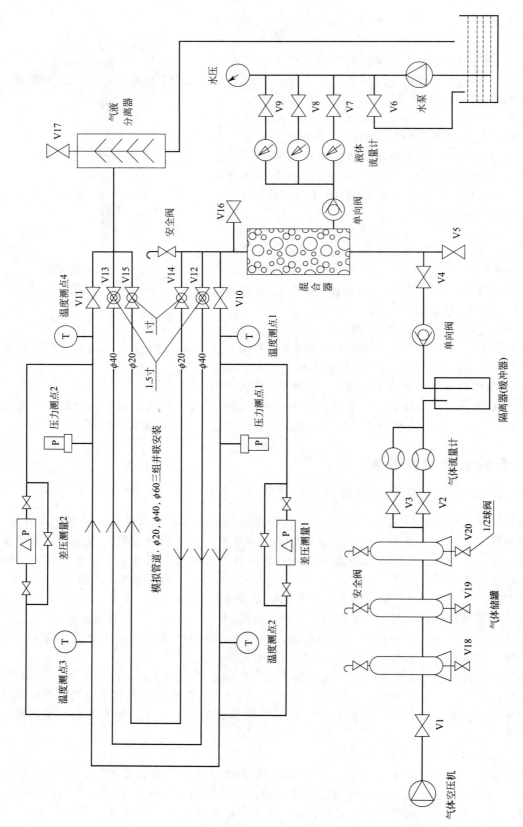

图 4-29 多相管流工艺流程图

(2) 仪器仪表

① 仪表部分如下。

液体流量仪表：依次为液路流量仪表，显示瞬时值和累计值；

气体流量仪表：依次为气路流量仪表，显示瞬时值和累计值；

位移量仪表：显示管道尾部水平移动距离值（软件上显示有角度值）；

注入泵调频：液路注入泵调频器，通过更改频率改变液路流量。

仪表盘示意图如图 4-30 所示。

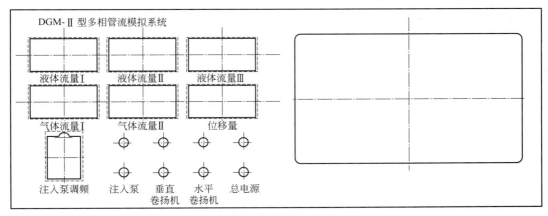

图 4-30　仪表盘示意图

② 开关部分如下。

注入泵：液路注入泵电源开关；

垂直卷扬机：管道端部升降时控制开关；

水平卷扬机：管道端部降低时控制开关，需要与垂直卷扬机配合操作；

总电源：系统总电源开关。

4.6.2　操作步骤

设备操作前，请对照设备、流程图、仪表面板、说明书等相关资料或者实物，分清各部件及仪表。熟悉空压机、液路泵等设备的操作。

(1) 前期准备工作

① 首先必须详细阅读气体空压机使用说明书。

② 检查气路、液路与本装置之间的软管管线，确保连接正确，无弯曲、折叠等现象发生，特别是气路软管管道及连接端口。

③ 确保所有阀门处于关闭状态。

④ 检查安全阀是否损坏或者安检期限是否过期。

⑤ 根据试验选择本次试验的管路并打开管路进出口阀门（如 20mm 管道，请打开 V14、V15）。

⑥ 打开气液分离器出口阀门 V17。

⑦ 准备足量干净的水源。

(2) 试验操作

① 穿戴工作服、安全帽、护目镜等个人防护设备。

② 打开多相管流模拟系统控制软件，建立试验表并填写必需的数据，保持通信正常，数据采集、存储正常。

③ 根据试验要求的模拟角度，通过计算机软件和垂直卷扬机电源操作，使管道倾角到要求数值。

④ 打开阀门 V1，开启空压机，等待空压机停止后再进行以下操作。

⑤ 小角度打开 V2 或者 V3（根据流量计流程和试验要求选取），切记不能一下全部打开。

⑥ 缓慢打开 V4，气体将经过混合器后流入试验管道，通过调节 V2（V3）开度大小控制气体瞬时流量，流量稳定在试验要求数值时，气路调节开启完成。

⑦ 打开 $15m^3/h$ 液路流量计前端阀门，设定注入泵频率为 10Hz，开启主泵泵电源，注入泵开始工作，液体经流量计、混合器后进入试验管道。

⑧ 根据试验要求调节注入泵频率值，更改液体注入流量大小。调节气路阀门 V2（V3）开度大小调节气体注入量大小（注意气体流量不能超过流量计量程），最终完成实验。

⑨ 试验过程中请注意观察试验管道内部流体流态。

⑩ 当试验完毕后，请先关闭注入泵电源开关，关闭液路流量计前阀门，打开 V6 排空管道内液体。

⑪ 使气路控制阀门 V2（V3）缓慢全开，使用气体流量计允许的最大流量吹扫管路内剩余的液体，当无液体流出时，缓慢关闭 V2（V3）阀门，同时关闭空压机电源。

⑫ 通过垂直卷扬机、水平卷扬机电源按钮，配合操作，使模拟管道处于水平放置（模拟管道支架所有脚轮接触水平工字钢）。

⑬ 关闭系统总电源和流程中所有阀门，清理试验现场及工作台，根据需要确定是否将液体储罐内的液体全部排放。

4.6.3 流型及流型识别

（1）垂直管中的流型

垂直管流型大致分 4～5 种。垂直管与水平管内流型的最大差别是：垂直管内不出现分层流和波浪流。

① 气泡流：一般含气率在 30% 以下，管中央的气泡较多，壁上气泡较少，气泡近似呈圆形。

② 弹状流（或称塞状流）：气泡直径接近管内径，这种大气泡称为 Taylor 气泡，大气泡间的连续液相中含有较小的分散小气泡，Taylor 泡外围液膜相对气泡作向下流动，而气泡间的液体夹带小气泡向上流动。

③ 乳沫状流动：随气流速度增加，弹状流的大气泡破裂，气液界面很不规则，没有结构特征。液体在管内既有向上又有向下流动，伴随有激烈震荡，这是一种过渡的不稳定流型。管径小时可能不发生震荡，弹状流和环状流间的过渡较平稳。

④ 环状流：由于液膜受重力作用，液膜形状和水平管有所差别。气流核心中夹带小液滴。

⑤ 丝状环状流：在环状流基础上增加液体流量，气芯中液滴浓度增加，形成条状液块和液束。有的学者没有把丝状环状流单独作为一种流型处理，也把它归为环状流。

（2）水平气管中的流型

通常分气泡流、气团流、波浪流、冲击流、环状弥散流等数种。其中气团流（plug）和冲击流（sug）的主要区别在于，气团流的连续液相中不含小气泡，而冲击流液塞中含有许多被液塞卷起的小气泡。陈雪俊认为，冲击流气团的上方没有液膜，只有气团前合的液塞使管壁周期性地润湿。

1976 年，Taitel 和 Dukler 根据气液截面的结构特征和管壁压力波动的功率频谱密度记录图的特征，定义了三种基本流型。

① 分离流：包括分层流、波浪流和环状流。

② 间歇流：包括气团流和冲击流。

③ 分散流：包括气泡流、分散气泡流和弥散流。

显然，后一种按气液界面结构情况划分流型的方法，便于从理论上进行深入研究，建立数学模型。流型对热动力工程十分重要，对气团和冲击流管上部表面可能周期性地干燥和再湿润，对环状流管上部管壁将出现逐步扩大的蒸干。

（3）倾斜管中的流型

与水平和垂直管相比，倾斜管内流型的实验数据还偏少。我们关心的是海底管道或通过丘陵地带这种小倾角管道内的流型。倾斜管道流型具有以下特征。

① 分层流与间歇流的过渡对倾角特别敏感。管路向下倾斜时很容易产生层流，上倾斜时则易产生间歇流。

Barnea 等人空气/水的实验结果表明，上倾角＋0.25°时分层流范围就显著减小，下倾时分层流范围扩大。常利用下倾管气液易于分离的特点作两相流管道的终点设备。如：分离器、管式液塞捕集器等。

② 管路倾角对分散气泡流/间歇流和间歇流/环雾流过渡的影响不大。在多相流动中，人们已经认识到：针对不同的流型应该用相应不同的模型，这将得到更为精确的结果。目前比较公认的倾斜下降管内油气水三相流型可定义为泡状流、分层流、弹状流、块状流、环状流等。

思 考 题

1. 油气藏的分类有哪些？
2. 圈闭是如何构成的？
3. 简述钻机的检查和保养过程。
4. 井控由哪几部分组成？
5. 修井机安全检查有哪些内容？
6. 流型是如何分类的？

第 5 章 油气集输平台

5.1 油气集输概述

油气集输主要是指油、气田生产过程中原油及天然气的收集、加工和输送。对于石油企业来说,油工程是寻找原料,油田开发和采油工程是提供原料,油气集输则是把分散的原料集中,处理使之成为油田产品的过程。这过程从油井井口开始,将油井生产出来的原油、伴生天然气和其他产品,在集输站(油气处理站)进行集中、输送和必要的处理、初加工,将合格的原油和天然气通过长距离输油管线进行外输。

5.1.1 油气集输研究对象

油(气)田开发包括油藏工程、钻采工程及油(气)田地面工程。油工程研究待开发油田的油藏类型、预测储量和产能、确定油田的生产规模和开发方式,钻采工程研究钻井、完井工艺及油田开采工艺、油气集输和油气矿场加工(以下简称油气集输)、油田采出水处理、供排水、注水(注气、注汽注聚)、供电、通信、道路、消防等与油田生产密切相关的各个系统。在建设投资中,地面工程约占油田开发总投资的 30%~40%,占气田投资的 60%~70%。油气集输研究的对象是油、气田生产过程中油田内部原油及天然气的收集、油气加工处理和输送问题。

5.1.2 油气集输系统的工作内容

油气集输系统的功能是:将分散在油田各处的油井产物加以收集,分离成原油、伴生天然气和采出水;进行必要的净化、加工处理使之成为油田商品(原油、天然气、液化石油气和天然汽油)以及这些商品的储存和外输;为油工程提供分析油藏动态的基础信息,如各井油气水产量、气油比、气液比、井的油压和回压、井流温度等参数及随生产延续各种参数的变化情况等,使油藏工作者能加深对油藏的认识,适时调整油田开发设计和各油田的生产削度。因而油气集输系统不但将油井生产的原料集中、加工成油田产品,而且还为不断加深对油藏的认识、适时调整油藏开发设计方案、正确经济地开发油藏提供科学依据。

5.2 油气集输平台概述

5.2.1 油气集输实训装置的必要性

油气储运工程是连接油气生产、加工、分配、销售诸环节的纽带,它主要包括油气田集输、长距离输送管道、储存与装卸及城市输配系统等。"十五"计划规划了"西气东输"工程、跨国油气管道工程及国家石油战略储备等大型油气储运设施的建设。为提高石油、石化类院校学生在校期间能熟练地、全面地、系统地认识油气集输的工艺及掌握实操技能，我们开发了面向石油类学校、石油石化行业油气储运工程专业等一系列的实训设备。

仿真实训设备将对现场的工艺设备进行高仿真模拟，同时具有实际操作性。设备工艺采用工厂化的理念，工艺和设备与实际生产工艺一致，让学员在仿真实训设备上，根据已学到的理论知识进行实操锻炼。经仿真实训设备培训后的学员，在走出校门进入石油行业后，拥有更好的适应能力、实操能力，缩短学员进入油气田后的工作适应期，提高了石油行业技术人员队伍素质。

5.2.2 油气集输实训装置简介

本方案从采油和采气两种不同的工况条件下，设计的一套油气集输装置。装置分别对原油集输、天然气集输和油库工艺进行了详尽的工艺流程设计，工艺系统内容和现场的实际情况一致。原油集输装置集成了各种不同种原油的集输处理工艺，主要由原油计量区、转输区、脱水区和稳定区组成。天然气集输工艺对天然气从采气开始，对天然气进行脱酸、脱水凝液回收并进行长距离输送，主要包括单井集气区、集输区、醇氨脱酸区、三甘醇脱水区、凝液回收区和天然气长输区。油库部分包括油罐区和装卸区。

油气集输平台用真实介质水代替原油，空气代替天然气，配备与现场一致的仪表和传感器，加入了与生产现场一致的DCS控制系统，做成相对独立又可形成一套完整的地面流程的实训设备。

5.2.3 油气集输实训装置的特点

① 系统性。仿真实训装置包括：采气区、天然气集输区、醇胺脱酸气区、三甘醇脱水区、凝液回收系统区、天然气处理区（首站、分输增压站、末站）、原油计量区、原油转输区、原油脱水区、原油存储区，共十大区域模块，形成一套系统的工艺过程。

② 实操性。实训装置内的配套设备具有高度的实际操作能力，学员可对设备进行实际操作。通过流程的切换和阀门开启、泵的开启等进行实际操作的训练。

③ 专业性。仿真实训系统依照《采气工》《天然气净化操作工》《采气工艺技术》《输气技术》《矿场加工及油气集输》为设计蓝本，同时综合了《天然气工程手册》《采气工程》《天然气工业管理实用手册》等专业书籍，并根据学校的地域特点，在考察了辽河油田原油采输系统后做出的一套流程工艺。

④ 安全性。仿真实训设备高度重视操作的安全性，保证学员在操作设备时的安全。

⑤ 高仿真性。仿真实训设备将按照现场设备进行模拟，同时对重点设备的内部结构、工作原理做深入的剖析，采用实物与软件模拟相结合的方式进行制作，便于学员对设备实操和原理的掌握。

⑥ 适用范围广泛性。仿真实训设备同时具备在校学员实训，油气集输技能培训，兼具教学、科研、培训等多重功能。

⑦ 通过采用各种有效的工艺技术和有效的设备技术，使得装置可以长周期运行，满足装置运行周期达到3年以上。

5.2.4 油气集输实训功能及方案

（1）实训功能

① 操作油气集输设备。

② 操作仪器仪表。
③ 系统学习及掌握采油、计量、原油处理和采气、输气及气体处理的整个工艺流程及设备操作和维护。
④ DCS操作学习。

（2）实施方案
① 将油气集输设备按一定比例制作成立体的实物装置。共分为十个操作站。
② 用钢管，按流程将各设备连接起来，用替代物料模拟原油，空气模拟天然气等介质，可以实现介质在管线内流动。
③ 各类阀门可以让学生来实际操作，并将动作情况变成电信号送至计算机进行采集控制，以便软件对实训设备状态进行监视和控制。

5.3 输油工艺

原油集输就是把油井生产的油气收集、输送和处理成合格原油的过程。这一过程从油井井口开始，将油井生产出来的原油和伴生的天然气产品，在油田上进行集中和必要的处理或初加工。使之成为合格的原油后，再送往长距离输油管线的首站外输，或者送往矿场油库经其他运输方式送到炼油厂或转运码头，油气集输实训装置的输油过程主要包括：原油计量实训区、原油转输实训区、原油脱水实训区和储存稳定实训区。

5.3.1 原油计量实训区

（1）工艺原理
单井采油后进行原油的计量和集输工艺，是原油储运的重要工作内容。井口采出的油气水混合物，经出油管线至两相计量分离器，分出的气体由流量计计量，液体（油、水）由仪表或玻璃管、翻斗、双容积分离器计总量，取样化验含水或在线含水分析仪测含水，气液汇合后输至接转站或油气集中处理站。原油计量实训操作站分为两部分内容：流量计阀组和气体分离计量部分。

（2）工艺过程
流量计阀组分为两部分：一部分为原油进集输装置时初始的计量阀组；第二部分为原油输出气体分离罐时候的精确计量阀组。工艺为流量计阀组→分离计量器→加药→流量计阀组，可实现原油的准确计量和对计量工段操作和流程的理解。

（3）工艺流程图
原油计量实训区工艺流程图如图5-1所示。

5.3.2 油品转输实训操作站

（1）工艺原理
国内外许多油田，几乎都要经历含水采油期，特别是为了保持底层能量，提高采收率而采取注水强化开发的油田，其无水采油期很短。实践证明，一个油田大部分时间处于中、高含水期，水油比增长很快，到油田后期，原油综合含水可能高达90%以上。
原油中所含的水，在油田的开采过程中，大多数与原油形成稳定的乳状液，只有一部分水呈游离状态。当原油和水乳化后，其物理性质就会发生很大变化。另外，原油和水在地层中的运移过程中，还会携带与溶解大量的无机盐。这些无机盐主要有氯化钠、氯化镁、氯化钙等。在无水采油期。无机盐主要以悬浮物形式存在于油中。当进入中、高含水采油期后，无

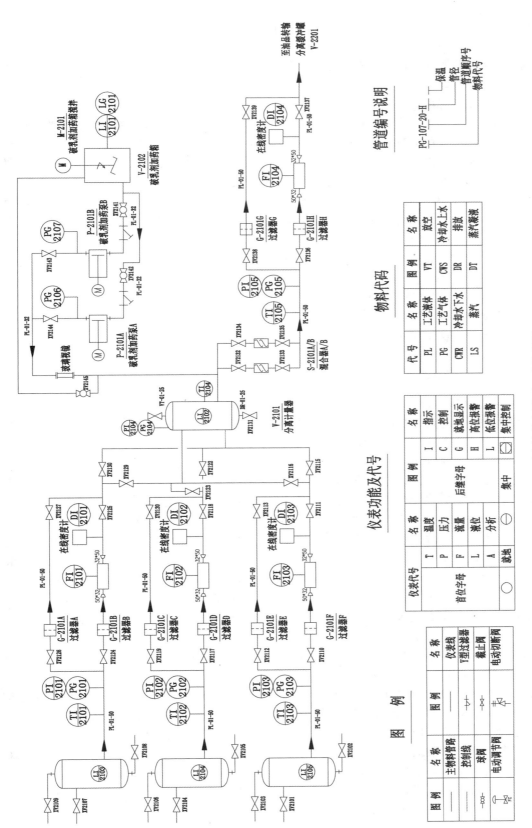

图 5-1 原油计量实训区工艺流程图

机盐则主要溶解于水中。由于原油含水,甚至水中含有盐类,这对采油、油气集输、储运和炼厂加工都会带来较大影响。

沉降脱水是指脱除以游离状态存在的水和破乳后的水。包括自然沉降、热沉降、离心沉降和斜板、斜管沉降等。

主要设备是沉降罐,归纳起来可分为立式和卧式两种。目前各油田所用的沉降罐,大多采用具有水封装置的沉降罐,这种沉降罐可自动调节油水界面,以保持沉降脱水的平衡和稳定。为了提高油、水的分离效果,含水原油应在水层顶面以下的一定深度沿进液管进入沉降罐,降低了水滴的沉降高度,又因为比原油的黏度小,故水的沉降速度将加快。这就是所谓的"水洗"作用。在一定的条件下,游离水滴在到达原油底层以前就在油层分离出来了。

稠油分离缓冲罐、加热炉、缓释剂加药装置;流程包括稠油分离缓冲罐,原油的加药操作;可实现油水的一级分离,原油进装置的缓冲和原油的加热功能。

(2) 工艺过程

原油经过初步的脱天然气计量后,进入分离缓冲罐,通过换热器对原油进行加热后进入沉降罐或进入脱水单元。

自一级沉降来的原油经加药系统加入缓释剂后进入二级沉降器继续沉降。

(3) 工艺流程图

油品转输实训区工艺流程图如图 5-2 所示。

5.3.3 原油脱水实训操作站

(1) 工艺原理

电脱水是使用电脱水器进行原油脱水的方法。根据电脱水器内电场极性有无变化,电脱水分为高压直流电脱水和高压交流电脱水。

① 高压直流电脱水原理。原油是一大类叫做"烃"的有机化合物的混合物,这类烃类物质的分子都是非极性的。而水分子的极性却很大。含水原油主要是一种"油包水"型的油水乳状液。欲将水分离出来,首先应破坏油水乳状液的平衡,把包在油膜中间的水珠拉出来。当含水原油进入电脱水器中的高压直流电场后,水分子将产生较大的变形,其极性增强、分子间力增大,致使包在油膜中的球形水珠变成两端分别带有正、负电荷的椭圆形,破坏了油水乳状液的平衡,被电场"拉"出来的水珠间相互吸引变大的机会和力量增大。当水珠大到一定程度,靠油、水间的密度差,水就从油中沉降分离出来,达到脱水的目的。

在直流电场作用下,带电液滴移向与其本身电荷电性相反的电极,即带正电的移向负极,带负电的移向正极,水滴除了在移动过程中碰撞合并外,主要在电极周围堆积。聚结成大水滴,称为"电泳聚结"。

② 高压交流电脱水原理。变交电场的特征是正、负极周期性地交替变化着。当含水原油进入交变电场后,水分子的两极不断受到光变电场周期性交错着的正、负极的吸引和排斥,结果使包在油膜中的球形水珠变成菱形,破坏了油水乳状液的平衡,被电场"拉"出来的水珠相遇时容易合并成更大的水珠,并靠油、水密度差使水从原油中沉降分离出来,达到脱水的目的。

一般地讲,直流电脱水比交流电脱水效果好些。但直流电场容易使小水珠聚集成大水珠,而不易使小水珠表面的油膜破坏掉,因此脱出的水中含油较多。交变电场由于促使水珠振荡变形,尤其大水珠受到的振荡力强,变形也大,因此,交流电脱水时,油中含水较多。

原油脱水操作站主要包括三相分离器、电脱水装置;流程为两种分离器,主要实现三种不同物质的分离,通过二次装置分离,可实现天然气、原油和水的分离。

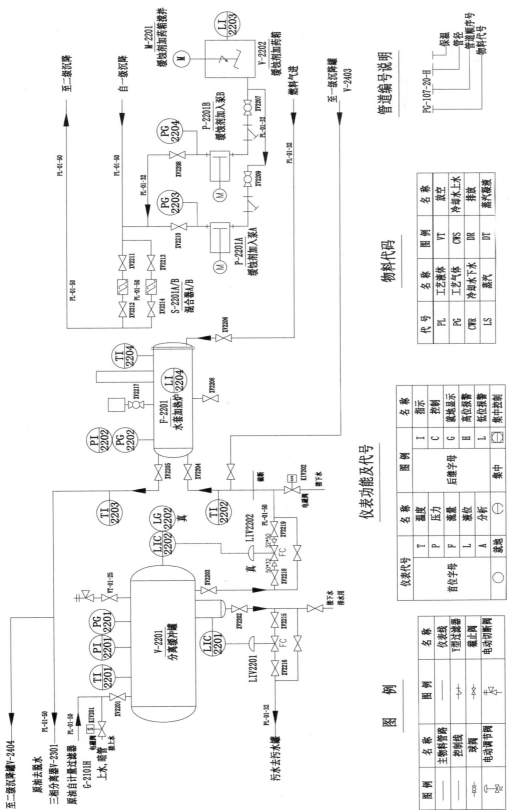

图 5-2 油品转输实训区工艺流程图

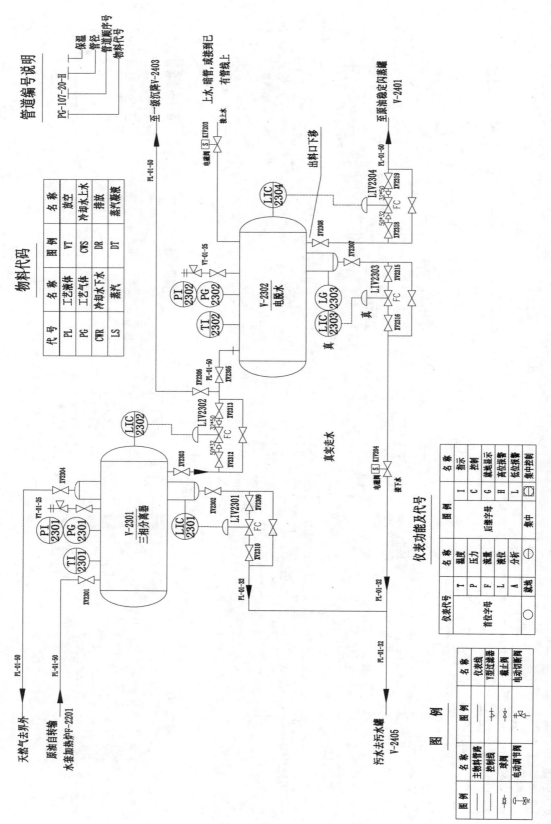

图 5-3 原油脱水实训区工艺流程图

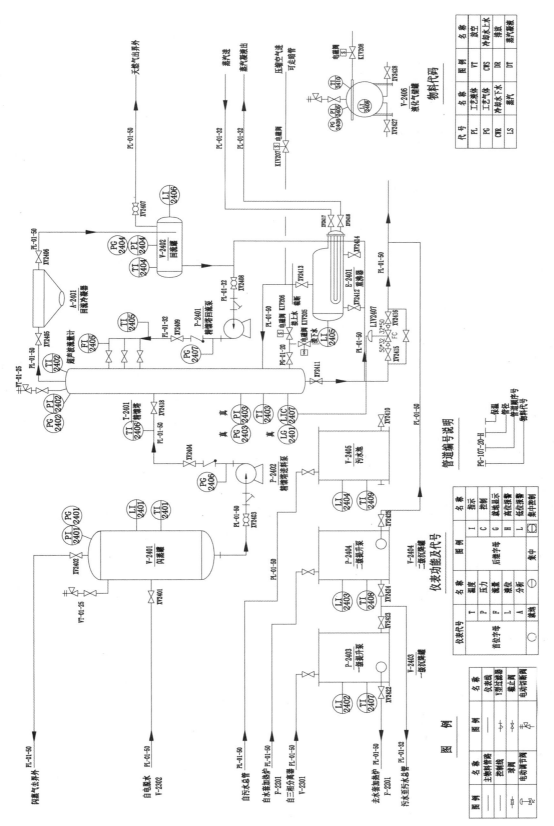

图 5-4 储存稳定实训区工艺流程图

（2）工艺过程

加热后的原油经过三相分离器分离出水、原油和天然气。分离后的原油可进入电脱水继续深度脱水，或直接进入沉降罐进行沉降。

（3）工艺流程图

原油脱水实训区工艺流程图如图5-3所示。

5.3.4 储存稳定实训操作站

（1）简介

原油是各种分子量和沸点不同的烃类所组成的混合物，在一定的压力和温度下，气、油两相处于动态平衡。如果我们改变外界的压力和温度条件，就会打破原来的相态平衡而达到新的平衡。在一定的压力和温度范围内，如果提高原油的温度，则由于各组分的沸点不同，轻组分（低沸点组分）将优先汽化，原油中各组分的沸点也相应降低。反之则高。因此，在某一压力和温度的条件下，各组分的气化程度也不同，有些轻组分可能沸腾汽化，有的组分则不行。原油稳定通常就是根据这个原理。

采用较高的温度，或者较低的压力（常压或负压），将原油中的某些轻组分汽化后脱去，再经冷凝将其中的轻质油回收，实现原油在常压温度下的完全稳定。稳定脱出的轻烃组分主要是$C_1 \sim C_4$。当未稳定的原油中$C_1 \sim C_4$的质量分数低于0.5%时，一般不进行稳定处理；当原油中$C_1 \sim C_4$的质量分数低于2%时，可采用负压闪蒸；当其质量分数高于2%时，可采用加热闪蒸或分馏法稳定；当有余热可利用或其他工艺（例如热处理降低凝点）结合时，即使$C_1 \sim C_4$含量少也可考虑采用加热闪蒸或分馏稳定的工艺方法。

储存稳定实训操作站主要包括一级沉降罐、二级沉降罐、污水罐；设备装置包括两个原油罐和一个污水罐，原油罐分为两级，能更好地进行原油的净化和原油的储存作用，污水罐作为装置中原油排水的储存罐。原油稳定主要包括闪蒸罐及稳定塔系统，目的是脱出原油内的轻组分，使原油稳定。

（2）工艺过程

原油经过脱水后进入一级沉降罐，进一步沉降后进入二级沉降罐，合格的原油可进入原油罐等待外输。如原油中轻组分比较多，可进入闪蒸罐后再进行初步的精馏，分离出轻组分。在各级排水装置中的污水可进入污水罐进行集中处理或外输到污水处理公司。

（3）工艺流程图

储存稳定实训区工艺流程图如图5-4所示。

5.4 输气工艺

与油田集输系统类似，气田集输系统的功能是：收集各气井井流，并进行必要的净化、加工处理使之成为商品天然气及气田副产品（液化石油气、稳定轻烃、硫磺等），同时气田集输系统还提供气动态基础信息，如各井的压力、温度、天然气和凝析液产量、气体组分变化等，使气藏地质师能适时调整气藏开发设计方案和各气井的生产制度。与油田集输系统不同的地方有：

① 气藏压力一般较高，在气田开采的大部分时间内，可依靠气能量完成气体的集中、净化、加工，甚至通过输气管道直接送至用户。

② 从气藏至用户，气体处在同一高压、密闭的系统内，集气、加工、净化、输气、用

气等环节间有着密不可分的相互联系。

③ 在合适的条件下集气系统内会形成固态水合物堵塞管线和设备。因而防止水合物的形成是集气系统的重要工作。

④ 气田和油田的气体处理厂有相同的业务，即把原料气加工成商品天然气。但气田气与油田伴生气的组成不同，伴生气中乙烷以上重烃组分较多。因而提取伴生气中的凝液，加工成液化天然气、天然汽油等商品，提高产品附加值和经济效益是油田气体处理厂的一项重要业务；而气田气内重组分含量一般较少，气体处理厂的主要业务常为脱出 H_2S、CO_2 等酸性气体，生产出符合质量要求的天然气。

5.4.1 单井集气实训操作站

(1) 工作原理

把从气井采出的含有液（固）体杂质的高压天然气，变成适合矿场集输的合格天然气外输的设备组合称为采气。

在单个、多个井口采气井场，安装一套天然气加热、调压、分离、计量和放空等设备的流程称为单井采气工艺流程。

(2) 工艺过程

气井采出的天然气，经采气树节流阀调压后进入加热设备加热（水套炉）升温，升温后的天然气进入立式重力分离器，在分离器中除去液体和固体杂质，天然气从分离器上部出口出来经节流阀降压到系统设定压力进入计量管段，经计量装置计量后，进入集气支线输出。

(3) 工艺流程图

单井集气实训区工艺流程图如图 5-5 所示。

5.4.2 天然气集输实训操作站

(1) 工艺原理

把几口单井的采气流程集中在气田某一适当位置进行集中采气和管理的流程称为集气流程。

天然气集输工艺主要任务是对单井采集的气体进行集中，然后脱除天然气气体中的液固杂质。

(2) 工艺过程

各单井站经节流降压计量后输至集气站或由高压管线与集气站连接。在集气站的工艺过程一般包括：加热、降压、分离、计量等几部分。工艺为：阀门→换热器加热→压力调节阀→立式过滤分离器→汇管→脱酸气流程。

(3) 工艺流程图

天然气集输实训区工艺流程图如图 5-6 所示。

5.4.3 醇胺脱酸气实训操作站

(1) 工作原理

天然气中含有硫化氢、有机硫、一氧化碳和二氧化碳等大量酸性气体。硫化氢具有很强的还原性，易受热分解，有氧存在时易腐蚀金属；有水存在时，形成氢硫酸，对金属造成较大的腐蚀性；硫化氢还会产生氢脆腐蚀等，而且是有毒气体，天然气中含有酸性组分时，会造成金属腐蚀和环境污染。当天然气用作化工原料时，它们还会引起催化剂中毒，影响产品

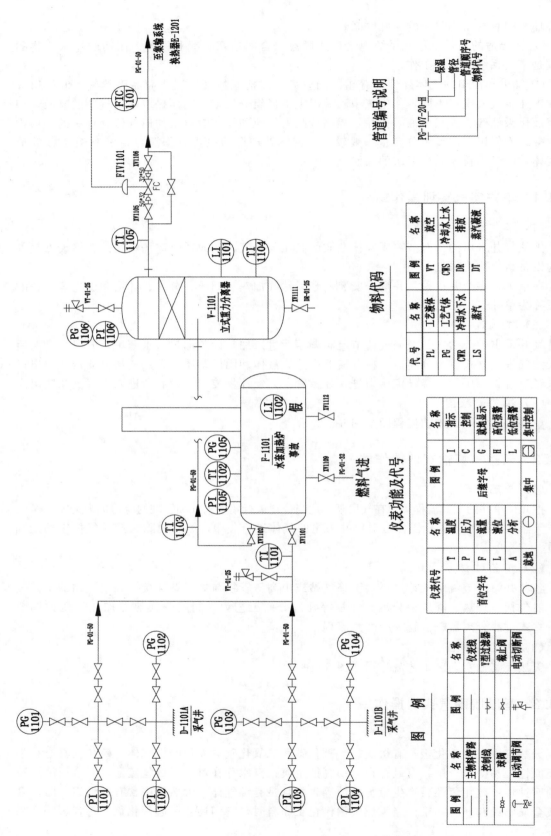

图 5-5　单井集气实训区工艺流程图

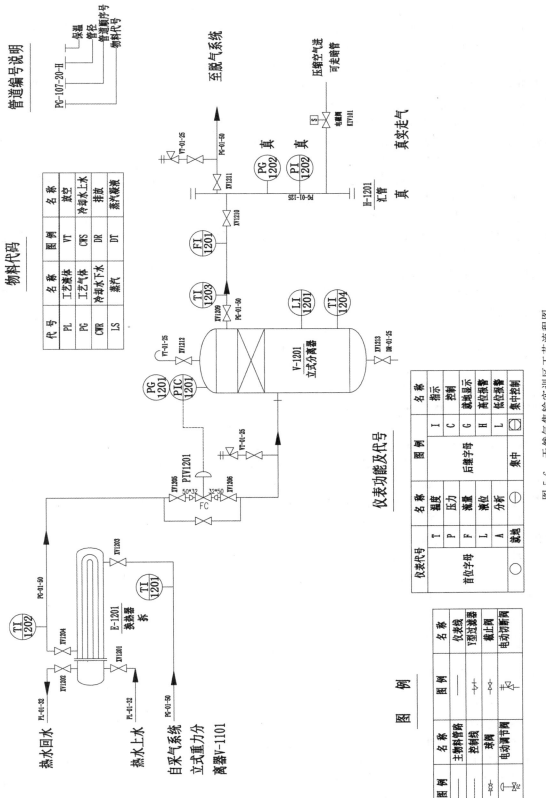

图 5-6 天然气集输实训区工艺流程图

质量。此外，CO_2 含量过高，会降低天然气燃烧热值，且在天然气冷冻分离过程中，CO_2 会形成干冰，堵塞管道和设备。因此，必须严格控制天然气中酸性组分的含量，其允许值视天然气的用途而定。

当天然气中的酸性组分含量超过管输气或商品气质量要求时，必须采用合适的方法脱除后才能管输或成为商品气。从天然气中脱除酸性组分的工艺过程称为脱硫、脱碳，习惯上统称为天然气脱硫。脱出的酸性组分一般还应回收其中的硫元素，称为硫黄回收。当回收硫黄后的尾气不符合向大气排放的标准时，还应对尾气进行处理。由此可见，一个完整的天然气脱硫系统由脱硫、硫黄回收和尾气处理三部分组成。

国内外报道过的脱硫方法有近百种。这些方法按作用机理可分为化学吸收法、物理吸收法、物理-化学吸收法、直接氧化法、干式床层法及膜分离法等。其中，采用溶液或溶剂作脱硫剂的脱硫方法习惯上又统称为湿法，采用固体作脱硫剂的脱硫方法又统称为干法。

化学吸收法是以可逆的化学反应为基础，以碱性溶液为吸收剂（化学溶剂），与天然气中的酸性组分（主要是 H_2S 和 CO_2）等反应生成某种化合物。吸收了酸性组分的富液在温度升高、压力降低时，该化合物又能分解释放出酸性组分。各种烷基醇胺法（简称醇胺法）、碱性盐溶液法和氨基酸盐法都属此类方法。这类脱硫方法一般不受酸性分压的影响。各种醇胺溶液是化学吸收法中使用最广泛的吸收剂，有一乙醇胺（MEA）、二乙醇胺（DEA）、二甘醇胺（DGA）、甲基二乙醇胺（MDEA）和二异丙醇胺（DIPA）等。

以一乙醇胺为例（MEA 法）：在用于气体净化的各种醇胺中，MEA 碱性最强的醇胺，与酸气的反应最迅速。一乙醇胺法既可脱除 H_2S，又可脱除 CO_2，通常没有选择性。直到20 世纪 50 年代末，采用 15%～20% 的 MEA 水溶液作为吸收剂脱除天然气中的 H_2S 和 CO_2 的方法还是唯一的脱硫方法。它具有价格便宜、工艺成熟、净化度和酸气负荷较高、易使处理气达到管输要求等特点，因而至今仍是工业上广泛采用的脱硫法。

（2）工艺过程

流程可划分为胺液高压吸收和低压再生两部分。原料气经涤气除去固液杂质后进入吸收塔（或称接触塔）。在塔内气体由下而上、胺液由上而下逆流接触，醇胺溶液吸收并和酸气发生化学反应形成胺盐，脱除酸气的产品气或甜气由塔顶流出。吸收酸气后的醇胺富液由吸收塔底流出，经升压泵升压后进入闪蒸罐，放出吸收的烃类气体和微量酸气。再经过滤器，贫/富胺液换热器，富胺液升高温度后进入再生塔上部，液体沿再生塔向下流动与重沸器来的高温水蒸气逆流接触，绝大部分酸性气体被解析，恢复吸收能力的贫胺液由再生塔底流出，在换热器中与冷富液换热、降压、过滤，进一步冷却后，注入吸收塔顶部。再生塔顶流出的酸性气体经过冷凝，在回流罐分出液态吸收剂后，酸气送至回收装置生产硫黄或送至火炬灼烧，液态吸收剂作为再生塔顶回流。

（3）工艺流程图

醇胺脱酸实训区工艺流程图如图 5-7 所示。

5.4.4　三甘醇脱水实训操作站

（1）工艺原理

从油、气流出的天然气，一般都含有饱和量的水蒸气，有的还含有相当数量的 H_2S 和 CO_2 等酸性气体。气体中存在过量的水汽不仅减少商品天然气管道的输送能力和气体热值，而且在油、气田集气和气体加工过程中由于气体工艺条件的变化引起水蒸气凝析，形成液态水、冰或固态气体水合物。从而增加集气管路压降，严重时将造成固体水合物堵塞管线，还会增加对设备、管线的腐蚀，生产被迫中断并且冷凝水和杂质的局部积聚会降低管线的输气量。

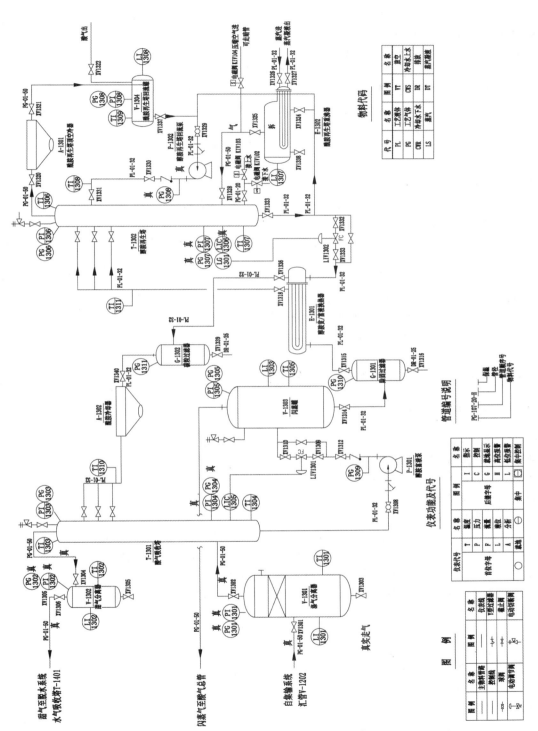

图 5-7 醇胺脱酸实训区工艺流程图

当气体中含有酸性气体时，液态水更会加速 H_2S 和 CO_2 对管道和设备的腐蚀，当用冷凝法（温度低于40℃）从天然气中回收 C2 组分时，更需要深度脱水，防止冷凝温度下产生冰和水合物。因而，为了防止输气管线以及天然气处理设备的冻堵，降低输气的动力消耗，必须对含水天然气进行脱水。

目前，天然气脱水的方法主要有溶剂吸收法、固体吸附法和冷却法三种。对于低压天然气，出于经济效益上的考虑，溶剂吸收法和固体吸附法得到广泛应用。天然气在进输气管道中将逐渐冷却，天然气中的饱和水蒸气逐渐析出形成水等凝析液体。液体伴随天然气流动，在管道低洼处积蓄起来，造成输气阻力增大。当液体积蓄到形成断塞时，其流动具有巨大的惯性，将造成管线末端分离器的液体捕集器损坏。

本实训区使用的是溶剂脱水的方法。利用三甘醇对水和天然气的溶解度的不同进行水气分离。

(2) 工艺过程

湿天然气由吸收塔下部进塔，三甘醇贫液由塔顶入塔，湿天然气与三甘醇贫液在塔盘处充分接触，天然气中的水被三甘醇贫液吸收后变成干天然气，从塔顶流出进入外输系统，经脱水的干天然气可以达到一般管输天然气的含水量指标。从天然气中吸收水分后的三甘醇溶液由贫液变成富液，从吸收塔底部流出，经升压泵升压后进入闪蒸罐，放出吸收的烃类气体和微量水气。再经过滤器流入贫-富甘醇换热器，三甘醇富液被预热到一定温度后进入再生塔上部，在再生塔中，经蒸汽加热，富液中大部分水分变成蒸汽，由再生塔顶部离开系统；富液再生后变成贫液，由再生塔底部流出进入换热器，在换热器内与富液换热后，进入吸收塔上部循环使用。富液过滤器主要用于分离甘醇溶液中的固体杂质和变质产物，保持三甘醇溶液的洁净。

(3) 工艺流程图

三甘醇脱水实训区工艺流程图如图 5-8 所示。

5.4.5　凝液回收系统实训操作站

(1) 工艺原理

从气体内回收凝液的目的有三种：满足管输的要求；满足天然气燃烧值要求；在某些条件下，能最大限度地追求凝液的回收量，使天然气成为贫气。

开采的气体内含中间和重组分愈多，气体的临界凝析温度愈高，这种气体在管输过程中，随压力和温度条件的变化将产生凝液，使管内产生两相流动，降低输量，增大压降，在管线终端还需设置价格昂贵的液塞捕集器分离气液、均衡捕集器气液出口的压力和流量，使下游设备能正常运行。为使输气管道内不产生两相流动，气体进入干线输气管道前，一般需脱除较重组分，使气体在管输压力下的烃露点低于管输温度。

各国或气体销售合同对商品天然气的热值都有规定，热值一般应控制在 35.4～37.3MJ/m³ 范围内，热值也不是愈高愈好，最大不高于 41MJ/m³。对于较富的气体，特别是油田伴生气和凝析气，一般都要回收轻油，否则热值将超过规定范围。

液体石油产品的价格一般高于热值相当的气体产品，也即回收的液态轻烃价格常高于热值相当的气体，多数情况下回收轻烃都能获得丰厚的利润。

(2) 工艺过程

用透平膨胀机代替节流阀，即为透平膨胀机制冷。高压气体通过透平膨胀机进行绝热膨胀时，在压力、温度降低的同时，对膨胀机轴做功。轴的另一端常带有制动压缩机为气体增压，气体在膨胀机内的等熵效率约为 80%，机械效率为 95%～98%。气体在膨胀机内的膨胀近似为等熵过程。

第 5 章 油气集输平台 | 99

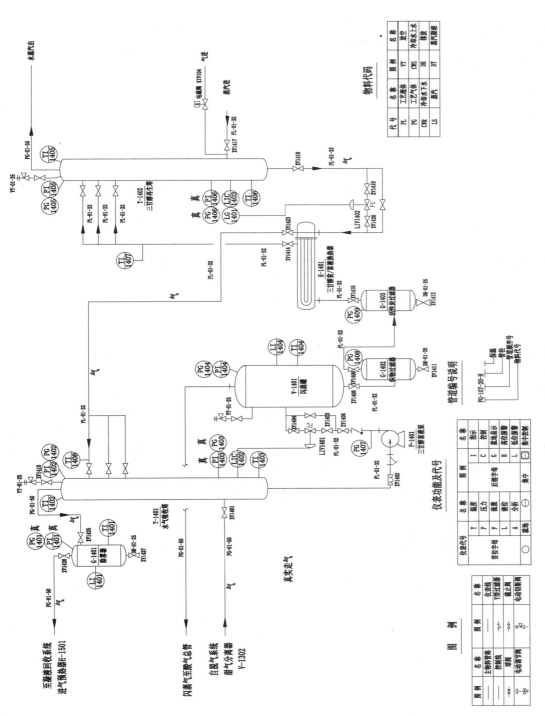

图 5-8 三甘醇脱水实训区工艺流程图

原料气自脱水系统进入装置后与脱甲烷塔来的冷天然气进行换热降温后进入低温分离器（透平膨胀机入口分离器），分出凝析油。低温气体通过透平膨胀机膨胀，进入脱甲烷塔。脱甲烷塔实为分馏塔，轻组分为甲烷，以蒸气从塔顶流出，重组分以液体从塔底流出。由上而下脱甲烷塔的温度逐步升高，低温分离器分出的凝析油在塔温接近油温处进入脱甲烷塔，分出凝液的甲烷，使塔底产品内甲烷和乙烷得到一定程度的稳定。

（3）工艺流程图

凝液回收实训区工艺流程图如图5-9所示。

5.4.6 天然气处理实训操作站

输配气站由输气首站、分输增压站、输气末站组成的一套输配气工艺流程。

（1）首站

① 工艺过程。首站是天然气管道的起点设施，气体通过首站进入输气干线。通常，首站具有分离、计量、清管器发送等功能。

a. 接收并向下游站场输送从净化厂来的天然气。

首站接收上游净化厂来的天然气，为了保证生产安全，通常进站应设高、低压报警装置，当上游来气超压或管线事故时进站天然气应紧急截断。向下游站场输送经站内分离、计量后的净化天然气，通常出站应设低压报警装置，当下游管线事故时出站天然气应紧急截断。首站宜根据需要设置越站旁通，以免因站内故障而中断输气。

b. 分离、过滤。

天然气中的固体颗粒污染物不仅会增加管道阻力，降低输气管道的气质，还影响设备、阀门和仪表的正常运转，使其磨损加速、使用寿命缩短，而且污染环境、有害于人身健康。液体污染物会随时间逐渐积累起来，形成液流，这样会降低气体流量计计量精度并可能损坏管道的下游设备。因此，通常在输气首站应设置分离装置，分离气体中携带的粉尘、杂质和上游净化装置异常情况下可能出现的液体，其分离设备多采用过滤分离器。

过滤分离器是由数根过滤元件组合在一个壳体内构成，通常由过滤段、除雾段和分离段组成，能同时除去粉尘、固体杂质和液体。当含尘天然气进入过滤器后先在初分室除去固体粗颗粒和游离水。之后细小的尘污随天然气流进入过滤元件，固体尘粒在气流通过过滤元件时被截留，雾沫则被聚合成大颗粒进入除雾段，在天然气流过雾沫捕集器时液滴被分离。分离后的天然气进入下游管道，尘污则进入排污系统。

c. 计量。

应计量输入和输出干线的气体及站内的耗气，这些气量是交接业务和进行整个输气系统控制和调节的依据。

气体计量装置宜设置在过滤分离器下游的进气管线、分输气和配气管线以及站场的自耗气管线上。

大流量站场的计量装置，可分组并联，并设备用线路。为了减少震动和噪声，站场管道的气体流速不宜超过20m/s。

常用于测量天然气体积流量的流量计有差压式流量计、容积式流量计、涡轮流量计、超声式流量计几类。

d. 安全泄放。

输气首站应在进站截断阀之前和出站截断阀之后设置泄压放空设施。根据输气管道站场的特点，放空管应能迅速放空输气干线两截断阀室之间管段内的气体，放空管的直径通常取干线直径的1/3~1/2，而且放空阀应与放空管等径。

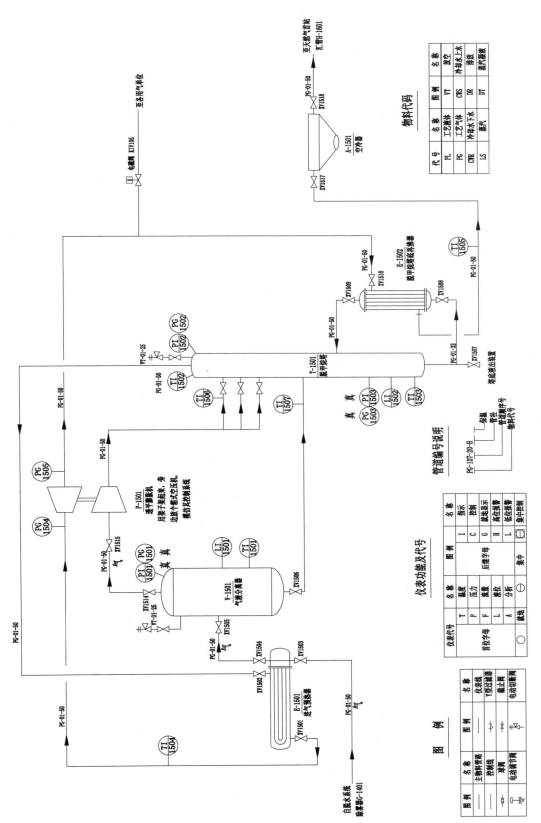

图 5-9 凝液回收实训区工艺流程图

站内的受压设备和容器应按 GB 50251—2003《输气管道工程设计规范》的规定设置安全阀。

安全阀定压应等于或小于受压设备和容器的设计压力,安全阀泄放的气体可引入同级压力放空管线。

站内高、低压放空管宜分别设置,并应直接与火炬或放空总管连通。

不同排放压力的可燃气体放空管接入同一排放系统时,应确保不同压力的放空点能同时安全排放。

放空气体应经放空竖管排入大气,放空竖管的直径应满足最大放空量要求。

可燃气体放空应符合环境保护和防火要求,有害物质的浓度和排放量应符合有关污染物排放标准的规定,放空时形成的噪声应符合有关卫生标准。

寒冷地区的放空管宜设防护措施,保持管线畅通。

放空竖管(或火炬)宜位于站场生产区最小频率风向的上风侧,并宜布置在站场外地势较高处。

② 工艺流程图,如图 5-10 所示。

(2) 分输站

① 工艺过程。分输站是天然气管道的中间站,气体通过分输站供给用户。通常,分输站具有分离、计量、调压等功能。

a. 接收上游站场来的天然气并向下游用户供气。接收上游站场来的天然气,该部分内容同首站。向下游站场输送经站内分离、计量、调压后的天然气,出站应设高、低压报警装置,当出站超压或下游管线发生事故时紧急截断。

b. 分离、过滤。直接供给附近用户用气,对分离后气体含尘粒径要求较小,分离装置选型可采用过滤分离器。

如果是分输气体进入支线,分输站距用户较远,分离装置选型宜采用旋风分离器或多管干式除尘器。如粉尘粒径大于 $5\mu m$,处理量不大时,可选用旋风分离器;处理量大时,可选用多管干式除尘器。

如果分离的气体含尘粒径分布宽,要求分离后含尘粒径很小的情况,可考虑采用两级分离。第一级采用旋风分离器或多管干式除尘器,第二级采用过滤分离器。

c. 调压。分输去用户的天然气一般要求保持稳定的输出压力,并规定其波动范围。站内调压设计应符合用户对用气压力的要求并应满足生产运行和检修需要。

调节装置目前多采用自力式压力调节阀或电动调节阀,宜设备用回路。分输站调节装置宜设在分离器及计量装置下游分输气和配气的管线上。

d. 计量。分输去用户的天然气需要计量,该部分内容同首站。

e. 安全泄放。分输站调压装置下游如果设计压力降低,则应在出站设置安全泄放阀,目前多采用先导式安全阀。先导式安全阀因其动作精度高,排放能力大,能够在超过整定压力非常小的范围内泄压排放,复位准确,密封可靠,工作稳定性好的优点而得到广泛应用。

② 工艺流程图,如图 5-11 所示。

(3) 末站

① 工艺过程。末站是天然气管道的终点站,气体通过末站供应给用户。通常,末站具有分离、计量、调压、清管器接收等功能。

● 接收上游站场输来的天然气并向用户门站供气,该部分内容同分输站。

● 分离、过滤。

末站通常是向门站供气,分离器选型同分输站,多采用过滤分离器。该部分内容同分输站。

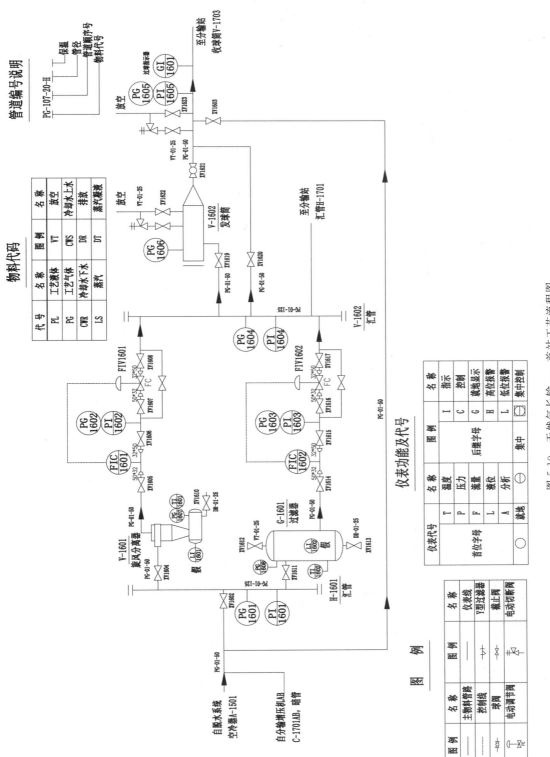

图 5-10 天然气长输——首站工艺流程图

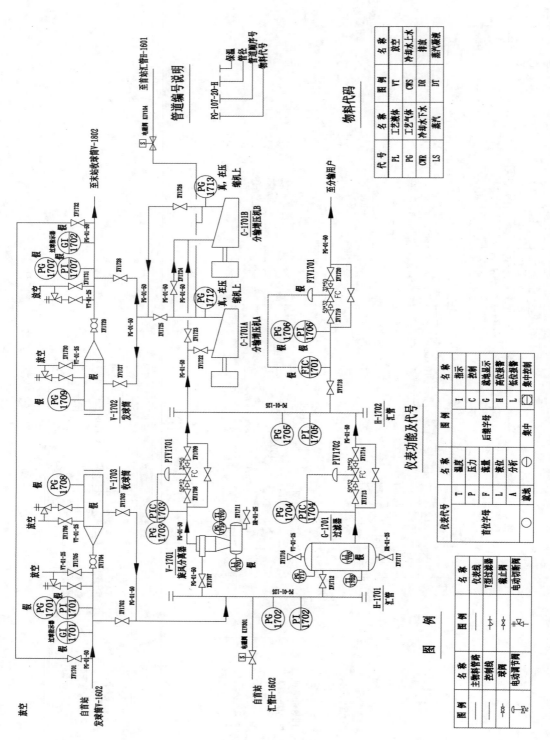

图 5-11 天然气长输——分输站工艺流程图

第 5 章 油气集输平台

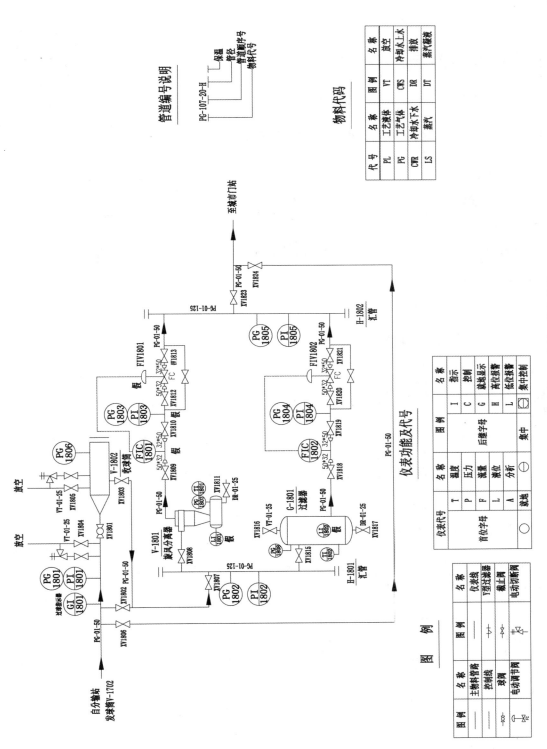

图 5-12 天然气长输——末站工艺流程图

- 调压、计量。

去用户的天然气一般要求保持稳定的输出压力并计量,该部分内容同分输站。

② 工艺流程图,如图 5-12 所示。

5.5 输油输气装置仪表参数

油气集输装置仪表参数扫描右边二维码查看。

5.6 油气集输平台——输油输气部分操作规程

油气集输装置输气、输油和天然气集输部分操作规程扫描下方二维码查看。

油气集输——输油部分
操作规程

油气集输——输气部分
操作规程

油气集输——长输天然气部分
操作规程

5.7 油库仿真实训装置

5.7.1 油库装置概述

油气库仿真实训车间由:储油区、装卸区和泵房三部分组成。其中,储油区储罐由拱顶油罐、内浮顶油罐和外浮顶油罐三种类型各一座油罐组成,油罐直径 2.8m,高度 3.4m。输送部分由两台离心式管道泵和两台滑片泵组成,其中一台泵安装变频装置;装卸油部分由两台鹤管和两个移动式水罐组成。

凡是用来接收、储存和发放原油或原油产品的企业和单位都称为油库。同时,油库也指用以储存油料的专用设备,因油料具有的特异性用以相对应的油库进行贮藏。油库是协调原油生产、原油加工、成品油供应及运输的纽带,是国家石油储备和供应的基地,它对于保障国防和促进国民经济高速发展具有相当重要的意义。

储油罐是储存油品的容器,是石油库的主要设备。我们在本套装置中主要选取了油库中常用的拱顶罐、内浮顶罐和外浮顶罐。小型储存原油是拱顶罐,大容量的是外浮顶罐,储存成品油用的是内浮顶油罐。内浮顶油罐是拱顶与浮顶的结合,外部为拱顶,内部为浮顶,内部浮顶可减少油耗,外部浮顶可以避免雨水、尘土等异物进入罐,这种罐主要用于储存航空煤油等轻质油品。外浮顶油罐的罐顶直接放在油面上,随油品的进出而上下浮动,在浮顶与罐体内壁的环隙间有随浮顶上下移动的密封装置。这种罐几乎消除了气体空间,故油品蒸发损耗大大减少。

油库装置的电控部分是由现场控制、自动化控制和上位机组态软件等组成,现场水泵和电动阀门的控制不仅可以通过现场按钮操作,而且也可以在上位机上通过工控软件完成操作。工控操作软件包含了自动化仪表的显示、现场设备自动控制和工艺流程画面。电控部分将现场的电气设备、控制系统和自动化控制有机地结合在一起。

5.7.2 油库操作人员职责

① 油库操作人员对油库的操作负直接责任,严格执行油罐安全、防火的各项规章制度。

② 油库操作人员负责输油泵组及其附属设备的启停操作，负责油品接卸的流程操作。
③ 掌握所有设备动态及各类设备的运行情况，严格按照巡检要求进行检查，发现问题及时处理。
④ 严格执行油库操作规程，紧急启停泵会紧急切换流程时做好相关操作记录。
⑤ 及时记录油库运行过程中的相关参数。
⑥ 负责油库区域内设备的保养、清洁工作以及区域内的其他卫生清洁工作。

5.7.3 设备的具体操作

（1）阀门具体操作
① 日常检查以外观为主，查看压盖、与法兰连接处垫片要完好和无渗漏，静电跨条、手轮开关标志、公称压力、规格标志、手轮颜色、阀体颜色、阀门编号齐全正确。
② 阀门有保护罩，不渗油、不窜油，保持清洁，沟槽无油泥、无杂质，润滑良好，开关灵活，阀体、大盖、支架、手轮无锈蚀，各处螺栓、紧固件齐全满扣，闸板无脱落，压盖和紧固螺栓保持金属本色，填料适时更换补充，没有作业时常闭。
③ 每月进行一次维护保养。

（2）测量孔具体操作
测量罐内油面高度、油料温度和采取油样，收发作业时，油罐大呼吸，平衡罐内压力。
① 日常检查以外观为主，关闭要严密，有无漏气和异常变化，测量和发油作业时打开，结束后关闭。
② 油罐正负压过大时，可以打开，调节罐内气体空间压力，保护油罐安全。
③ 打开测量孔时，人体最好背向站立，待油气足够挥发后，接好导静电绳进行测量。
④ 按照规定时间和内容进行定期维护保养，并检查密封垫片是否完好。

（3）配电设备
① 送电前应检查配电设备的技术状况，送电操作应先合总闸，后逐个合供电分闸。
② 操作配电箱设备时必须两人在场，穿好绝缘鞋，站在绝缘台上，戴好绝缘手套。
③ 设备出现故障必须报相关部门，由专人进行检修。
④ 运行时，观察仪表和设备的运行情况，做好记录。发现跳闸应查明原因，排除故障后，方可合闸供电。

（4）管线操作相关规定
① 储油罐出入口阀门（同一管线上）均执行先关后开，此规则不可违背。
② 一条管线绝对不能同时开启两个或两个以上储油罐出入口阀门（倒油除外）。
③ 储油罐出入口阀门在装卸油工作结束后必须关闭。
④ 油品倒罐或移库时必须有两人或两人以上同时操作方可进行，并记录起始和终止时间。
⑤ 计量员必须认真填报相关各储油罐倒前倒后油高、密度、总量等数据。

（5）离心泵操作
① 启动：检查水泵设备的完好情况；检查轴承充油、油位正常、油质合格情况；将离心泵的进口阀门全部打开；泵内注水或引水（倒灌除外），打开放气阀排气；检查轴封漏水情况，填料密封以少许滴水为宜；电机旋转方向正确。
以上准备工作完成后，便可启动电机，待转速正常后，检查压力、电流并注意有无振动和噪声。一切正常后，逐步开启出口阀，调整到所需工况，注意关阀空转的时间不宜超过3min。
② 运行：轴承的检查，轴承室不能进水、进杂质，油质不能乳化或变黑，是否有异音，滚动轴承损坏时一般会出现异常声音；压力表、电流表读数是否正常，出口压力表读数过

低,可能是密封环、导叶套严重磨损。定、转子间隙过大,或者是出口阀开启太大,流量大、扬程低。电流表读数过大,可能是流量大,或者是定、转子之间产生摩擦。

③ 停泵:离心泵停泵应先关闭出口阀,以防逆止阀失灵致使出水管压力水倒灌进泵内,引起叶轮反转,造成泵损坏;停泵时如果惯性小,即断电后泵很快就停下来,说明泵内有摩卡或偏心现象。

(6) 滑片泵操作

① 启动。按照滑片泵说明书进行开车前的各项准备工作,开机前各项准备工作完成后即可开机。

② 运行。启动后应查看进出口压力表所指示的表压,出口表压应在性能指标范围内,以达到高效运行的目的。通过听、看、闻检查泵组运行状况,不得有刺耳噪声和剧烈振动。连续运行时,要查看安装轴承的泵端盖温度是否正常,如温度出现异常,应停机查找原因。注意观察电机功率表(或电流表),功率(或电流)过大应停机,查找原因。

(7) 电控操作装置

电控操作装置分为电控柜和上位机工控操作系统。

① 电控柜内部由断路器、接触器、中间继电器、自动化仪表和 PLC 等设备组成,电控柜的柜门上由指示灯、按钮和转换开关组成。通过改变转换开关的"自动\现场"的位置选择来完成现场设备的控制方式是通过按钮操作,还是通过上位机工控软件控制。

② 上位机工控系统包含工艺流程画面、实时曲线画面、历史曲线画面和实时数据画面。实时曲线画面、历史曲线画面和实时数据画面主要显示的是自动化仪表的一些数据。工艺流程画面中包含了现场设备的操作和自动化仪表的显示,人机交互主要在这一画面中完成。

5.7.4 油库操作工作内容

(1) 日常检查

① 检查油罐阀门开关是否灵活,并清扫卫生,擦拭保养阀门。

② 检查配电柜内开关是否灵活。

③ 检查消防器材的数量、灭火器的压力等是否与标准要求一致。

④ 检查呼吸阀有无堵塞状况。

⑤ 保持油库区域内卫生整洁。

(2) 特殊查库

当油库设备第一次使用及维修后投入使用,油库操作学员应执行特殊查库。

① 摸阀门,油罐进口控制阀、油罐出口控制阀以及其他控制阀,各处法兰接处是否有渗油。

② 检查油罐外壁有无裂缝,有无渗油现象,油罐下部与基础连接处有无渗油现象。

③ 查看罐顶,储油罐区顶部呼吸阀有无柱塞。

④ 测油数,测量油罐液面高度。

(3) 卸车操作

① 油库操作人员在卸车前对油罐进行检查,尤其是油罐在装油段有无裂纹及表面异常,发现问题及时上报并暂停装油,待问题解决后再进行装油操作。

② 按照罐体容积计算容积,核对储油罐的剩余装油量可否满足待装油的容积要求,油罐的整体容积为 $21m^3$,每米高度可以装油 $6.1m^3$。

③ 计算、计量无误后,由操作人员连接防静电线、接卸车管线至油槽车卸油口,通过

滑片泵对输油进行灌泵操作，灌泵完成。卸油管道与油槽车卸油口处均要开启保险卡。

④ 将其他管线阀门关闭，开通直通卸油罐体的管道阀门，打开罐口阀门的同时，检查/关闭罐体卸油阀门。

⑤ 以上操作检查确认无误后进行卸油操作。

⑥ 通过滑片泵灌泵操作如下：打开阀门 XV125 和 XV126，启动 P103 泵开始灌泵，灌泵完成停止 P103 泵，关闭阀门 XV125 和 XV126。

⑦ 卸车操作如下：如向 V103 罐卸车时，打开阀门 XV128、XV129、XV138 和 XV139，然后启动 P104 泵开始卸车，卸车完成停止泵 P104，关闭阀门 XV128、XV129、XV138 和 XV139。

（4）装车操作

① 控制室人员根据付油通知单，进行电脑程序操作，告知油工班长开启对应的油罐阀门和管线阀门，关闭其他管线阀门。

② 油工在装油设备前，将静电接地夹子与装油的槽车连接后，上装车平台，打开槽车上的装油口，将装油鹤管插入槽车底部。

③ 关闭鹤管上的放空阀，并将静电溢油探头安放在合理的位置上。

④ 打开鹤管上的球阀，关闭排空阀，通知控制室电脑人员，可以装油。如：从 V101 罐中装油，打开阀门 XV109、XV114 和 XV115，在工控系统中设定阀门 XV102 的开度、需装车的油量和变频泵的频率，启动变频泵 P101 开始装车，当达到设定的装车油量时自动停止 P101 泵，关闭 XV102 和 XV115 阀门。

⑤ 在装油的过程中，装油操作人员要观察油槽车阀门和装油的整个过程。注意车辆的动态和周边的情况，出现问题，马上处理。

⑥ 控制室人员在控制室掌握油品的流量和加油的进度。

⑦ 加油完毕后，关闭球阀，打开鹤管上的放空阀，油工将鹤管拔出槽车，放进小油桶内，注意不要把鹤管里的油撒在外边。

⑧ 把鹤管及小油桶拿回放在平台上，固定好。对油槽车内的油品进行测量，油高，密度，把测得的结果准确地告诉控制室人员。

⑨ 盖好槽车罐盖，并进行封签封锁好。

⑩ 控制室人员根据油工的数据，进行计算，核对容积表，计算重量，做好相关的记录。

⑪ 油工将槽车封签封好后，下平台，取下槽车的静电，完成装车作业。

（5）倒灌操作

确认导出油料的储罐和导入油料的储罐的液位，如果导入储罐液位低于导出油罐则可以通过自流的方式通过倒油管线进行倒油操作，到液位相差较小时通过输油泵进行倒油操作。具体操作如下：

① 由操作人员检查卸油和装油的相关控制阀均处于正确的开关状态，且无泄漏情况。

② 操作人员佩戴好手套等劳动保护用品，加强劳动保护，操作人员需穿防静电服。

③ 操作人员做好倒罐的计量工作。确切计算好倒罐数量，严防冒顶。

④ 检查输油泵是否工作正常，如果输油泵液面未达到输送要求，需先进行灌泵操作。

⑤ 完成以上工作后由操作人员开泵倒罐，倒罐的原则遵循先开后关的原则。操作人员做好倒罐数量的监控工作，当油品达到倒罐作业指导数量时，通知停泵。

⑥ 倒罐结束收关闭相关的阀门，操作人员对两座储罐倒罐后的计量工作，计算出实际倒灌数量。

⑦ 操作人员对倒罐操作做好详细的记录。

⑧ 倒罐操作如从 V101 罐倒到 V102 罐，打开阀门 XV109、XV111、XV117 和 XV118，然后

启动 P104 开始倒罐，倒罐完成停 P104 泵，关闭阀门 XV118、XV117、XV111 和 XV109。

(6) 泵的切换备用操作

① 检查备用泵是否完好且可以正常工作，按照离心泵操作规程及灌泵的相关操作要求进行操作。

② 检查完毕后，按照工艺流程及操作规范，将使用泵关闭并切断相关控制阀，同时按照启动操作规程进行泵的启动。

5.7.5 应急情况处置

① 油罐壁发现渗油处置：立即报告，在保证自身安全的前提下，采取必要的急救措施。

② 设备渗漏处置：油工发现油罐、输油管线、阀门、法兰等设备出现渗漏时，应立即报告，同时视情节对设备进行必要处理；如果渗漏严重，应请示停止作业，关闭相关阀门。

③ 停电处置：当作业过程中突然出现停电情况，罐区油工接到现场指挥员命令后，迅速关闭相关阀门，同时做好放空管线准备。

④ 油罐吸瘪处置：当操作人员发现发出油罐吸瘪，应迅速关闭罐前阀，同时向现场值班员报告，停止作业，打开测量孔盖，使罐内进入气体，使油罐恢复原形；协助维修人员对机械透气阀、阻火器进行维修。

5.7.6 油料基本常识

(1) 油料燃烧的基本条件

① 可燃物。

② 助燃物（主要是氧气）。

③ 能使可燃物燃烧的热能源（火源）。

(2) 石油的组成与划分

油品系指原油、石油产品（汽油、煤油、柴油、石脑油等）、稳定轻烃和稳定凝析油。地下开采出来的石油未经加工前叫原油。石油是一种黏稠状的可燃性液体矿物油，颜色多为黑色、褐色或绿色，少数有黄色。一般情况下，石油比水轻，它的密度为 $(0.77\sim 0.98)\mathrm{g/cm^3}$。它是由多种烃类组成的一种复杂的混合物。

① 石油主要组成元素为碳氢元素，还有少量 O、N、S、P 和微量 Cl、I、P、As、Si、Na、K 等元素，它们都以化合物的形式存在。石油不是单一化合物，而是由几百甚至上千种化合物组成的混合物，故蒸馏时馏出物一般都是连续的；主要成分是：a. 烃类有机物（烷烃、环烷烃和芳香烃）。b. 含有相当数量的非烃类有机物，即烃的衍生物，这类化合物的分子中除含有碳氢元素外，还含有氧、硫、氮等，其含量（元素含量）虽然很少，组成化合物的量一般约占石油总量的 10%～15%。c. 除含有烃类有机物及其衍生物外，还夹杂有少量的无机物。主要是水、钠、钙、镁的氯化物；硫酸盐和碳酸盐以及少量泥污、铁锈等。

② 根据组分的轻重，石油产品可分为液化石油气、汽油、煤油、柴油、润滑油、沥青等。

③ 石油产品的牌号划分：a. 汽油——以研究法辛烷值划分牌号，分为 92 号、95 号、98 号。b. 柴油——以凝固点划分，分为 10 号、5 号、0 号、−10 号、−20 号、−35 号、−50 号。c. 燃料油——按操作条件及燃烧器类型划分，分为 1 号、2 号、4 号轻、4 号、5 号轻、5 号重、6 号、7 号。

(3) 以闪点作为油品危险特性分类的依据

将油品分为甲、乙、丙三类（表 5-1）。

表 5-1　油品闪点的分类

类别	油品闪点	举例
甲	28℃以下	原油、汽油
乙(A)	28~45℃(含 28℃、45℃)	喷气燃料、灯用煤油、-35号轻柴油
乙(B)	45~60℃(不含 60℃)	轻柴油、重柴油、-20号重柴油
丙(A)	60~120℃	润滑油、100号重油
丙(B)	120℃以上	沥青

(4) 闪点

可燃液体能挥发变成蒸气,跑入空气中。温度升高,挥发加快。当挥发的蒸气和空气的混合物与火源接触能够闪出火花时,把这种短暂的燃烧过程叫做闪燃,把发生闪燃的最低温度叫做闪点。从消防观点来说,液体闪点就是可能引起火灾的最低温度。闪点越低,引起火灾的危险性越大。

(5) 燃点

不论是固态、液态或气态的可燃物质,如与空气共同存在,当达到一定温度时,与火源接触就会燃烧,移去火源后还继续燃烧。这时,可燃物质的最低温度叫做燃点,也叫做着火点。一般液体燃点高于闪点,易燃液体的燃点比闪点高 1~5℃。

(6) 自燃

在通常条件下,一般可燃物质和空气接触都会发生缓慢的氧化过程,但速度很慢,析出的热量也很少,同时不断向四周环境散热,不能像燃烧那样发出光。如果温度升高或其他条件改变,氧化过程就会加快,析出的热量增多,不能全部散发掉就积累起来,使温度逐步升高。当到达这种物质自行燃烧的温度时,就会自行燃烧起来,这就是自燃。使某种物质受热发生自燃的最低温度就是该物质的自燃点,也叫自燃温度。

(7) 冷滤点

指在规定条件下,当试油通过过滤器每分钟不足 20mL 时的最高温度(即流动点使用的最低环境温度)。

根据国标(GB 252—87),轻柴油规格按凝点分为 10、0、-10、-20、-35 和 -50 六个牌号,分别表示凝点不高于 10℃、0℃、-10℃、-20℃、-35℃ 和 -50℃;牌号越高,凝点越低。

冷滤点是衡量轻柴油低温性能的重要指标,能够反映柴油低温实际使用性能,最接近柴油的实际最低使用温度。用户在选用柴油牌号时,应同时兼顾当地气温和柴油牌号对应的冷滤点。5 号轻柴油的冷滤点为 8℃,0 号轻柴油的冷滤点为 4℃,-10 号轻柴油的冷滤点为 -5℃,-20 号轻柴油的冷滤点为 -14℃。

思考题

1. 油气集输的主要工作内容有哪些?
2. 油气集输中输油部分包括哪些环节?
3. 油气集输中输气部分包括哪些环节?
4. 清管器操作主要要点有哪些?
5. 按结构类型分,常见的油罐有哪些类型?
6. 天然气长输装置由哪几部分构成?

第 6 章　石油加工平台

6.1　石油加工平台概述

由于原油蒸馏和催化裂化装置在石油加工中扮演着十分重要的角色，故石油加工模块以某石化企业的工业化生产装置（800 万吨/年原油蒸馏装置和 150 万吨/年重油催化裂化装置）为原型，完整体现工业化装置的工艺流程，装置内不走物料，无污染，维护成本极低。

装置在保持工业级大尺寸特征的前提下按照比例缩小（1∶8），主要静设备可展示内部结构，动设备可进行拆卸组装，换热设备和机泵等根据工厂实际选型。

配备现场仪表，在线传感器和工业级 DCS 控制系统，实现两个生产过程的稳态运行，开停工，方案优化，质量和收率调整，故障处理，能耗控制，并能够实现控制室操作人员与现场装置操作人员的团队配合及协调行动。

特点：①工厂化对象背景。②现场化真实操作。③数字化高度仿真。④开放性故障设置。⑤安全性理念体现。⑥综合性实践教学。

由于石油加工属于高危行业，传统上相关专业的实习、实践一般采用真实工厂装置参观学习的方式或者参与小试、中试装置的运行。对于真实工厂装置，实习、实践人员基本仅限于认知层次。

对于走料的小试、中试却也难以满足各类实操的需求，这些问题包括：①走料装置很难模拟复杂过程。②投料成本过高，不适合大量实践人员进行训练。③高温、高压对装置要求过高，容易造成危险。④耗能巨大，造成装置长期停滞。⑤装置大小限制正常工艺。⑥产品和副产物难以处理，且尾气、废水排放造成环境问题。

石油加工平台实物仿真装置将企业真实的原油蒸馏、催化裂化装置操作和操作员培训仿真软件进行全流程互动，将真实工厂的操作培训引入学校，建立了教、学、做、考四位一体的实践模式，实现认识实践、技能实践、生产实践、岗前模拟训练等多层次的培训目标。

6.2　原油蒸馏部分

6.2.1　原油蒸馏装置概况

原油蒸馏实物仿真装置以中国石油抚顺石化公司 800 万吨/年原油蒸馏装置为原型，按 1∶8 比例缩小建设而成。本实物仿真装置与真实装置一样主要分为换热部分、电脱盐部分、初馏部分、常压部分、减压部分及真空部分等工艺过程。

常压部分按生产航煤方案考虑，减压部分根据大庆原油含蜡量高的特点和中国石油抚顺石化公司二次加工装置的现状，按生产多品种的石蜡和润滑油原料、加氢原料、催化及焦化原料考虑。

主要产品（中间产品）为轻石脑油、重石脑油、航煤、柴油、减压蜡油和减压渣油。

轻石脑油：裂解原料；

重石脑油：重整原料、裂解原料；

常轻油：用于产品调和；

常一线油：航煤（分子筛料）；

常二线油：柴油组分，加氢精制原料；

常三线油：柴油组分，加氢裂化原料（可作为加氢精制原料）；

减一线油：柴油组分，裂解原料；

减二线油：加氢裂化原料；

减三线油：酮苯脱蜡、催化原料；

减四线油：酮苯脱蜡、催化原料；

减五线油：酮苯脱蜡、催化原料；

减六线油：催化原料；

减压渣油：焦化、催化原料。

6.2.2 原油蒸馏原理简介

（1）电脱盐

① 原油含盐含水的危害。从油层中采出的石油都伴有水，这些水中都溶解有 $NaCl$、$CaCl_2$、$MgCl_2$ 等盐类。一般来说，油田都设有原油脱盐、脱水装置，使外输原油的含水量降至 0.5% 以下、含盐量降至 50mg/L 以下。但是送到炼厂的原油的含水量常常波动很大，有时甚至远远超过上述规定的要求，其原因主要是油田的脱盐、脱水设施不够完善，或是在输送过程中混入水分（例如船运时的压舱水）。因此，在炼厂中都设有脱盐、脱水设施，对原油进行预处理以满足加工的要求。一般炼厂都把原油预处理设施设在常减压蒸馏装置内。

原油中的盐类一般是溶解在原油所含的水中，有时也会有一部分以微细颗粒状态悬浮于原油中。各种原油所含盐分的组成是不同的，主要是钠、钙、镁的氯化物，而以 $NaCl$ 的含量居多，通常占 75% 左右。这些盐类的存在对加工过程危害很大，主要表现在：增加运输负荷和费用；影响加工过程的平稳操作；增加加工过程的动力消耗；造成设备和管道的结垢和堵塞；影响二次加工装置原料性质；腐蚀管线和设备。

因此，为了消除原油含水含盐对加工过程的上述各种危害，在原油进行加工前，都要认真地进行脱盐和脱水。目前国内外炼厂对原油脱盐脱水的要求一般规定含盐量小于 5mg/L，含水量为 0.1%～0.2%，为了延长装置开工周期，改善操作条件，减少催化剂和防腐剂的用量、改进产品质量等，发展趋势是进一步深度脱盐，国内已提出原油含盐量应小于 3mg/L 的规定。

② 电脱盐的基本原理

a. 原油的基本性质。95% 的原油属于稳定的油包水型乳化液，原油中所含的盐类除少量以晶体状悬浮在油中，其他大多形成以盐水为分散相，油为连续相的油包水型乳化液。水分散到油中形成许许多多微小水滴，由于具有很大的界面能，这种体系是不稳定的。但原油中的环烷酸、沥青质、胶质等天然的乳化剂向油水界面移动并引起油相表面张力降低,从而使该体系稳定,随着时间的延长及输送过程中条件的影响,促使油水界面处的乳化膜变厚,增加了乳化液的稳定性,这就加大了原油脱水、脱盐的难度。

为了破坏这种稳定的乳化液通常需要依靠化学物质、电场以及重力多种因素的作用,最终使水滴聚结、沉降,达到油水分离的目的。

b. 重力沉降分离。原油和水两相的密度差是沉降分离的推动力,而分散介质的黏度则是阻力。油和水两个互不相溶的液体的沉降分离,基本上符合球形粒子在静止流体中自由沉降的斯托克斯定律。

重力沉降是分离油水的基本方法,原油中的含盐水滴与油的密度不同,可以通过加热、静置使之沉降分离,水滴的沉降速度可以从斯托克斯公式可以看出水滴直径增大、油水间密度差增大、原油黏度降低都能提高水滴的沉降速度。

温度升高使原油黏度减小,一般情况下也加大了油水间的密度差,加热温度视不同原油而异,通常为80~135℃。对重质原油温度可以高一些,但实验研究和工程实践都表明,对于某些重质原油,当温度大于140℃后,水滴沉降速度的增长速率开始下降,严重的情况下,会出现原油比重大于水比重的情况,如果出现这种情况,电脱盐设备将跳闸,不能正常运行。因此,对于重质原油,必须进行脱水脱盐温度的选择实验,而且温度过高后,原油乳化液的电导率随温度增高而增大,电耗也随之加大。同时,为了防止轻组分和水在高温下发生汽化而引起的气泡对电场的搅动影响设备运行,脱水过程应保持在一定的压力下进行,一般推荐操作压力应比原油在脱水温度下的饱和蒸汽压大0.15MPa。

c. 化学破乳分离。要使原油中水滴直径增大,利于沉降分离就需要破坏微小水滴的乳化膜,并促使其聚合。破乳剂是一种表面活性物质,它与原油中的乳化剂的作用正好相反。

破乳剂具有如下几种功能:对油水界面具有强烈的趋向性;促使水滴絮凝;使水滴聚结;湿润固体。

原油组分、类型、乳化液稳定程度甚至开采过程都影响破乳剂的类型。由于原油产地各异,多种多样,即使同种原油在不同地区、不同时段开采,乳化液的稳定情况也有差别,到目前为止,尚未对破乳剂类型的选用及注入量量化的结论,只是利用破乳剂评选仪进行相对优等破乳剂的筛选。近期的研究发现油溶性破乳剂在较小注入量的情况下就有良好的破乳效果,而且油溶性破乳剂多为含氧、含酰氨基、含胺的高分子化合物,是从原油中提炼出来的,可以看作是原油的一种组成,不会存在对后期加工带来负面影响的问题。

同时,一种单一化学结构的破乳剂很少能产生上述四种功能,一般可采用两种以上结构不同的物质相配合或根据具体原油性质进行破乳剂评选。由于国内炼厂所加工原油品种多,切换频繁,破乳剂评选工作很难与其同步,为解决这个问题,可以针对几种原油进行破乳剂的复配。实践证明,两种或两种以上的破乳剂复配能达到增效,互相弥补各自性能缺陷,派生出新性能的作用,这就是表面活性剂的协同效应。

油溶性破乳剂和复配性破乳剂具备用量少、脱水速度快、排出污水质量好、对环境污染小等特点,已得到广泛应用。

d. 高压电场破乳沉降分离。利用高压电场破坏稳定乳化膜是一个有效方法,原油乳化膜通过高压电场时,电场中的细小水滴感应电荷形成偶极,它们在电力线方向上呈直线排列,电吸引力使相邻水滴靠近,接触并促使其聚集。

根据原油电脱盐采用电源的形式往往将电脱盐技术分为交流电脱盐技术、直流电脱盐技术和交直流电脱盐技术等,也根据电脱盐设备的处理能力将电脱盐技术分为低速电脱盐技术和高速电脱盐技术。当然,由于电脱盐技术种类很多也出现了超声波破乳技术、填料脱盐技术等不同类型的电脱盐技术,但是在国内外工业上大规模应用的还是高压电场破乳技术。

(2) 常压蒸馏原理

常压系统的目的主要是通过精馏过程,在常压条件下,将原油中的汽、煤、柴馏分切割出来,生产合格的汽油、煤油、柴油及部分裂化原料。常压系统的原理即为油品精馏原理。

精馏原理:一种相平衡分离过程,其重要的理论基础是汽-液平衡原理,即拉乌尔定律。

精馏过程是在装有很多塔盘的精馏塔内进行的。塔底吹入水蒸气,塔顶有回流。经加热炉加热的原料以汽液混合物的状态进入精馏塔的汽化段,经一次汽化,使汽液分开。未汽化的重油流向塔底,通过提馏进一步蒸出其中所含的轻组分。从汽化段上升的油汽与下降的液体回流在塔盘上充分接触,汽相部分中较重的组分冷凝,液相部分中较轻的组分汽化。因此,油汽中易挥发组分的含量将因液体的部分汽化,使液相中易挥发组分向汽相扩散而增多;液体中难挥发组分的含量因油汽的部分冷凝,使油汽中挥发组分向液体扩散而增多。这样,同一层板上互相接触的汽液两相就趋向平衡。它们之间的关系统可用拉乌尔定律说明。通过多次这样的质量、热量交换,就能达到精馏目的。

一个完整的精馏塔一般包括三部分:上段为精馏段,中段为汽化段,下段为提馏段。对原油进行常压分馏后的油品进行减压分馏,可以进一步将原油中的较重组分拔出,从而提高收率,达到深拔的目的。

(3) 减压蒸馏原理

在蒸馏设备内,使油品在较低的压力下(低于大气压)进行蒸馏,这样,高沸点的组分能在低于它们常压时沸点的温度下汽化蒸出,不至于产生分解,这种蒸馏方法称为减压蒸馏。

原油中的350℃以上的高沸点馏分是馏分润滑油和催化裂化、加氢裂化的原料,但是由于在高温下会发生分解反应,所以在常压塔的操作条件下不能获得这些馏分而只能在减压和较低温度下通过减压蒸馏取得。在现代技术水平下,通过减压蒸馏可以从常压重油中蒸馏出沸点约550℃以前的馏分油。

减压蒸馏的核心设备是减压蒸馏塔和它的抽真空系统。

对减压蒸馏的基本要求是在尽量避免油料发生分解反应的条件下尽可能多地拔出减压馏分油。做到这一点的关键在于提高汽化段的真空度,为提高汽化段的真空度,需要以下几种措施:

有一套良好的抽真空系统,采用蒸汽喷射器(也称蒸汽喷射泵或抽空器)或机械真空泵;

降低从汽化段到塔顶的流动压降,采用压降小的塔板或各种形式的填料;

降低塔顶油汽馏出管线的流动压降,塔顶不出产品,塔顶管线只供抽真空设备抽出不凝气之用,以减少塔顶馏出管线的气体量;

避免油品分解,限制减压炉出口温度,提高进料段的汽化率,采用大直径低速转油线降低减压炉出口到减压塔的压力降;

缩短渣油在塔内的停留时间,避免分解生成较多的不凝气,采用减压塔底部分缩径的方法;

降低汽化段中的油汽分压,塔底吹入过热蒸汽。

6.2.3 原油蒸馏工艺流程

(1) 原油及初底油换热流程

① 换热流程的第一部分:将从罐区来的40℃原油加热到进电脱盐温度135℃。

如图 6-1 所示，从罐区来的 40℃原油经 P-2101（原油泵）升压后分为四路：第一路依次经 E2101（原油-初顶油气换热器）、E2103［原油-减一线及一中（Ⅰ）换热器］和 E2104［原油-常二线（Ⅲ）换热器］与热源换热；第二路原油依次经 E2102A（原油-常顶油气换热器）、E2106［原油-减四线（Ⅲ）换热器］和 E2108［原油-减压渣油（Ⅷ）换热器］与热源换热；第三路原油依次经 E2109［原油-常一线（Ⅱ）换热器］、E2110［原油-减三线（Ⅱ）换热器］和 E2111［原油-常三线（Ⅱ）换热器］与热源换热；第四路原油依次经 E2112［原油-减一线及一中（Ⅱ）换热器］、E2113［原油-减二线（Ⅱ）换热器］和 E2114［原油-减压渣油（Ⅶ）换热器］与热源换热。上述四路原油合并后 135℃进入电脱盐罐。换热后的原油在进入电脱盐 V-2101（原油电脱盐罐）之前，注入脱盐水。

② 换热流程的第二部分：将脱后原油加热到 222℃后进入 T-2101（初馏塔）。

如图 6-1 所示，脱后原油分为四路：第一路原油依次经 E2115［原油-常一中（Ⅲ）换热器］、E2117［原油-减二中（Ⅱ）换热器］和 E2118［原油-减四线（Ⅰ）换热器］与热源换热；第二路原油依次经 E2119［原油-减四线（Ⅱ）换热器］、E2121［原油-减二中（Ⅰ）换热器］和 E2122［原油-常三线（Ⅰ）换热器］与热源换热；第三路原油依次经 E2123［原油-常一中（Ⅰ）换热器］、E2124［原油-减三线（Ⅰ）换热器］和 E2125［原油-减六线（Ⅱ）换热器］与热源换热；第四路原油依次经 E2127［原油-常一线（Ⅰ）换热器］、E2128［原油-减五线（Ⅱ）换热器］和 E2129［原油-常二线（Ⅰ）换热器］与热源换热。上述四路原油合并后 222℃进入 T-2101（初馏塔）。

③ 换热流程的第三部分：初底油换热后进入 F-2101（常压炉）。

如图 6-2 所示，底油经 P-2103（初底油泵）抽出后分为两路：第一路初底油依次经 E2131［初底油-常二中（Ⅱ）换热器］、E2132［初底油-减五线（Ⅰ）换热器］和 E2133［初底油-减三中（Ⅰ）换热器］与热源换热；第二路初底油依次经 E2135［初底油-减三中（Ⅱ）换热器］、E2136［初底油-减六线（Ⅰ）换热器］和 E2137［初底油-常二中（Ⅰ）换热器］与热源换热。上述两路初底油换热后混合 308℃后进入 F-2101，经 F-2101 进一步加热到炉出口温度 368℃后进入 T-2102（常压塔）。

（2）初馏塔部分流程

如图 6-2 所示，T-2101（初馏塔）顶油气经 E2101 和 EA-2101（初顶油气空冷器）冷凝冷却到 40℃进入 V-2102（初馏塔顶回流罐）进行油、气、水分离。

初顶油经 P-2102（初顶油泵）抽出后分为两部分：一部分返回塔顶作为回流；另一部分送入石脑油分离部分。初顶不凝气送至常压炉作为燃料。含硫污水送至 V-2106（塔顶注水罐）。

初底油经泵 P-2103（初底油泵）抽出换热后至 F-2101（常压炉）。

（3）常压塔部分流程

如图 6-3 所示，T-2102（常压塔）塔顶油气经 E2102A（原油-常顶油气换热器）与原油换热后经 EA-2102（常顶油气空冷器）冷凝冷却后进入 V-2103（常压塔顶回流罐）进行气液分离。常顶油经 P-2104（常顶油泵）抽出后分为两部分：一部分作为回流返回常压塔顶；另一部分送至石脑油分离部分。含硫污水送至 V-2106（塔顶注水罐）。常顶不凝气送至常压炉作为燃料。

常一线油自 T-2102（常压塔）第 22 层塔板自流进入 T-2103（常压汽提塔）上段，采用常二中油作为重沸器热源，汽提后的常一线油由 P-2106（常一线油泵）抽出，经 E2127［原油-常一线（Ⅰ）换热器］和 E2109［原油-常一线（Ⅱ）换热器］换热后作为航煤出装置。常二线油从 T-2102（常压塔）第 38 层塔板自流进入 T-2103（常压汽提塔）中段，用蒸汽进行

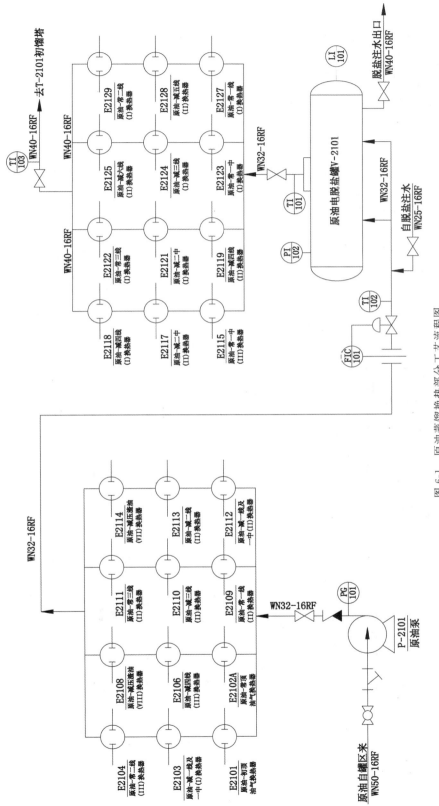

图 6-1 原油蒸馏换热部分工艺流程图

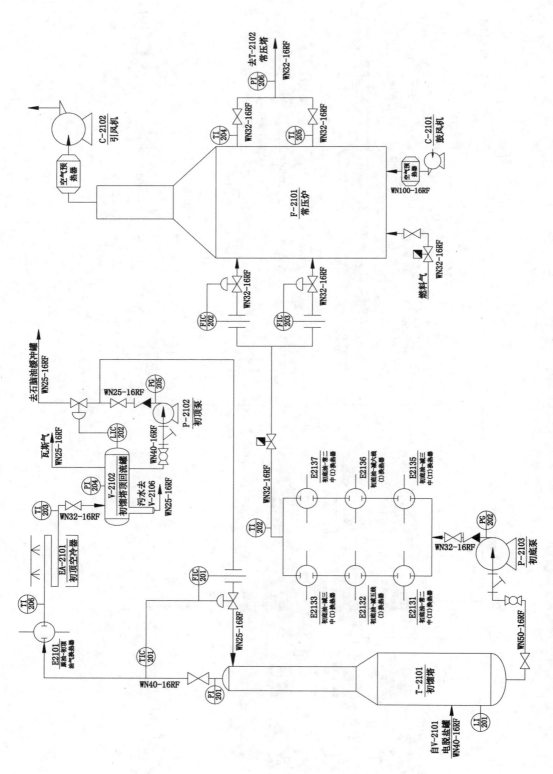

图 6-2 原油蒸馏初馏部分工艺流程图

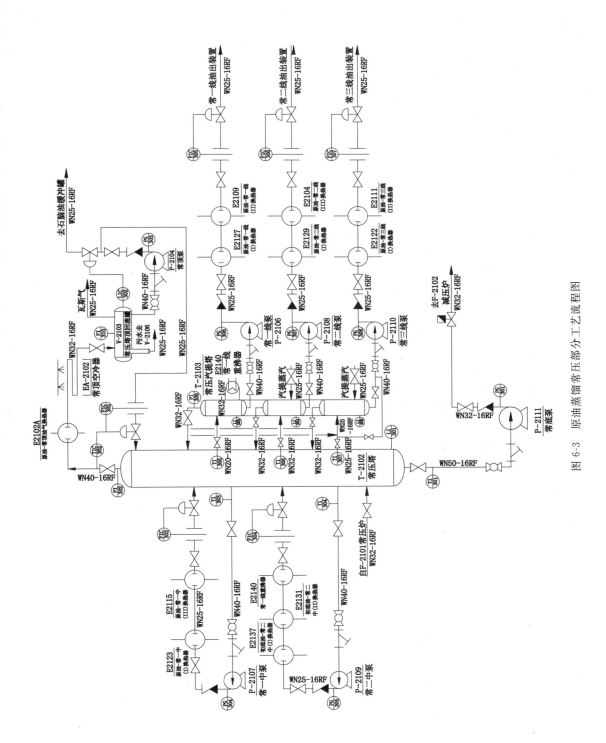

图6-3 原油蒸馏常压部分工艺流程图

汽提，汽提后的常二线油由 P-2108（常二线油泵）抽出，经 E2129［原油-常二线（Ⅰ）换热器］和 E2104［原油-常二线（Ⅲ）换热器］换热后出装置。常三线油从 T-2102（常压塔）第 48 层塔板自流进入 T-2103（常压汽提塔）下段，用蒸汽进行汽提，汽提后的常三线油由 P-2110（常三线油泵）抽出，经 E2122［原油-常三线（Ⅰ）换热器］和 E2111［原油-常三线（Ⅱ）换热器］换热后作为加氢原料出装置。

常一中油由 P-2107（常一中油泵）自 T-2102（常压汽提塔）第 27 层塔盘抽出，经 E2123［原油-常一中（Ⅰ）换热器］和 E2115［原油-常一中（Ⅲ）换热器］与冷源换热后返回第 23 层塔盘上。常二中油由 P-2109（常二中油泵）自 T-2102（常压塔）第 43 层塔盘抽出，经 E2137［初底油-常二中（Ⅰ）换热器］、E2131［初底油-常二中（Ⅱ）换热器］和 E2140（常一线重沸器）与冷源换热后返回第 39 层塔盘上。

常压渣油经蒸汽汽提后由 P-2111（常压渣油泵）抽出，送入 F-2102（减压炉）。

（4）减压部分流程

① 减压炉。如图 6-4 所示，常压渣油经常压渣油泵 P-2111 升压后，经 F-2102（减压炉）加热后至 T-2104（减压塔）。减压炉出口温度 398℃（设计值）。

② 减压塔。减一线及减一中油由 P-2113（减一线及一中油泵）抽出，一部分直接返至塔下一段作为回流，另一部分经 E2103［原油-减一线及一中（Ⅰ）换热器］和 E2112［原油-减一线及一中（Ⅱ）换热器］和换热冷却至 50℃后分两路：一路作为减一中返回 T-2104（减压塔）顶部；另一路送出装置。

减二线油由 T-2104（减压塔）自流进入 T-2105（减压汽提塔）第 1 段，蒸汽汽提后由 P-2114（减二线油泵）抽出，经 E2143（减二线蒸汽发生器）和 E2113［原油-减二线（Ⅱ）换热器］换热后出装置。

减二中油由 P-2115（减二中油泵）抽出，经 E2121［原油-减二中（Ⅰ）换热器］和 E2117［原油-减二中（Ⅱ）换热器］换热后返回 T-2104（减压塔）。

减三线油由 T-2104（减压塔）自流进入 T-2105（减压汽提塔）第 2 段，蒸汽汽提后由 P-2116（减三线油泵）抽出，经 E2124［原油-减三线（Ⅰ）换热器］和 E2110［原油-减三线（Ⅱ）换热器］换热后出装置。

减四线油由 T-2104（减压塔）自流进入 T-2105（减压汽提塔）第 3 段，蒸汽汽提后由 P-2117（减四线油泵）抽出，经 E2118［原油-减四线（Ⅰ）换热器］、E2119［原油-减四线（Ⅱ）换热器］和 E2106［原油-减四线（Ⅲ）换热器］换热后出装置。

减三中油由 P-2118（减三中油泵）抽出，经 E2133［初底油-减三中（Ⅰ）换热器］和 E2135［初底油-减三中（Ⅱ）换热器］换热后返回 T-2104（减压塔）。

减五线油由 T-2104（减压塔）自流进入 T-2105（减压汽提塔）第 4 段，蒸汽汽提后由 P-2119（减五线油泵）抽出，经 E2132［初底油-减五线（Ⅰ）换热器］和 E2128［原油-减五线（Ⅱ）换热器］换热后出装置。

减六线油由 P-2120（减六线油泵）抽出，经 E2136［初底油-减六线（Ⅰ）换热器］和 E2125［原油-减六线（Ⅱ）换热器］换热后出装置。

净洗油由 P-2121（净洗油泵）抽出后返回 T-2104。

（5）减压真空系统流程

塔顶真空系统的配置按 2 级蒸汽抽空器＋液环泵进行配置。其中，1 级和 2 级蒸汽抽空器分别各按 65％和 35％的能力分配，液环泵的能力为 100％。

如图 6-5 所示，来自 T-2104 的塔顶气体至 EJ2101（减顶增压器），减压塔顶压力为 25mmHg（a）。EJ2101 出口气体至冷凝器 E2150（减顶冷凝器）冷凝后，气体至 EJ2102（减

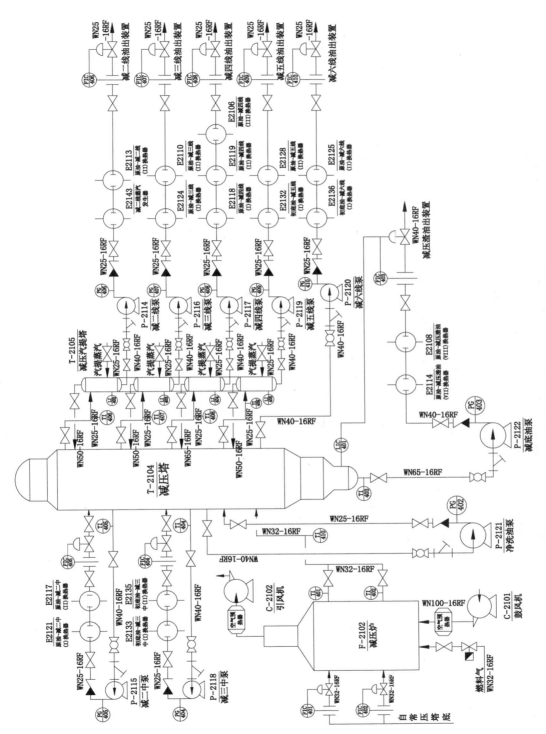

图 6-4 原油蒸馏减压部分工艺流程图

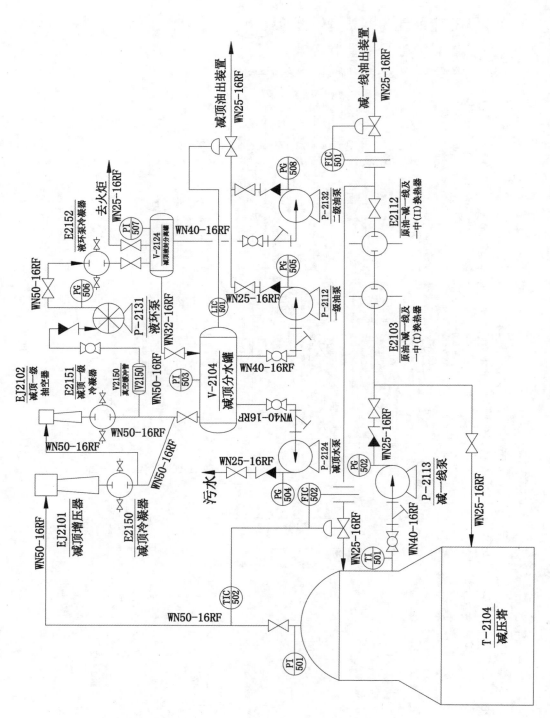

图 6-5 原油蒸馏真空部分工艺流程图

顶一级抽空器），EJ2102 出口气体至冷凝器 E2151（减顶一级冷凝器）冷凝后，气体送到 P-2131（液环式真空泵），P-2131（液环式真空泵）前配有 V2150（真空缓冲罐）。来自 P-2131（液环式真空泵）的气、油、水的混合物在 V-2124（减顶液封分离罐）中分离。

来自 V-2124（减顶液封分离罐）的气体通过大气腿分液后至减压炉作为燃料使用。

来自两级蒸汽抽空器的液体靠重力流到 V-2104（减压塔顶油水分离罐）中，进行酸性水和污油分离。酸性水由泵 P-2124（减顶水泵）送出装置。V-2124（减顶液封分离罐）的水和冷凝油经 P-2131（减顶二级油泵）通过液位控制流回到 V-2104 中。来自 V-2104 的减顶油经泵 P-2112（减顶一级油泵）抽出送出装置。

来自 V-2124（减顶液封分离罐）的水经冷却后循环回液环式真空泵 P-2131A/B。

6.2.4 原油蒸馏装置主要操作

（1）初馏塔操作指南

① 初馏塔内部结构。初馏塔内部为双溢流浮阀塔盘，共 24 层塔盘。

② 初馏塔操作原则。a. 保持原油流量均匀、稳定；b. 保持塔顶温度稳定，波动范围±2℃；c. 保持塔底液面正常稳定，稳定初馏塔顶汽油质量及常压塔进料性质；d. 保持初馏塔进料温度稳定，各路间换热温差≤5℃；e. 保持初馏塔顶压力稳定，波动范围 0.06±0.01MPa；f. 保持初馏塔顶回流油温度和流量稳定；g. 保持 V-2102 油水界面正常、稳定，严防回流带水；h. 注意原油性质及含水的变化，及时调节塔顶温度、压力，当含水较大时，要适当提高塔顶温度，防止塔底泵抽空。

③ 初馏塔塔顶温度控制。初馏塔塔顶温度控制方案如表 6-1 所示。

表 6-1 初馏塔塔顶温度控制方案

项目	条件
控制范围	100~115℃
控制目标	107±3℃
相关参数	进料温度、原油性质、初顶冷后温度、回流量
控制方式	自动控制
正常调整	回流量增大塔顶温度降低，反之塔顶温度会升高

④ 初馏塔底液位控制。初馏塔底液位控制方案如表 6-2 所示。

表 6-2 初馏塔底液位控制方案

项目	条件
控制范围	30%~70%
控制目标	50±5%
相关参数	进料温度、进料量、原油性质、塔顶温度、塔底抽出量
控制方式	自动控制
正常调整	通过调节进料量或塔底抽出量来调节塔底液面

⑤ 初馏塔顶压力控制。初馏塔顶压力控制方案如表 6-3 所示。

表 6-3 初馏塔顶压力控制方案

项目	条件
控制范围	≤0.1MPa
控制目标	0.06±0.01MPa
相关参数	进料温度、进料量、原油性质、回流量、环境温度
控制方式	手动控制

(2) 常压塔操作指南

① 常压塔内部结构。常压塔内部为双溢流浮阀塔盘,共 60 层塔盘。

常一线:从 22 层塔盘抽出至常压汽提塔上段;

常二线:从 38 层塔盘抽出至常压汽提塔中段;

常三线:从 48 层塔盘抽出至常压汽提塔下段;

常一中:从 27 层塔盘抽出返回到 23 层塔盘;

常二中:从 43 层塔盘抽出返回到 39 层塔盘。

② 常压塔操作原则。a. 严格控制常压炉进料量,以保证常压塔进料稳定。b. 搞好物料平衡,严格控制好各侧线抽出量,保持其平稳。c. 保持常顶回流、常一中、常二中、侧线抽出的流量稳定及返塔温度平稳,各回流取热要趋于均匀,并严防常顶回流带水。d. 保持塔顶压力平稳,控制在 0.06±0.01MPa,要注意环境温度变化对塔顶压力的影响,做到及时调节。e. 保持进料温度的稳定。f. 保持初底油性质稳定。g. 保持过热蒸汽压力稳定,以控制稳定的塔底吹汽量。h. 保持常底液面稳定,侧线汽提塔保持中间液面,防止过高或过低。i. 保持 V-2103 油水界面正常、稳定,严防回流带水。

③ 常压塔顶温度控制。常压塔顶温度控制方案如表 6-4 所示。

表 6-4 常压塔顶温度控制方案

项目	条件
控制范围	120~145℃
控制目标	134±3℃
相关参数	进料温度、原油性质、常顶冷后温度、回流量
控制方式	自动控制
正常调整	塔顶温度是由塔顶回流量来控制

④ 常压塔底液位控制。常压塔底液位控制方案如表 6-5 所示。

表 6-5 常压塔底液位控制方案

项目	条件
控制范围	30%~70%
控制目标	50±5%
相关参数	进料温度、进料量、进料性质、塔顶温度、塔底抽出量
控制方式	自动控制
正常调整	通过调节进料量或塔底抽出量来调节塔底液面

⑤ 常压塔顶压力控制。常压塔顶压力控制方案如表 6-6 所示。

表 6-6 常压塔顶压力控制方案

项目	条件
控制范围	≤0.1MPa
控制目标	0.06±0.01MPa
相关参数	进料温度、进料量、原油性质、回流量、环境温度
控制方式	自动/手动控制

(3) 减压塔操作指南

① 减压塔内部结构简介。减压塔内部为规整填料,共 8 层。

第一层塔盘:减一线抽出口及油气返回口;

第二层塔盘:减二线抽出口及油气返回口、减二中返回口;

第三层塔盘:减二中油抽出口;

第四层塔盘：减三线抽出口及油气返回口；
第五层塔盘：减四线抽出口及油气返回口、减三中返回口；
第六层塔盘：减三中油抽出口；
第七层塔盘：减五线抽出口及油气返回口；
第八层塔盘：减六线抽出口。

② 减压塔操作原则。a. 搞好减压塔的物料平衡和热平衡，严格控制好各侧线抽出量。b. 保持塔顶真空度≤93kPa，低于此值应立即查找原因，及时进行调节。c. 控制稳定的减顶温度。d. 保持稳定的过热蒸汽压力，以控制稳定的塔底吹汽量。e. 保持稳定的减底液面，控制中间液位，液面过高使油品停留时间过长，造成油品裂化，增加不凝气，影响真空度；液面过低，易引起塔底泵抽空。f. 保持稳定的进料温度。g. 按工艺指标要求控制好各侧线及渣油冷后温度，防止温度过高引起油罐突沸或温度过低凝管线。h. 调节好塔底吹汽量，按进料量的1%左右，同时要参考真空度及侧线产品质量而定。

③ 减压塔顶温度控制。减压塔顶温度控制方案如表6-7所示。

表6-7 减压塔顶温度控制方案

项目	条件
控制范围	50～80℃
控制目标	70±5℃
相关参数	进料温度、减顶冷后温度、回流量的变化
控制方式	自动控制
正常调整	塔顶温度是由塔顶回流量来控制

④ 减压塔塔底液位控制。减压塔塔底液位控制方案如表6-8所示。

表6-8 减压塔塔底液位控制方案

项目	条件
控制范围	40%～70%
控制目标	50±5%
相关参数	进料温度、进料量、侧线量、进料性质、塔顶温度、塔底抽出量
控制方式	自动控制
正常调整	通过调节进料量或塔底抽出量来调节塔底液面

⑤ 减压塔顶压力。减压塔塔顶压力控制方案如表6-9所示。

表6-9 减压塔塔顶压力控制方案

项目	条件
控制范围	-94～-99kPa
控制目标	-97±2kPa
相关参数	真空泵吸入量、进料温度、进料量、回流量、环境温度、蒸汽压力、循环水温度及流量的变化
控制方式	人工控制
正常调整	通过调节真空泵吸入量、循环水温度、流量、蒸汽压力、流量，抽空器的能力来调节塔顶压力

6.2.5 原油蒸馏装置主要设备及仪表

(1) 原油蒸馏主要设备

① 塔及反应器。塔5座，包括初馏塔、常压塔、常压汽提塔、减压塔、减压汽提塔。

② 加热炉及换热器。常压炉、减压炉各1座，U型管换热器5台，浮头式换热器30台，表面蒸发空冷器2台，重沸器1台，蒸汽发生器1台。

③ 流体输送设备。离心泵 23 台，液环真空泵 1 台。

④ 其他通用设备。储罐 6 台，空冷风机 2 台，引风机、鼓风机、空气预热器各 1 台，减顶真空用增压器一级、二级抽空器共 2 台。

(2) 内部可视设备清单

原油蒸馏内部可见结构设备如表 6-10 所示。

表 6-10　原油蒸馏内部可见结构的设备清单

序号	名称	位号	内部结构	方式
1	常压塔	T-2102	双溢流浮阀塔盘	可开门
2	减压塔	T-2104	规整填料塔盘	可开门
3	减顶冷凝器	E2150	浮头式换热器	可拆卸
4	减顶一级冷凝器	E2151	U 管式换热器	可拆卸

(3) 主要机泵一览表

原油蒸馏装置主要机泵如表 6-11 所示。

表 6-11　原油蒸馏装置主要机泵一览表

序号	设备名称	位号	介质	入口压力/MPa	出口压力/MPa
1	原油泵	P-2101	原油	0.3	1.99
2	初底油泵	P-2103	初底油	0.09	0.91
3	初顶油泵	P-2102	初顶油	0.08	0.77
4	常顶油泵	P-2104	常顶油	0.09	0.91
5	常一线油泵	P-2106	常一线油	0.22	1.11
6	常一中油泵	P-2107	常一中油	0.43	1.12
7	常二线油泵	P-2108	常二线油	0.09	1.14
8	常二中油泵	P-2109	常二中油	0.27	0.89
9	常三线油泵	P-2110	常三线油	3.13	4.13
10	常压渣油泵	P-2111	常压渣油	0	2.9
11	减顶一级油泵	P-2112	减顶油	0.01	1.32
12	减一线及一中油泵	P-2113	减一线油	0.43	1.69
13	减二线油泵	P-2114	减二线油	0.16	1.18
14	减二中油泵	P-2115	减二中油	0.34	0.95
15	减三线油泵	P-2116	减三线油	0.09	1.31
16	减四线油泵	P-2117	减四线油	1.01	1.2
17	减三中油泵	P-2118	减三中油	0.19	0.82
18	减五线油泵	P-2119	减五线油	0.01	1.3
19	减六线油泵	P-2120	减六线油	0.05	1.12
20	净洗油泵	P-2121	净洗油	0.08	0.5
21	减底渣油泵	P-2122	减底渣油	0	1.84
22	减顶水泵	P-2124	减顶水	0.01	0.9
23	减顶二级油泵	P-2132	减顶油	0.01	1.4

(4) 主要控制仪表指标

原油蒸馏装置主要控制仪表指标如表 6-12 所示。

表 6-12　原油蒸馏装置主要控制仪表指标

序号	位号	正常值	单位	说明
1	LIC-202	50.00	%	初顶回流罐液位控制
2	LIC-301	50.00	%	常压塔塔底液位控制
3	LIC-302	50.00	%	常顶回流罐液位控制
4	LIC-401	50.00	%	减压塔塔底液位控制

续表

序号	位号	正常值	单位	说明
5	LIC-501	50.00	%	减顶分水罐液位控制
6	FIC-101	953.14	t/h	原油进料流量控制
7	FIC-201	47.62	t/h	初顶回流量控制
8	FIC-202	456.12	t/h	常压炉一路进料量控制
9	FIC-203	456.12	t/h	常压炉二路进料量控制
10	FIC-301	667.62	t/h	常底油抽出量控制
11	FIC-302	79.77	t/h	常顶回流量控制
12	FIC-303	394.29	t/h	常一中循环量控制
13	FIC-304	339.48	t/h	常二中循环量控制
14	FIC-305	52.66	t/h	常一线抽出量控制
15	FIC-306	115.05	t/h	常二线抽出量控制
16	FIC-307	40.72	t/h	常三线抽出量控制
17	FIC-401	333.81	t/h	减压炉一路进料量控制
18	FIC-402	333.81	t/h	减压炉二路进料量控制
19	FIC-403	303.38	t/h	减渣油出装置流量控制
20	FIC-404	333.33	t/h	减二中循环量控制
21	FIC-405	336.17	t/h	减一中循环量控制
22	FIC-406	61.11	t/h	减二线抽出量控制
23	FIC-407	49.86	t/h	减三线抽出量控制
24	FIC-408	73.62	t/h	减四线抽出量控制
25	FIC-409	46.71	t/h	减五线抽出量控制
26	FIC-410	40.71	t/h	减六线抽出量控制
27	FIC-501	36.81	t/h	减一线回流量控制
28	FIC-502	226.14	t/h	减渣油抽出量控制
29	TIC-201	107.00	℃	初馏塔回流温度控制
30	TIC-302	134.00	℃	常压塔回流温度控制
31	TIC-502	70.00	℃	减压塔回流温度控制

（5）主要显示仪表

原油蒸馏装置主要显示仪表如表 6-13 所示。

表 6-13 原油蒸馏装置主要显示仪表

序号	位号	正常值	单位	说明
1	LI-201	50.00	%	初馏塔塔底液位
2	TI-101	130.00	℃	原油电脱盐罐出口温度
3	TI-102	135.00	℃	原油电脱盐罐入口温度
4	TI-103	222.00	℃	原油进初馏塔温度
5	TI-202	308.00	℃	初馏塔底换热后温度
6	TI-203	40.00	℃	初顶空冷器后温度
7	TI-204	368.00	℃	常压炉一路出口温度
8	TI-205	368.00	℃	常压炉二路出口温度
9	TI-206	78.00	℃	初顶 E-2101 冷凝后温度
10	TI-301	361.00	℃	常压塔塔底温度
11	TI-303	204.00	℃	常一中采出温度
12	TI-304	296.00	℃	常二中采出温度
13	TI-305	178.00	℃	常一线采出温度
14	TI-306	257.00	℃	常二线采出温度
15	TI-307	330.00	℃	常三线采出温度
16	TI-401	398.00	℃	减压炉一路出口温度
17	TI-402	398.00	℃	减压炉二路出口温度

续表

序号	位号	正常值	单位	说明
18	TI-403	376.00	℃	减压塔底温度
19	TI-404	319.00	℃	减三中采出温度
20	TI-405	247.00	℃	减二中采出温度
21	TI-406	222.00	℃	减二线采出温度
22	TI-407	271.00	℃	减三线采出温度
23	TI-408	297.00	℃	减四线采出温度
24	TI-409	343.00	℃	减五线采出温度
25	TI-410	387.00	℃	减压炉出口混合温度
26	TI-501	135.00	℃	减一线采出温度
27	PG-101	1.99	MPa	原油泵出口压力
28	PI-102	1.20	MPa	原油电脱盐罐压力
29	PI-201	0.06	MPa	初馏塔顶压力
30	PG-202	2.12	MPa	初底泵出口压力
31	PI-204	0.03	MPa	初馏塔顶回流罐压力
32	PG-205	0.77	MPa	初顶泵出口压力
33	PI-206	4.00	MPa	常压炉出口压力
34	PG-301	1.32	MPa	常底泵出口压力
35	PI-302	0.06	MPa	常压塔顶压力
36	PG-303	0.91	MPa	常顶泵出口压力
37	PG-304	1.12	MPa	常一中泵出口压力
38	PG-305	0.89	MPa	常二中泵出口压力
39	PG-306	1.11	MPa	常一线泵出口压力
40	PG-307	1.14	MPa	常二线泵出口压力
41	PG-308	1.13	MPa	常三线泵出口压力
42	PI-309	0.34	MPa	常压汽提塔顶压力
43	PI-310	0.03	MPa	常压塔顶回流罐压力
44	PG-402	0.57	MPa	净洗油泵出口压力
45	PG-403	1.84	MPa	减底油泵出口压力
46	PG-404	0.82	MPa	减三中泵出口压力
47	PG-405	0.95	MPa	减二中泵出口压力
48	PG-406	1.18	MPa	减二线泵出口压力
49	PG-407	1.31	MPa	减三线泵出口压力
50	PG-408	1.25	MPa	减四线泵出口压力
51	PG-409	1.30	MPa	减五线泵出口压力
52	PG-410	1.12	MPa	减六线泵出口压力
53	PI-501	−98.00	KPa	减压塔顶压力
54	PG-502	1.69	MPa	减一线泵出口压力
55	PI-503	0.01	MPa	减顶分水罐压力
56	PG-504	0.90	MPa	减顶水泵出口压力
57	PG-505	1.32	MPa	一级油泵出口压力
58	PG-506	0.05	MPa	真空泵出口压力
59	PI-507	0.01	MPa	减顶液封分离罐压力
60	PG-508	1.40	MPa	二级油泵出口压力

6.2.6 常减压蒸馏装置操作规程

常减压蒸馏装置操作规程扫描右边二维码查看。

6.2.7 原油蒸馏装置事故处理预案

6.2.7.1 事故处理原则

① 要及时发现初期事故,并尽快将事故消灭在萌芽时期,并及时汇报车间及厂生产运行处调度中心,如有必要降温降量处理。

② 如果事故扩大,班组控制不住,请求消防队调来消防车掩护,同时事故设备能停止进料的停止进料。

③ 当油烟较大时,可佩戴空气呼吸器进入现场进行救火,防止发生人员中毒。

④ 如遇到危险源泄漏时,并出现大面积的火灾时,在不影响事故处理或已经基本处理完的情况下,可切断装置全部电源,防止引起电路着火,引起其他事故。

⑤ 按照紧急疏散通道疏散无关人员。

⑥ 在装置失控的情况下,按照人员的撤退路线,及时撤到安全地带,防止人员伤亡。

⑦ 装置发生下列情况按紧急停工方案处理:

- 本装置发生重大事故,经努力处理,仍不能消除,并继续扩大或其他有关装置发生火灾、爆炸事故,严重威胁本装置安全运行,应紧急停工。
- 加热炉炉管烧穿,分馏塔严重漏油着火或其他冷换、机泵设备发生爆炸或火灾事故,应紧急停工。
- 主要机泵、原油泵、塔底泵发生故障,无法修复,备用泵又不能启动,可紧急停工。
- 长时间停原料、停电、停汽、停水不能恢复,可紧急停工处理。

6.2.7.2 紧急停工方法

① 加热炉立即熄火,并向炉膛内大量吹汽,三塔顶(初馏塔、常压塔、减压塔)瓦斯改放空。

② 按顺序停掉原油泵、塔底泵、侧线泵、中段回流泵、最后停掉塔顶回流泵。

③ 关闭各塔吹汽,过热蒸汽改放空。

④ 减压恢复常压,注意在塔内温度高于200℃时,真空度≤40kPa,保证V-2104水封正常。

⑤ 打开1.0MPa蒸汽向自产汽并汽阀门。

⑥ 在紧急停工过程中,必须保证机泵冷却水系统正常运转。

⑦ 通知厂调度,车间生产值班人员,说明停工原因、时间。

⑧ 紧急停工注意事项。紧急停工时,以安全为主,先停运关键设备,切断重点部位、进料及热源,岗位间要做好联系工作,不能因操作程序错误造成物料跑、冒、窜、泄漏、超温、超压等危险状况。

6.2.7.3 事故处理

(1) 真空系统装置晃电

① 事故现象。

a. DCS画面停泵报警(由绿色变为红色)。

b. 液环泵 P-2131 停，减顶水泵 P-2124 停，一级油泵 P-2112 停，二级油泵 P-2132 停，减一线泵 P-2113 停。

② 事故确认（P-现场操作人员，I-控制室操作人员）。
- ［P］-现场确认有 b 所述事故现象，通知内操。
- ［I］-DCS 界面确认有 a 所述事故现象。
- ［I］-在 HSE 事故确认界面，选择"真空部分装置晃电"按钮进行事故汇报。

③ 事故处理。
- ［P］-关液环泵 P-2131 出口阀 XV505。
- ［P］-开液环泵 P-2131。
- ［P］-开液环泵 P-2131 出口阀 XV505。
- ［P］-汇报主操"液环泵 P-2131 泵已开启，运行正常"。
- ［P］-关减顶水泵 P-2124 出口阀 XV508。
- ［P］-开减顶水泵 P-2124。
- ［P］-开减顶水泵 P-2124 出口阀 XV508。
- ［P］-汇报主操"减顶水泵 P-2124 泵已开启，运行正常"。
- ［P］-关一级油泵 P-2112 出口阀 XV510。
- ［P］-开一级油泵 P-2112。
- ［P］-开一级油泵 P-2112 出口阀 XV510。
- ［P］-汇报主操"一级油泵 P-2112 泵已开启，运行正常"。
- ［P］-关二级油泵 P-2132 出口阀 XV512。
- ［P］-开二级油泵 P-2132。
- ［P］-开二级油泵 P-2132 出口阀 XV512。
- ［P］-汇报主操"二级油泵 P-2132 泵已开启，运行正常"。
- ［P］-关减一线泵 P-2113 出口阀 XV517。
- ［P］-开减一线泵 P-2113。
- ［P］-开减一线泵 P-2113 出口阀 XV517。
- ［P］-汇报主操"减一线泵 P-2113 泵已开启，运行正常"。

（2）常压炉炉管破裂

① 事故现象。

a. 常压炉防爆门打开、炉膛内可见火苗，炉膛内有异常响声，常压炉顶部有浓烟冒出。
b. 常压炉出口温度 TI204（事故值 500℃，正常值 368℃）报警。
c. 常压炉出口温度 TI205（事故值 500℃，正常值 368℃）报警。
d. 可燃气体报警器报警。

② 事故确认。
- ［P］-现场确认有 a 所述事故现象，通知内操。
- ［I］-DCS 界面确认有 b、c、d 报警信号。
- ［I］-在 HSE 事故确认界面，选择"常压炉炉管破裂"按钮进行事故汇报。

③ 事故处理。
- ［I］-关闭常压炉燃料气进气电磁阀 XV227。
- ［I］-汇报班长"常压炉燃料气进气电磁阀 XV227 已关闭"。
- ［P］-关闭常压炉燃料气进气手阀 XV228。
- ［P］-汇报主操"常压炉燃料气进气已隔离"。

- [I] -关常压炉进料电磁阀 XV204。
- [I] -汇报班长"常压炉进料电磁阀 XV204 已关闭"。
- [I] -关常压炉进料调节阀 FV202。
- [I] -关常压炉进料调节阀 FV203。
- [I] -汇报班长"常压炉进料调节阀 FV202、FV203 已关闭"。
- [P] -关常压炉进料阀 FV202 前手阀 XV205。
- [P] -关常压炉进料阀 FV202 后手阀 XV206。
- [P] -汇报主操"常压炉进料阀 FV202 前后手阀已关闭"。
- [P] -关常压炉进料阀 FV203 前手阀 XV208。
- [P] -关常压炉进料阀 FV203 后手阀 XV209。
- [P] -汇报主操"常压炉进料线已隔离"。
- [P] -关常压炉出口阀门 XV211、XV212。
- [P] -汇报主操"常压炉出口线已隔离"。
- [P] -关初底泵出口阀门 XV203。
- [P] -关初底泵 P-2103。
- [P] -关初底泵入口阀门 XV202。
- [P] -汇报主操"初底泵 P-2103 已停止"。
- [P] -汇报调度室"常减压已被隔离,请组织紧急停工,保证其他各部安全生产"。

(3) 常压系统仪表风停

① 事故现象。

a. 常压汽提塔一段(LI303)、二段(LI304)、三段(LI305)液位报警(事故值 75%,正常值 50%)。

b. 常一线流量 FIC305 为零,常二线流量 FIC306 为零,常三线流量 FIC307 为零。

② 事故确认。

- [P] -现场有 a、b 事故现象。
- [I] -DCS 界面确认有 a 报警。
- [I] -在 HSE 事故确认界面,选择"常压部分系统仪表风停"按钮进行事故汇报。

③ 事故处理。

- [I] -通知初馏部分降量控制,调节常压炉进口调节阀 FV202、FV203 开度为零。
- [I] -汇报班长"初馏部分已降量控制,常减炉进口调节阀 FV202、FV203 开度调节为零"。
- [P] -关闭调节阀 FV202、FV203 前后手阀 XV205、XV206、XV208、XV209。
- [P] -汇报主操"常压炉进料线已停止"。
- [I] -关闭常压炉燃料气进气电磁阀 XV227。
- [I] -汇报班长"常压炉燃料气进气电磁阀 XV227 已关闭"。
- [P] -关闭常压炉燃料气进气手阀 XV228。
- [P] -汇报主操"常压炉燃料气线已停止"。
- [P] -关闭常压塔进料阀 XV301。
- [P] -汇报主操"常压塔进料已停止"。
- [P] -关闭常一线泵出口阀门 XV334。
- [P] -关闭常一线泵 P-2106。
- [P] -关闭常一线泵进口阀门 XV333。

- [P] -汇报主操"常一线泵 P-2106 已停止"。
- [P] -关闭常二线泵出口阀门 XV348。
- [P] -关闭常二线泵 P-2108。
- [P] -关闭常二线泵进口阀门 XV347。
- [P] -汇报主操"常二线泵 P-2108 已停止"。
- [P] -关闭常三线泵出口阀门 XV362。
- [P] -关闭常三线泵 P-2110。
- [P] -关闭常三线泵进口阀门 XV361。
- [P] -汇报调度室"常三线泵 P-2110 已停止"。
- [P] -关闭常一中泵出口阀门 XV341。
- [P] -关闭常一中泵 P-2107。
- [P] -关闭常一中泵进口阀门 XV340。
- [P] -汇报主操"常一中泵 P-2107 已停止"。
- [P] -关闭常二中泵出口阀门 XV355。
- [P] -关闭常二中泵 P-2109。
- [P] -关闭常二中泵进口阀门 XV354。
- [P] -汇报主操"常二中泵 P-2109 已停止"。
- [P] -汇报调度室"常压部分系统仪表风停已得到控制,请仪表工进入现场进行紧急维护"。

(4) 减压塔减四线泵泄漏着火
① 事故现象。
a. 减压塔减四线泵 P-2117 处有火焰升起,现场伴随有浓烟,同时有火焰声音。
b. 可燃气体报警器报警。
② 事故确认。
- [P] -现场确认有上述 a 事故现象,通知内操。
- [I] -DCS 界面确认有 b 报警。
- [I] -在 HSE 事故确认界面,选择"减压塔减四线泵泄漏着火"按钮进行事故汇报。
③ 事故处理。
- [P] -停减压塔减四线泵 P-2117。
- [P] -关闭减压塔减四线泵 P-2117 前后手阀 XV441、XV442。
- [P] -汇报调度室"减四线泵 P-2117 已停止"。
- [P] -关闭减压塔减四线抽出口阀门 XV405。
- [P] -关闭汽提塔三段汽提蒸汽入口阀门 XV409。
- [P] -关闭减压汽提塔减四线返回口阀门 XV406。
- [P] -汇报调度室"减四线系统已隔离"。
- [P] -打开消防蒸汽软管站蒸汽阀 XV2304 用消防蒸汽带灭火(现象 a 停)。
- [P] -汇报调度室"减四线泵明火已被扑灭,请组织岗位人员对后续工作进行处理"。

(5) 燃料气中断
① 事故现象。
a. 常压炉压力 PI206 低压报警(事故值 2MPa,正常值 4MPa)。
b. 常压炉炉膛温度 TI204 低温报警(报警值 200℃,正常值 368℃)。
c. 常压炉炉膛温度 TI205 低温报警(报警值 200℃,正常值 368℃)。

  d. 常压炉炉膛火焰熄灭。
② 事故确认。
- [P] -现场确认有 d 事故现象,通知内操。
- [I] -DCS 界面确认有 a、b、c 报警信号
- [I] -在 HSE 事故确认界面,选择"燃料气中断"按钮进行事故汇报。

③ 事故处理。
- [I] -关常压炉 F-2101 燃料气进气电磁阀 XV227。
- [I] -关减压炉 F-2102 燃料气进气电磁阀 XV459。
- [I] -汇报班长"常减压和减压炉燃料气进口电磁阀已断开"。
- [P] -关常压炉 F-2101 燃料气进气手阀 XV228。
- [P] -关减压炉 F-2102 燃料气进气手阀 XV487。
- [P] -汇报主操"常压炉、减压炉燃料气进口手阀已关闭"。
- [I] -通知常压系统降量控制。
- [I] -关常压炉进料电磁阀 XV204。
- [I] -关减压炉进料电磁阀 XV308。
- [I] -汇报班长"常压炉、减压炉进料电磁阀已关闭"。
- [I] -关常压炉进料调节阀 FV202、FV203。
- [I] -关减压炉进料调节阀 FV401、FV402。
- [I] -汇报班长"常压炉和减压炉进料调节阀已关闭"。
- [P] -关闭常压炉进料调节阀 FV202 前后手阀 XV205、XV206。
- [P] -关闭常压炉进料调节阀 FV203 前后手阀 XV208、XV209。
- [P] -汇报主操"常压炉进料线已隔离"。
- [P] -关闭减压炉进料调节阀 FV401 前后手阀 XV451、XV452。
- [P] -关闭减压炉进料调节阀 FV402 前后手阀 XV454、XV455。
- [P] -汇报主操"常压炉、减压炉进料线已隔离"。
- [P] -关闭常压炉出料阀门 XV211、XV212。
- [P] -关闭减压炉出料阀门 XV457、XV458。
- [P] -汇报主操"常压炉、减压炉出料线已隔离"。

6.3 重油催化裂化部分

6.3.1 重油催化裂化装置简介

  流化催化裂化工艺是重质油轻质化的一个主要炼油工艺,它是以重质油为原料,在一定压力、较高温度下与催化剂作用,经过一系列的化学反应生产出汽油、柴油、液态烃及气体产品。由于催化裂化装置的建设投资相对较低,并且经济效益好,不仅能生产出质和量都能满足人们需求的轻质燃料,还能生产出大量的石油化工原料。因此,催化裂化装置是炼油厂中极为重要的二次加工装置,并随着技术的发展、效益的提高已逐渐成为炼油工业的支柱。目前,世界催化裂化能力已近 8 亿吨/年,中国催化裂化能力已超过 1 亿吨/年,占原油加工能力的比例已居世界第一位。
  中国石油抚顺石化公司石油二厂 150 万吨/年重油催化裂化装置由北京设计院设计,于 2000 年 8 月建成投产。装置包括催化裂化装置和产品精制装置。2004 年 5 月新增附属于催化裂化装置的汽油降烯烃装置。催化裂化装置包括反应再生、分馏、吸收稳定、烟气能量回

收机组、气压机、一氧化碳焚烧炉等部分；产品精制装置包括干气、液化气脱硫，液化气脱硫醇和汽油脱硫醇等部分；汽油降烯烃装置包括反应和分馏部分。

重催采用双提升管汽油降烯烃技术，汽油烯烃含量可达国Ⅲ标准，但装置能耗较增加约8～10个单位。为了达到生产清洁汽油的同时，尽可能不增加装置能耗，石油二厂调研后决定采用石科院的 MIP-CGP 降烯烃及增产丙烯专利技术对装置进行改造。2010 年 10 月重油催化装置进行 MIP 改造。此次改造由 LPEC（洛阳设计院）按 171 万吨/年（远期）和 165 万吨/年（近期）设计（根据国标）。年开工时数 8400h，即新鲜原料的处理量分别为 203571kg/h 和 196429kg/h。

重油催化裂化实物仿真装置是以中国石油抚顺石化公司石油二厂 150 万吨/年催化裂化装置为原型，按 1:8 比例缩小而建成。工业化实际装置包括催化裂化装置和产品精制装置。催化裂化装置包括反应再生、分馏、吸收稳定、烟气能量回收机组、气压机、一氧化碳焚烧炉等部分；产品精制装置包括干气、液化气脱硫，液化气脱硫醇和汽油脱硫醇等部分。实物仿真装置选取催化裂化部分。

6.3.2 催化裂化原理简介

（1）催化裂化反应原理

重油及其馏分油的催化裂化反应是在催化剂的作用下，选择适当的操作条件，使其进行化学反应，生成气体、汽油、柴油和焦炭的过程。其化学反应为正碳离子反应。

混合原料油经过原料泵加压后通过原料喷嘴，在雾化蒸汽的作用下形成细小油滴进入提升管反应器，与再生好的高温高活性低碳再生催化剂接触气化发生化学反应生成油气和焦炭，焦炭吸附在催化剂表面。油气和催化剂进入提升管快分系统，将油气和催化剂分离。分离后的油气进入顶旋，进一步将油气中携带的催化剂粉末分离。反应油气经顶旋进入沉降器内集气室后，经过油气管线进入分馏单元进行分离。经过旋分分离后待生催化剂从旋分料腿出来后进入沉降器底部气提段，在汽提蒸汽作用下，将待生催化剂携带的油气置换出来。汽提后待生催化剂进入再生器，在高温含氧条件下，将催化剂中的焦炭烧净。恢复初始活性的再生催化剂重新进入提升管参加反应。

MIP（A Novel FCC Process for Maximizing Iso-Paraffins）工艺是石油化工科学研究院开发的降低催化汽油中烯烃含量的新工艺技术。其思路是在现有的提升管反应系统基础上，增加一些有用的二次反应以改善产品质量，最大化生产异构烷烃，在降低催化汽油的烯烃含量的同时，维持汽油的辛烷值基本不变。

催化裂化生成异构烷烃理想反应示意图如图 6-6 所示。

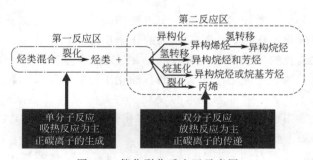

图 6-6 催化裂化反应区示意图

两个反应区的作用如下。

第一反应区：反应温度高、油剂接触时间相对较短。主要是单分子反应，生成正碳离子，以吸热反应为主。

第二反应区：反应温度低、催化剂密度大、油剂接触时间长。主要是双分子反应，正碳离子传递，以放热反应为主。

以常规催化裂化催化剂和常规催化裂化工艺为基础，依托原有催化裂化装置，增设一个单独的"提升管＋床层"改质反应器，利用这一单独的反应器对催化汽油进行进一步的催化改质处理，使催化汽油中的烯烃主要进行氢转移、芳构化、异构化或者裂化，从而达到降低烯烃含量、维持或提高辛烷值以生产清洁汽油的目的。

(2) 分馏原理

蒸馏是把完全互溶而沸点不同的液体混合物分离开的一种物理过程。分馏系统主要是根据气液平衡原理把反应油气混合物按照沸点的不同，将其切割成富气、汽油、轻柴油、回炼油和油浆等馏分。

从反应来的高温油气进入分馏塔底部，与返塔的油浆在人字挡板处逆流接触，进行脱过热和洗涤催化剂。之后油气在分馏塔内从底部进入中上部，将冷凝冷却到饱和状态的油气混合物在分馏段分成几个中间产品。塔顶为粗汽油和富气，侧线有轻柴油和回炼油，塔底为油浆。为了分段取走高温油气过剩热量，分馏塔设有顶循环回流系统、吸收油系统、一中段回流系统和塔底油浆系统。

(3) 吸收稳定原理

吸收稳定系统的任务是加工来自分馏塔顶油气分离器的粗汽油和富气，分离出干气，并回收稳定汽油和液化气等合格产品。它包括吸收过程、解析过程和精馏过程。吸收和解析过程是根据不同气体在液体溶剂中溶解度的不同而实现气体混合物分离的过程，属于物理过程，主要分离 C2 和 C3。稳定系统属于精馏过程，主要是把液化气和汽油进行分离。

(4) 烟气能量回收机组原理

本装置电机、主风机和烟机采用三机组同轴布置。从再生器来的高温低正压烟气进入烟机后膨胀做功，烟机回收能量后，带动主风机运转，减少电机耗电节能。

(5) 余热炉原理

高温烟气从再生器出来后分为两路，一路进烟机做功后，与经双动滑阀的另一路烟气混合后约 500℃ 左右的高温烟气进入余热炉，分别与水、蒸汽换热，产生 420℃、3.5MPa 的中压蒸汽。高温烟气经过逐级冷却后，通过烟囱排入大气。

6.3.3 重油催化裂化工艺流程

(1) 反应再生系统

如图 6-7 所示，原油蒸馏的渣油及罐区来混合蜡油，经装置原料混合器混合后进入装置原料油罐，后经原料油泵升压，依次与分馏一中油、油浆换热至 200℃ 左右后，从原料油雾化喷嘴进入提升管反应器反应一区，与经蒸汽（干气）预提升的 660～680℃ 左右的高温催化剂接触汽化并进行反应，反应一区出口的反应油气经分布板进入反应二区进一步反应后，反应油气经粗旋进行气剂粗分离，分离出的油气经单级旋分进一步脱除催化剂细粉后经大油气管线至分馏塔。分离出的待生催化剂经沉降器沉降后经待生催化剂滑阀、待生提升管至第一再生器。

一再待生催化剂在一再主风和二再烟气的作用下进行逆流烧焦，催化剂在 680℃、贫氧的条件下进行不完全再生。烧掉绝大部分的焦炭，烧焦产生的烟气，先经一再一、二级旋风分离器分离其中携带的催化剂，再经三级旋风分离器进一步分离催化剂后，进入烟气轮机膨胀做功，驱动主风机组。烟气出烟气轮机后，进入余热锅炉，补燃烧掉其中 CO 后，进一步回收烟气的显热后经脱硫塔对烟气进行脱硫净化，脱硫后达到排放要求的净烟气经烟囱排入大气。

来自一再的半再生催化剂分为两路，一路进入第二再生器，继续烧掉剩余的焦炭，另一路经外取热器取走烧焦过程中产生的过剩热量，冷却的催化剂沿外取热器下滑阀返回第二再生器继续烧焦。烧焦后的再生催化剂经再生斜管至提升管预提升段。

在提升管预提升段，以干气和蒸汽作提升介质，完成再生催化剂加速、整流过程，然后与雾化原料接触反应。

(2) 分馏系统

如图 6-8 所示，由沉降器来的反应油气进入分馏塔底部，通过人字挡板与循环油浆逆流接触，洗涤反应油气中的催化剂并脱除过热，使油气呈饱和状态进入主分馏塔上部进行分馏。

分馏塔顶油气分别经分馏塔顶油气—换热水换热器、分馏塔顶油气干式空冷器、分馏塔顶后冷器冷却至 40℃，进分馏塔顶油气分离器进行气液分离。分出的粗汽油进吸收塔作吸收剂；富气进入气压机；酸性水由含硫氨污水泵送出装置至酸厂。

轻柴油自分馏塔（17 层、19 层）抽出自流至轻柴油汽提塔，汽提后的轻柴油由轻柴油泵抽出，做解析塔底重沸器热源、后经轻柴油-富吸收油换热器、轻柴油-除氧水换热器换热后分为两路，一路经轻柴油空冷器冷却到 40℃，作为产品经出装置；另一路经贫吸收油空冷器，贫吸收油冷却器冷却到 40℃ 送至再吸收塔作吸收剂，吸收后的富吸收油经换热器 E-204 后返回分馏塔 20 层。

分馏塔多余的热量分别由顶循环回流、一中段循环回流、油浆循环回流取走。

顶循环回流自分馏塔 28 层抽出，经顶循环油泵升压，经顶循环油—换热水换热器、顶循环油后冷器（循环水）降至 100℃ 左右返回分馏塔顶。

一中段回流油自分馏塔 13 层抽出后，经分馏一中油泵升压，依次经稳定塔底重沸器、解析塔底重沸器、分馏一中-原料油换热器、分馏一中-热水换热器，温度降至 210℃ 左右返回分馏塔 17 层或 19 层。

油浆自分馏塔底由循环油浆泵抽出后，经原料油-循环油浆换热器、循环油浆蒸汽发生器发生中压蒸汽后，温度降至 280℃，分为两部分，一部分返回分馏塔底，另一部分经产品油浆冷却器冷却至 90℃，送出装置。

回炼油自分馏塔 2 层塔盘自流出至回炼油罐，后经回炼油泵抽出，一部分做回炼油回炼，另一部分作为内回流返回分馏塔。

(3) 吸收稳定系统

如图 6-9 所示，从分馏塔顶油气分离器来的富气进入气压机进行压缩，压缩至 2.2 MPa（绝）的压缩富气送至吸收稳定部分。气压机出口富气经空冷后与富气洗涤水、解析塔顶气混合，经压缩富气前冷器冷却至 45℃，与吸收塔底油（47℃）混合后，进入压缩富气后冷器，冷却到 40℃，进入气压机出口油气分离器进行气、液分离。分离后的气体进入吸收塔用粗汽油及稳定汽油作吸收剂进行吸收，吸收过程放出的热量由两个中段回流取走。贫气至再吸收塔，用贫吸收油作吸收剂进一步吸收后，干气自塔顶分出，经产品精制脱硫后进入瓦斯管网。

凝缩油由解吸塔进料泵抽出，经稳定汽油加热到 65℃ 作为热进料进入解析塔第三层；解析塔中间重沸器，由解析塔中间抽出经稳定汽油加热（至 98℃）。解析塔重沸器共设置两台，分别由轻柴油、分馏一中油作为热源，以解析出凝缩油中的C2组分。其中轻柴油侧设置隔板，用于接收解析塔最下层塔盘的液体，经底部设置的隔板进入轻柴油作热源的解析塔底重沸器，加热后混相返回解析塔后，由塔底进入分馏一中作热源的解析塔底重沸器，其目的是减少塔底抽出介质中所夹带气相组分，防止经一中加热后汽化过快。

脱乙烷汽油由解析塔底抽出，直接送至稳定塔进行多组分分馏，稳定塔底重沸器由分馏塔一中段循环回流油提供热量。液化石油气从塔顶馏出，经稳定塔顶冷凝冷却器冷至40℃后进入稳定塔顶回流罐。液化石油气经稳定塔顶回流油泵抽出后，一部分作稳定塔回流，其余作为液化石油气产品送至产品精制部分脱硫及脱硫醇。稳定汽油从稳定塔底流出，经稳定塔热进料换热器、解析塔中间重沸器、解析塔热进料换热器和稳定汽油除氧水换热器，分别与脱乙烷汽油、解析塔中间抽出油、凝缩油、除氧水换热后，再经稳定汽油冷却器冷却至40℃，一部分由P-2204送至吸收塔作补充吸收剂，其余部分送至产品精制单元。

气压机出口油气分离器分离出的酸性水，送至污水罐后，经污水泵送至装置外（酸性水汽提装置）。

（4）烟气能量回收系统

如图6-10所示，来自再生器的具有较高压力的高温烟气首先进入一台卧管式三级旋风分离器，从中分离出大部分细粉催化剂，使进入烟气轮机的烟气中催化剂含量降到200mg/Nm^3以下，大于10μm的催化剂颗粒基本除去，以保证烟气轮机叶片长期运转。净化了的烟气从三级旋风分离器出来经高温平板闸阀轴向进入烟气轮机膨胀做功，驱动主风机回收烟气中的压力能，做功的烟气压力从0.32MPa降至0.105MPa，温度由660～620℃降至450℃经水封罐后进入燃烧式CO余热锅炉回收烟气燃烧热和显热，发生3.9MPa、420℃的过热蒸汽；烟气经燃烧式CO余热锅炉后温度降至220℃，经脱硫系统脱除烟气中的二氧化硫等酸性气体，符合排放标准的净烟气最后经脱硫塔上部烟囱排入大气。在烟气轮机前的水平管道上装有高温平板闸阀，高温平板闸阀是在事故状态下紧急切断烟气进入烟机之用。从三级旋风分离出来的催化剂细粉主要是小于30μm的，连续排入了细粉收集罐，收集罐满后由卡车运出界外。

（5）CO焚烧炉-烟气脱硫系统

① 水汽流程。如图6-11所示，从管网来的除氧水分别进入油浆蒸汽发生器、外取热器和余热炉产生中压饱和蒸汽。从内、外取热器汽包和油浆蒸汽发生器汽包以及余热炉产生的中压饱和蒸汽进入厂内3.5MPa蒸汽管网供本装置或其他单位使用。

② 余热炉烟气系统流程。经过烟机做功后的0.105MPa、500℃含有6%（体积分数）左右CO的烟气经水封罐后进入CO焚烧炉，经过瓦斯火嘴补燃后，产生900～1000℃的高温烟气，依次经过余热锅炉的辐射段，对流段回收烟气燃烧热和显热，发生中压过热蒸汽，最后烟气温度降至200℃左右，经过省煤器和烟道排入烟气脱硫系统。

③ 瓦斯系统流程。CO焚烧炉补燃的瓦斯在流程上可以使用两种介质，一为系统高压瓦斯；二为本装置自产稳定干气。当装置自产稳定干气并入管网并压力足够时则使用自产稳定干气，系统瓦斯为补充；瓦斯总管分为三路，一路作为提升管仪表反吹风；一路作为F-101炉用瓦斯，主线去CO焚烧炉作为补燃瓦斯。

④ 烟气脱硫流程。从余热炉出来的烟气进入脱硫塔中，与塔顶喷淋的碱液逆向接触，洗去烟气中的二氧化硫、二氧化氮等酸性气体，吸收了酸性气体的废碱液排到界外处理。净烟气直排入大气。

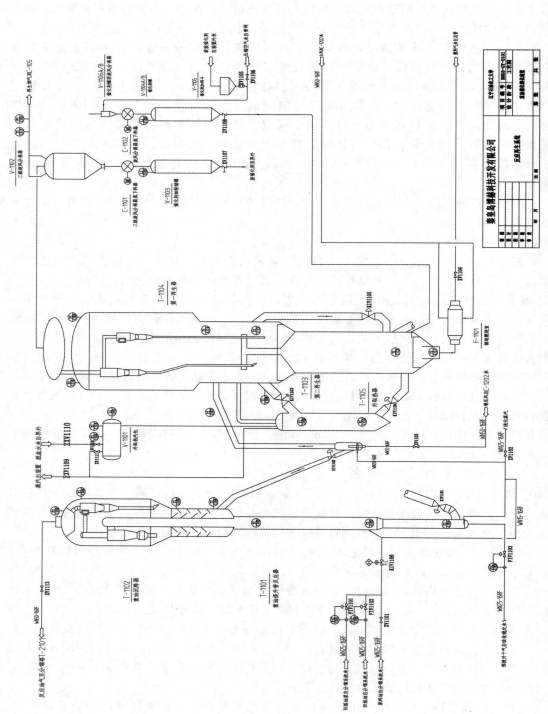

图 6-7 重油催化裂化——反应再生系统工艺流程图

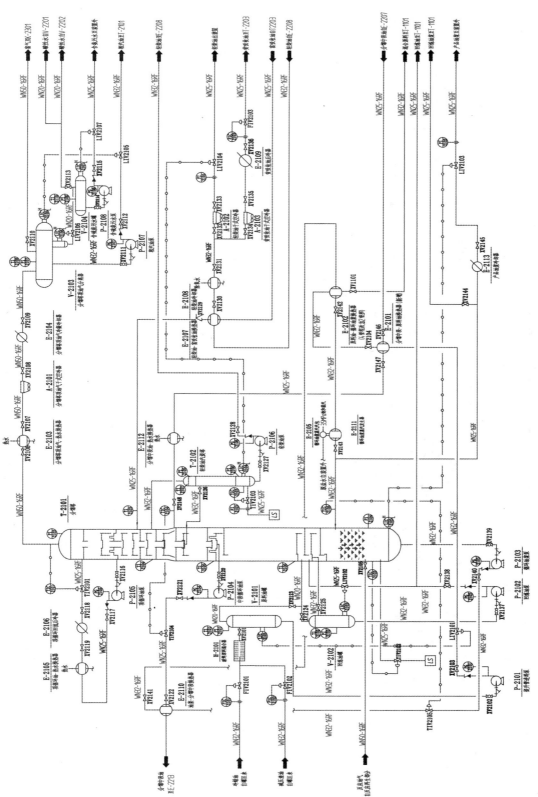

图 6-8 重油催化裂化——分馏系统工艺流程图

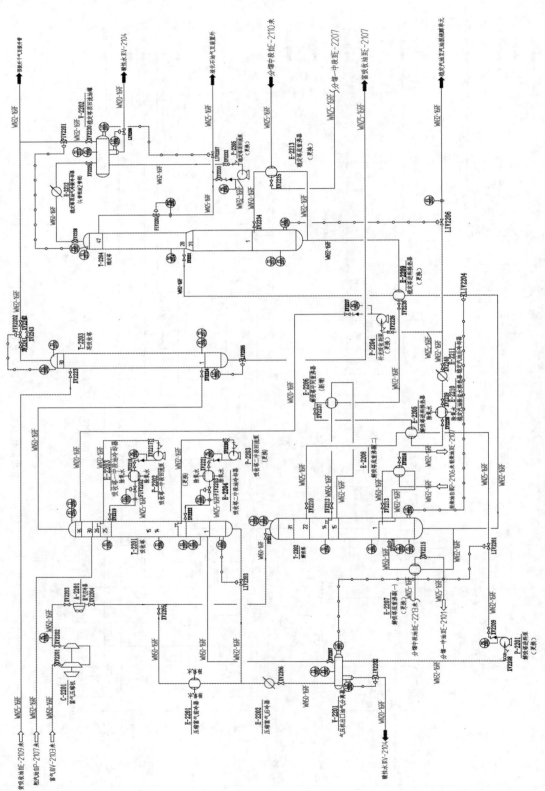

图 6-9 重油催化裂化—吸收稳定系统工艺流程图

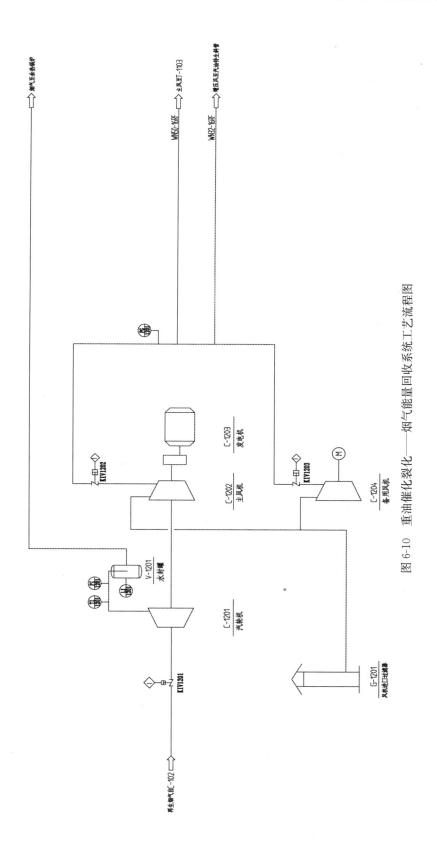

图 6-10 重油催化裂化——烟气能量回收系统工艺流程图

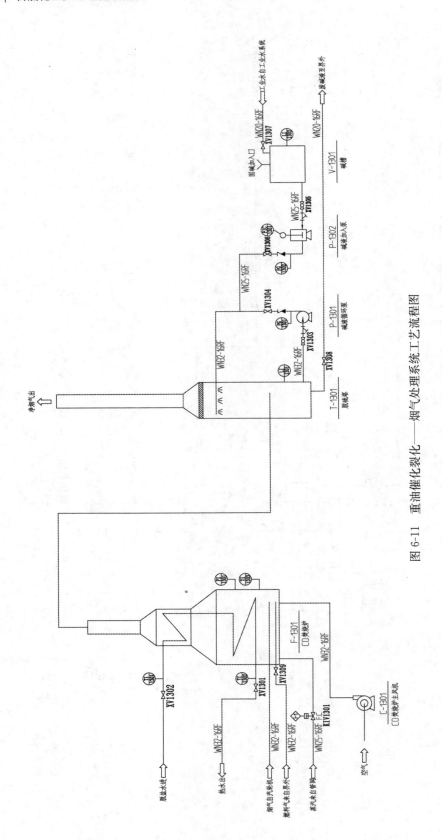

图 6-11 重油催化裂化——烟气处理系统工艺流程图

6.3.4 重油催化裂化装置主要操作

（1）反应岗位操作指南

反应再生系统是催化裂化装置的龙头，各个控制参数是否平稳，将对全装置的安全生产、产品产量和产品分布以及装置的经济效益有重要影响。为此，操作人员在做好温度、压力、物料三大平衡平稳的前提下，寻求最佳操作参数，做到高效、低耗、安全、清洁生产。系统操作出现异常必须遵循以下原则进行处理：

① 在任何情况下，反应再生系统的催化剂藏量不得相互压空。控制两器差压在规定范围内，防止催化剂倒流；保持温度和各部料位的平衡。如果两器差压维持不住时，可迅速关闭再生、待生滑阀，同时切断反应进料通入进料事故蒸汽，装置进入退守状态。

② 在系统有催化剂存在的情况下必须通入流化介质，以防止出现死床。若主风量和进料量较低，应补充一定量的事故蒸汽，以保持正常的流化。

③ 停主风时，必须迅速启用主风自保，并切断两器，通入事故蒸汽维持两器正常流化。再生器不准喷燃烧油，外循环管可适当关小。

④ 只要系统中还存有催化剂，则严禁关闭汽提蒸汽及各分布环的流化介质。当某种介质中断时，尽可能开大松动和仪表反吹或寻找代用介质。

⑤ 分馏塔必须保持油浆循环，防止催化剂进入分馏塔堵塞塔盘。若油浆循环长期中断时，应将沉降器的催化剂全部转到再生器改为再生器单容器流化。

⑥ 在提升管有进料情况下，反应温度应不低于480℃；否则切断进料。

⑦ 在有主风时，再生温度应用燃烧油尽可能维持在550℃左右。再生温度低于350℃时停喷燃烧油，并迅速组织卸剂，关闭各点的吹风、吹汽保持较高的再生温度。

⑧ 反应切断进料原则：a. 严重超温、超压状态。b. 主风中断。c. 严重的碳堆积。d. 装置停水、停电、停汽、停风，不能迅速恢复。e. 催化剂循环中断，短时间不能恢复。f. 设备故障，无法维持生产。g. 为保证人身、设备安全时的紧急情况。h. 装置发生火灾、爆炸事故。

（2）分馏工段操作指南

① 将反应来的高温过热混合油气经脱过热变为饱和态，并且按照油品的沸点范围，分割成各种产品。

② 按照产品质量要求及时调整操作，使产品馏出口合格率达99.5%以上。

③ 合理地调整分馏系统的物料平衡、热量平衡，调整好各段取热分配，在确保操作平稳、质量合格，安全生产的前提下，最大限度地提高目的产品收率。

④ 搞好低温余热的利用，努力降低装置能耗。

⑤ 保持装置正常平稳操作，不发生影响装置非正常操作或停工事故。

⑥ 维持好本岗位所属的设备、仪表、管线操作，保证设备不超温超压。

（3）稳定岗位操作指南

① 主要是在控制稳定压力的条件下，用改变塔底温度、回流量及吸收剂量的手段配合水洗进行调节，使产品质量合格。

② 从压缩富气中分离出质量合格的干气、液化气，以及稳定汽油。

③ 生产质量合格的汽油（汽油蒸汽压、铜片腐蚀、酸碱性反应）。

④ 加强脱水及稳定汽油脱硫醇前温度控制，为产品精制创造条件。

⑤ 保持装置正常平稳操作，不发生影响装置非正常操作或停工事故。

⑥ 维持好本岗位所属的设备、仪表、管线操作，保证设备不超温超压。

6.3.5 重油催化裂化主要设备及仪表

(1) 设备概述

① 塔及反应器：塔7座（分馏塔、轻柴油汽提塔、吸收塔、再吸收塔、解析塔、稳定塔、脱硫塔），反应器、再生器各1台。

② 加热炉及换热器：CO焚烧炉1座、辅助燃烧室1台、U型管换热器式6台、浮头式换热器16台、重沸器4台、表面蒸发空冷器4台、外取热器1台。

③ 流体输送设备：离心泵14台、立式计量泵1台。

④ 其他通用设备：三级旋风分离器1台、催化剂储罐顶旋风分离器1台、空冷风机4台、鼓风机1台、三机组（汽轮机、主风机、发电机）1台、备用机组1台、压缩机1台、下料器2台、储罐9台。

(2) 内部结构可视设备清单

重油催化裂化内部结构可视设备如表6-14所示。

表6-14 重油催化裂化内部结构可视设备清单

序号	名称	位号	内部结构	方式
1	重油沉降器	T-1102	双溢流浮阀塔盘	可开门
2	第一再生器	T-1104	规整填料塔盘	可开门
3	分馏塔	T-2101	浮头式换热器	可开门
4	顶循环回流后冷器	E2106	浮头式换热器	可拆卸
5	压缩富气后冷器	E2202	U管式换热器	可拆卸

(3) 主要设备清单

重油催化裂化主要设备如表6-15所示。

表6-15 重油催化裂化主要设备清单

序号	设备编号	设备名称	序号	设备编号	设备名称
1	T-1101	提升管反应器	19	C-1203	发电机
2	T-1102	重油沉降器	20	C-1204	备用风机
3	T-1103	第二再生器	21	G-1201	风道过滤器
4	T-1104	第一再生器	22	H-2101	新鲜原料混合器
5	T-1105	外取热器	23	V-2101	原料油罐
6	V-1101	外取热汽包	24	V-2102	回炼油罐
7	V-1102	三级旋风分离器	25	T-2101	分馏塔
8	V-1103	催化剂细粉储槽	26	T-2102	轻柴油汽提塔
9	V-1104	催化剂罐	27	V-2103	分馏塔顶油气分离器
10	V-1105	催化剂加料斗	28	V-2104	含硫污水罐
11	V-1106	催化剂罐顶旋风分离器	29	C-2201	气压机
12	F-1101	辅助燃烧室	30	T-2201	吸收塔
13	F-1301	CO焚烧炉	31	T-2202	解析塔
14	T-1301	脱硫塔	32	T-2203	再吸收塔
15	V-1301	碱槽	33	T-2204	稳定塔
16	V-1201	水封罐	34	V-2201	气压机出口油气分离器
17	C-1201	汽轮机	35	V-2202	稳定塔顶回流油罐
18	C-1202	主风机	36	V-2105	循环油浆蒸汽汽包

(4) 主要仪表清单

重油催化裂化主要仪表如表6-16所示。

表 6-16　重油催化裂化主要仪表清单

序号	位号	正常值	单位	说明
1	LI-1101	50.00	%	外取热汽包液位
2	LI-1102	50.00	%	催化剂细粉储槽料位
3	LI-1103	50.00	%	催化剂罐料位
4	LI-1104	50.00	%	第一再生器料位
5	LI-1105	50.00	%	第二再生器料位
6	LI-1106	50.00	%	沉降器料位
7	TI-1101	650.00	℃	提升管温度
8	TI-1102	540.00	℃	提升管反应器混合进料温度
9	TI-1103	530.00	℃	提升管反应器温度
10	TI-1104	525.00	℃	提升管反应器温度
11	TI-1105	520.00	℃	提升管反应器温度
12	TI-1106	510.00	℃	反应油气温度
13	TI-1109	660.00	℃	外取热器温度
14	TI-1110	640.00	℃	外取热器温度
15	TI-1111	680.00	℃	第二再生器温度
16	TI-1112	660.00	℃	第二再生器温度
17	TI-1113	675.00	℃	第二再生器温度
18	TI-1114	680.00	℃	第一再生器温度
19	TI-1115	665.00	℃	第一再生器温度
20	TI-1116	420.00	℃	外取热汽包温度
21	TI-1117	620.00	℃	烟气温度
22	PI-1101	0.23	MPa	烟气压力
23	PI-1102	0.22	MPa	沉降器压力
24	PI-1103	0.25	MPa	第一再生器压力
25	PI-1104	0.38	MPa	外取热汽包压力
26	FIC-1101	102.00	t/h	回炼油流量
27	FIC-1102	101.00	t/h	回流油浆流量
28	FIC-1103	3000.00	Nm^3/h	预提升干气流量
29	LI-1301	50.00	%	脱硫塔液位
30	LI-1302	80.00	%	碱槽液位
31	TI-1301	40.00	℃	脱盐水进口温度
32	TI-1302	90.00	℃	脱盐水出口温度
33	TI-1303	420.00	℃	CO焚烧炉温度
34	PI-1301	0.03	MPa	CO焚烧炉压力
35	LIC-2101	50.00	%	原料油罐液位
36	LIC-2102	50.00	%	回炼油罐液位
37	TI-2101	40.00	℃	原料油罐温度
38	TI-2102	200.00	℃	回炼油罐温度
39	PI-2101	0.70	MPa	原料油罐压力
40	PI-2102	0.27	MPa	回炼油罐压力
41	FIC-2101	173.00	t/h	冷蜡油进料流量
42	FIC-2102	30.50	t/h	减压渣油进料流量
43	FI-2102	6.12	t/h	产品油浆流量
44	LIC-2103	50.00	%	分馏塔液位
45	LIC-2104	50.00	%	轻柴油汽提塔液位
46	LIC-2105	50.00	%	分馏塔顶油气分离器液位
47	LIC-2106	50.00	%	分馏塔顶油气分离器界位
48	LIC-2107	50.00	%	含硫污水罐液位
49	TIC-2101	130.00	℃	分馏塔顶循环温度
50	TIC-2102	350.00	℃	分馏塔底温度

续表

序号	位号	正常值	单位	说明
51	TIC-2103	320.00	℃	轻柴油汽提塔底温度
52	TIC-2104	210.00	℃	分馏塔一中循环温度
53	TIC-2105	280.00	℃	分馏塔底循环温度
54	TI-2108	40.00	℃	分馏塔顶油气分离器温度
55	PI-2103	0.32	MPa	分馏塔顶压力
56	PI-2104	0.35	MPa	分馏塔底压力
57	PI-2105	0.32	MPa	轻柴油汽提塔顶压力
58	PI-2106	0.35	MPa	轻柴油汽提塔底压力
59	FI-2101	34.70	t/h	轻柴油出装置流量
60	FI-2103	2.00	t/h	轻柴油汽提塔低压蒸汽流量
61	FIC-2103	37.60	t/h	贫吸收油流量
62	LIC-2201	50.00	%	气压机出口油气分离器液位
63	LIC-2202	50.00	%	气压机出口油气分离器界位
64	LIC-2203	50.00	%	吸收塔液位
65	LIC-2204	50.00	%	解析塔液位
66	LIC-2205	50.00	%	再吸收塔液位
67	LIC-2206	50.00	%	稳定塔液位
68	LIC-2207	50.00	%	稳定塔顶回流罐液位
69	LIC-2208	50.00	%	稳定塔顶回流罐界位
70	TI-2201	40.00	℃	气压机出口油气分离器温度
71	TI-2202	56.00	℃	解析塔顶温度
72	TI-2203	122.00	℃	解析塔底温度
73	TI-2204	85.00	℃	解析塔温度
74	TI-2205	100.00	℃	解析塔温度
75	TI-2206	44.00	℃	吸收塔顶温度
76	TI-2207	43.00	℃	吸收塔底温度
77	TI-2208	44.00	℃	吸收塔温度
78	TI-2209	43.00	℃	吸收塔温度
79	TI-2210	44.00	℃	再吸收塔顶温度
80	TI-2211	50.00	℃	再吸收塔底温度
81	TI-2212	60.00	℃	稳定塔顶温度
82	TI-2213	185.00	℃	稳定塔底温度
83	PI-2201	2.20	MPa	气压机出口油气分离器压力
84	PI-2202	2.40	MPa	解析塔顶压力
85	PI-2203	2.46	MPa	解析塔底压力
86	PI-2204	1.90	MPa	吸收塔顶压力
87	PI-2205	1.99	MPa	吸收塔底压力
88	PI-2206	1.88	MPa	再吸收塔底压力
89	PI-2207	1.70	MPa	稳定塔底压力
90	PIC-2202	1.83	MPa	再吸收塔顶压力
91	PIC-2201	1.30	MPa	稳定塔顶压力
92	FIC-2201	105.00	t/h	稳定塔回流流量
93	FIC-2202	215.00	t/h	吸收塔一中循环流量
94	FIC-2203	219.00	t/h	吸收塔二中循环流量
95	FI-2201	91.60	t/h	稳定油气出装置流量

6.3.6 重油催化裂化装置操作规程

重油催化裂化装置操作规程扫描右边二维码查看。

6.3.7 重油催化裂化装置事故处理预案

6.3.7.1 事故处理原则

① 当装置发生突发事故时,操作人员头脑要保持清醒,避免惊慌失措和手忙脚乱,要听从车间和班长的指挥,做到正确判断,果断处理,至少不使事故扩大。

② 若事故经过努力处理仍无法维持生产,并有继续恶化趋势,甚至即将发生危及人身安全或关键设备等重大事故时,操作人员可不经请示迅速采取紧急事故处理措施,对装置做紧急停工处理。同时,尽快与厂调度联系,及时通知受影响的其他岗位或装置,以便对方能采取措施。

③ 紧急停工主要是指紧急切断提升管进料,维持油品循环,两器进行流化。紧急停工处理后,装置仍无法维持和恢复生产时,则按正常停工处理。

④ 催化剂装置设有自动保护系统。操作人员必须对自动保护系统的作用,控制条件,动作过程,各自保阀、阀位开关状态的判断,自保阀的现场手动使用方法等问题了解透彻,以便在发生事故时准确无误地使用自动保护系统。自动保护系统应时刻处于良好状态。

⑤ 催化装置处理常见事故时,必须严格掌握下列原则。

- 控制好反再压力平衡,防止催化剂倒流,催化剂料位不得互相压空,以防止油气和空气互窜造成爆炸事故,当压力平衡难以控制,紧急时应关闭再生,待生滑阀,并立即切断反应进料。
- 大多数紧急停工中,应先切断装置进料,所有提升管进料在启用自保阀或调节阀切断进料后,必须再关手阀,加大提升管蒸汽量,改预提升干气为蒸汽,并关掉再生滑阀和待生滑阀,将反应器与再生器隔离。
- 提升管有进料时,要尽可能维持提升管温度不低于460℃,否则应降低进料量直至切断进料,以防止待生剂大量带油进入再生器。
- 停主风时,必须迅速启用主风自保,并立即停止进料。通入事故蒸汽维持两个再生器流化。此时再生器不准喷燃烧油,要尽量维持床温不得低于370℃,否则,必须卸出催化剂。但温度不得低于250℃,否则应关掉通向两器的蒸汽阀门以防止蒸汽凝结水,使催化剂形成死床。
- 切断进料后而主风仍保持时,再生温度应尽量维持在550~650℃。有利于喷燃烧油维持床温。保证二再主风量,保持一再的催化剂料位。
- 当反一再系统内有催化剂时,各流化吹扫点必须要有吹扫介质(蒸汽或风)。提升管、沉降器内有催化剂时,分馏系统必须保持油浆循环正常,并保证上返塔流量,必要时可多甩油浆。
- 当反应切断进料,分馏应启用冷回流,控制顶温≤140℃。防止冲塔和超压;吸收一稳定,脱硫,脱硫醇,维持系统压力,尽可能维持循环,特殊情况下可退油卸压。
- 蒸汽发生器、外取热器,一旦停水必须立即切断热源,防止烧干,损坏设备。

⑥ 火灾、爆炸事故的判断和处理原则。

- 根据现场监控及报警设备报警初步判断发生火灾、爆炸部位和事故程度。

- 若事故可控则按相关事故预案进行施救及事故退守，其间各岗位平稳操作，火灾、爆炸部位相关系统切进料、撤温、泄压、停运关键设备，确保事故不扩大，确保现场处理人员人身安全。
- 若事故不可控，则应切断装置各系统进料，启动各自保，各塔、设备切断热源、燃料源，尽力保证设备、系统不超温、超压，避免事态进一步扩大，并组织现场人员安全有序撤离；若现场情况危急，随时可能威胁人员生命安全时，则应立即撤离，同时通知调度及相关单位，外围远程进行切断隔离处理。
- 现场发生初期微量泄漏时，巡检操作人员应第一时间对泄漏点进行切断，泄漏机泵进行停泵切除操作，并进行相应掩护措施，避免泄漏进一步扩大，流程工艺不具备立即切断条件的应做好掩护再迅速与操作人员及车间人员联系避免泄漏扩大。
- 各种处理以人员人身安全为前提和原则，以控制事故不进一步扩大为主，按照相关预案有序进行，岗位间协调配合，防止紧张、不冷静中操作程序错误造成事态进一步扩大。

6.3.7.2 紧急停工规程

正常生产中如果遇到下列情况之一，无法维持生产时，按紧急停工处理：

停系统蒸汽，停循环水，全装置停电，长时间停净化风；设备事故（包括主风机停机和主要运转机泵的事故及主要冷换设备、压力容器、管线的泄漏事故）、DCS系统故障、突发性灾害。紧急停工时，以安全为主，先停运关键设备，切断重点部位、进料及热源，岗位间要做好联系工作，不能因操作程序错误造成物料跑、冒、窜、泄漏、超温、超压等危险状况。

紧急停工原则：反再系统启用自保切断所有进料，维持两器流化、单容器流化或反再系统启用主风自保切除主风、再生器闷床，禁止反再系统油气互窜；分馏和吸收稳定系统控制好各塔和容器液面，保持物料循环，禁止超温超压；禁止超温或轻烃含量超标的物料外送到罐区。

6.3.7.3 事故处理

(1) 燃料气中断

① 事故现象。

a. 燃料气压力 PI2302 低报（事故值 0MPa，正常值 1.0MPa）。
b. CO 焚烧炉炉膛温度 TI1303 低温报警（报警值 320℃，正常值 420℃）。
c. CO 焚烧炉熄火。

② 事故确认。

- [P]-现场确认有 c 事故现象，通知内操。
- [I]-DCS 界面确认有 a、b 报警信号。
- [I]-在 HSE 事故确认界面，选择"燃料气中断"按钮进行事故汇报。

③ 事故处理。

- [P]-关 CO 焚烧炉 F-1301 瓦斯进气手阀 XV1309。
- [P]-汇报主操"CO 焚烧炉燃料气已断开"。
- [I]-通知反应系统降量控制。
- [I]-关 CO 焚烧炉主风机 C-1301。
- [P]-关 CO 焚烧炉进出脱盐水手阀 XV1301，XV1302。

- [I]-开 CO 焚烧炉消防蒸汽阀 KIV1301，向炉内通蒸汽。
- [I]-关主风机出口切断阀 KIV1202，打开备用风机出口切断阀 KIV1203。
- [P]-现场开启备用风机 C-1204。
- [P]-汇报主操"备用风机 C-1204 已开启，运行正常"。
- [P]-汇报主操"分馏塔底泵 P2204 已停止"。

(2) 含硫污水罐顶部法兰泄漏 H2S 中毒

① 事故现象。

a. 含硫污水罐 V-2104 顶法兰处有气体喷出，有气体泄漏声音。

b. DCS 界面可燃气体和硫化氢报警器报警。

c. 现场发现有 1 人中毒昏迷。

② 事故确认。

- [P]-现场确认有 a、c 事故现象，通知内操。
- [I]-DCS 界面确认可燃气体和硫化氢报警器报警。
- [I]-在 HSE 事故确认界面，选择"含硫污水罐顶 H_2S 泄漏中毒"按钮进行事故汇报。

③ 事故处理。现场救援如下。

- [I]-主操用广播对现场进行通知，说明泄漏点，并要求现场人员迅速往上风向进行撤离。
- [P]-佩戴好空气呼吸器、H_2S 便携式报警器和担架去事故现场。
- [P]-将中毒人员抬到泄露点上风口处，进行通风。
- [P]-确认中毒人员呼吸停止，对其进行心肺复苏。
- [P]-在装置区拉警戒线将装置区隔离。

紧急停工如下。

- [I]-分馏塔顶油气分离器污水控制阀 LIV2106 开度为零。
- [P]-现场关闭含硫污水罐顶进料阀 XV2113。
- [P]-汇报主操"含硫污水罐进料已切断"。
- [P]-关含硫污水泵出口阀 XV2115。
- [P]-停含硫污水泵 P-2108。
- [P]-关含硫污水泵出口阀 XV2114。
- [P]-汇报主操"含硫污水泵 P-2108 已停止，含硫污水罐出料已切断"。

(3) 轻柴油汽提塔顶安全阀起跳

① 事故现象。

a. 轻柴油汽提塔顶安全阀 S2204 起跳，有放空声音。

b. 轻柴油汽提塔塔顶压力 PI2105 高限报警（报警值 1.0MPa，正常值 0.3MPa）。

c. 可燃气体和硫化氢报警器报警。

② 事故确认。

- [P]-现场确认有 a 事故现象，通知内操。
- [I]-DCS 界面确认有 b、c 报警信号。
- [I]-在 HSE 事故确认界面，选择"轻柴油汽提塔顶安全阀起跳"按钮进行事故汇报。

③ 事故处理。

- [I]-通知反应系统降量控制。

- ［P］-现场关闭手阀 XV2126，停轻柴油汽提塔进料。
- ［I］-轻柴油汽提塔底汽提蒸汽自动阀 TIV2103 开度为零。
- ［P］-关轻柴油泵出口阀 XV2128。
- ［P］-停轻柴油泵 P-2106。
- ［P］-关轻柴油泵入口阀 XV2127。
- ［P］-汇报主操"轻柴油泵 P-2106 已停止"。

（4）气动调节阀 PIV2202 故障

① 事故现象。

a. 再吸收塔顶气相出口气动调节阀 PIV2202 关闭。

b. 再吸收塔顶气相出口气动调节阀 PIV2202 开度为零。

c. 再吸收塔顶压力 PIC-2202 高报（正常值 1.83MPa，事故值 1.88MPa）。

② 事故确认。

- ［P］-现场确认有上述 a 事故现象，通知内操。
- ［I］-DCS 界面确认 b、c 事故现象。
- ［I］-在 HSE 事故确认界面，选择"气动调节阀 PIV2202 故障"按钮进行事故汇报。

③ 事故处理

- ［P］-关气动调节阀 PIV2202 前后手阀 XV2241，XV2242 佩戴。
- ［P］-开气动调节阀 PIV2202 旁路手阀 XV2243。
- ［P］-与主控室主操联系，调节旁路手阀 XV2243 到适当开度，使再吸收塔顶压力 PIC2202 降至规定值（1.83 MPa）。（调节阀门时要缓慢，微调，常调）
- ［I］-通知电气仪表维修部门对 PIV2202 进行维修。

（5）富气空冷器泄漏

① 事故现象。

a. 富气空冷器管线有油气喷出，有气体泄漏声音。

b. 气压机出口油气分离器压力 PI2201 低压报警（报警值 2.0MPa，正常值 2.2MPa）。

c. 可燃气体和硫化氢报警器报警。

② 事故确认。

- ［P］-现场确认有 a 事故现象，通知内操。
- ［I］-DCS 界面确认有 b、c 报警信号。
- ［I］-在 HSE 事故确认界面，选择"富气空冷器泄漏"按钮进行事故汇报。

③ 事故处理。

- ［I］-通知反应系统降量控制。
- ［P］-现场停富气压缩机 C-2201。
- ［P］-现场关闭富气压缩机进出口阀门 XV2201，XV2202。
- ［P］-汇报主操"富气压缩机已停止"。
- ［I］-关闭富气空冷器风机。
- ［P］-现场关闭富气空冷器进出口阀门 XV2203，XV2204。
- ［P］-汇报主操"富气空冷器风机已停止，泄漏处已隔离"。
- ［I］-适当关小分馏塔底蒸汽自动阀，维持分馏塔稳定。
- ［I］-通知设备维修部门对富气空冷器泄漏处进行维修。

1. 常见的石油加工产品有哪些？各有哪些应用？
2. 常减压蒸馏工艺包括哪几部分？
3. 加工大庆原油工艺为什么设置初馏塔？
4. 减压塔结构为什么会两头尖中间粗？
5. 重油催化裂化工艺由哪几部分组成？
6. 我国为什么会积极推进重油催化裂化发展？
7. 重油催化裂化对紧急停工的原则是什么？

第 7 章　石油化工平台

7.1　乙烯装置发展概述

7.1.1　乙烯装置发展概述

(1) 世界乙烯发展

乙烯的最早生产方法是采用乙醇脱水来进行的，规模较小。世界上第一套由石油制乙烯装置始建于 1940 年美孚石油公司，采用西·埃力斯的研究成果，所使用的原料是炼油厂的干气，进行异丙醇的工业化生产，开创了以乙烯装置为中心的石油化工历史。

图 7-1 为 2010—2020 年全球乙烯产量情况。

图 7-1　2010—2020 年全球乙烯产量情况

(2) 我国乙烯发展

回顾我国乙烯工业的发展历史，是一个不断发展壮大，技术水平不断提升，竞争力逐渐增强的过程，大致可以分成四个发展阶段。

① 起步阶段：20 世纪 60 年代初。

当时以炼厂气、渣油为原料，采用方箱炉、蓄热炉裂解，用中冷油吸收进行分离，生产化学级（纯度约 95%）；规模小，能耗高，产品质量差。

② 成长阶段：20 世纪 60 年代末—80 年代初。

兰化引进了砂子炉（3.6 万吨/年）以原油闪蒸馏分作裂解原料，于 1969 年开车，生产聚合级乙烯，但能耗、物耗都很高。

70年代末，陆续建成燕山石化30万吨/年乙烯，1976年投产；上海石化总厂12万吨/年乙烯，1976年投产；辽阳化纤公司7.2万吨/年乙烯，1979年投产。

1982年，吉化翻版上海石化（12万吨/年）以轻柴油为裂解原料。

至此，我国乙烯的年生产能力达到72.58万吨/年，中国乙烯工艺初具规模。

③ 快速发展阶段：1986—1990年。

期间集中建设了4套30万吨/年乙烯装置：大庆乙烯1986年6月投产；齐鲁乙烯1987年5月投产；扬子乙烯1987年7月投产；上海2#乙烯1989年12月投产。

随后相继建成了北京东方化工厂15万吨/年乙烯，独山子炼油厂14万吨/年乙烯，天津石化公司14万吨/年乙烯，中原石化14万吨/年乙烯，茂名石化公司30万吨/年乙烯，吉化2#乙烯30万吨/年，广州石化总厂15万吨/年乙烯等装置。

经过这一阶段的快速发展，我国乙烯工业的整体实力显著增强，建成了16家乙烯生产企业，拥有18套乙烯装置，技术水平大大提高，原料也向轻质化、优质化和多样化迈进，形成我国石化工艺较为坚实的基础。

④ 持续发展阶段：1998年至今。

中石化和中石油相继进行了大规模的改扩建；中海油也加入乙烯生产的行列。

截至2007年，新建和改扩建的大型乙烯装置有：上海赛科90万吨/年（2005年3月），扬子－BASF 70万吨/年（2005年5月），南海80万吨/年（2006年2月）；吉化75万吨/年并线改造（2006年4月）；兰州石化60万吨/年乙烯改造（2006年7月）；茂名100万吨/年乙烯改造（2007年8月）；天津100万吨/年（2008年）；独山子100万吨/年（2009年8月）；镇海100万吨/年（2009年12月）；华锦45万吨/年（2010年2月）；抚顺80万吨/年（2010年）；福建80万吨/年（2011年初）；大庆60万吨/年（2011年11月）；四川80万吨/年（2018年10月）。

经过60年的不断发展壮大，我国已经跻身世界乙烯生产大国行列。

2013年我国乙烯生产能力达到1599.31万吨/年，2010年我国乙烯生产能力达到1297.8万吨/年，超越沙特阿拉伯和日本，位居世界第二位，不过与乙烯生产能力排名世界第一的美国（2759.3万吨/年）还有相当差距。

图7-2为2013—2019年中国乙烯产量情况。

图7-2　2013—2019年中国乙烯产量情况

(3) 我国乙烯工艺的发展方向

① 规模大型化、油化一体化。炼化一体化，是上下游的一体化，可以充分利用资源，

优化资源配置，提高投资回报率。例如：目前正在建设的独山子1000万吨炼油/120万吨乙烯改扩建工程等。据美国KBR公司统计，100万吨/年的乙烯装置与2套50万吨/年的乙烯装置相比可以降低投资成本25%；150万吨/年的乙烯装置与1.5套100万吨/年的乙烯装置相比可以降低投资成本15%。

② 集中布局，注重环保。乙烯工业是技术密集型的现代化企业，由于产品结构复杂，下游装置数量多，公用工程和辅助设施水、电、汽的消耗量大，港口、码头、交通系统投资巨大。因此提高集中度，逐步建立几个像美国墨西哥湾、比时安特卫普那样的集中布局的大型乙烯工业基地。集中布局建设多套乙烯，可以实现资源共享，节省投资，并且有利于治理污染、保护环境。

③ 新建和老厂改造相结合，优化下游产品定位。我国大型乙烯已经进行了两轮扩建改造，中小型乙烯也进行了以节能为主的脱瓶颈挖潜改造，取得了可观的效益。今后我国乙烯的发展应坚持新建和老厂改造相结合的方针，充分发挥老石化基地的公用工程和辅助设施以达到投资省见效快的目的。

④ 加强技术创新、加快国产化步伐。今后乙烯工业的发展要降本增效，加强技术创新，加快国产化步伐，瞄准国际同类装置先进水平，开发有助于提高质量，节能环保的新工艺、新技术、新设备、新材料，使乙烯工业的技术经济指标早日赶上国际先进水平。

⑤ 注重石化企业体制、机制的创新。大型国有石化企业所有制的结构多元化，对内吸纳民营资金，对外引进技术、资金和资源，对我国石化工业的发展有着积极的意义。

（4）乙烯生产方法

乙烯生产方法有乙醇脱水法、电石-乙炔-加氢法、烃类热裂解法、天然气偶合法等。目前工业上几乎全部采用烃类热裂解法。烃类热裂解法是基于大分子烃在高温下各部分的键能不同，振动强度不同，因各部分振动不同而造成键断裂而形成小分子烃。

在大分子烃热裂解得到小分子烃的同时，不饱和小分子烃又相互发生反应，生产新的大分子烃，有的比原料分子大得多，甚至结焦。也就是说，裂解产物是相当复杂的混合物，要从中获得纯净的乙烯、丙烯需要一个相当复杂的过程。生产乙烯的过程包括裂解、急冷、压缩、分离等工序。

7.1.2 乙烯在石油化工位置

石化工业是国民经济的支柱产业，石化工业的发展促进了国民经济的巨大进步。现代化学工业是以石油化工为主体的有机化工产品为主，工业发达国家有机化学品比重占60%以上，而我国约占30%左右。石化工业生产与人类吃、穿、住、行密切相关的有三大合成材料（塑料、橡胶、纤维）等。

石化工业的持续发展，可以带动下游轻工、纺织、电子、汽车、建筑等相关行业的结构调整和产业升级。半个世纪以来，石油化学工业一直以高于国民经济生产总值的增长速度快速发展，许多国家还把它列为国家工业发展的重点。

乙烯是石油化工产业的龙头产品，是生产有机原料的基础。同时乙烯装置生产的其他产品，丙烯、丁烯、丁二烯、乙炔、苯、甲苯、二甲苯等都是石油化工最基本的原料。因此乙烯装置的生产规模、产量、技术水平标志着一个国家石化工业的水平，同时也被看作一个国家经济综合实力的体现。

乙烯工业作为一个国家石油化工产业的重要标志，其规模和竞争力水平对我国经济的可持续发展起着举足轻重的作用。

7.1.3 石油化工平台简介

石油化工平台由现场实物仿真装置、先进的 OTS 系统（操作员培训系统）和三维虚拟工厂组成。现场实物仿真装置是以中国石油抚顺石化公司 80 万吨/年乙烯装置为原型，在保证完整保持工业化装置大尺寸特征、主要静设备内部结构可见、动设备可进行拆卸组装的前提下，按 1∶8 的缩小比例建设而成，还配备了现场仪表和工业化的控制系统。

指导教师通过现场讲解、工厂视频和三维动画等多形式，提升学员学习兴趣；建立安全实习实训、单体设备实习实训、工艺流程实习实训、控制系统实习实训、装置实际操作实习实训的综合实践过程；通过现场教学、动手实践等教学形式，使学生感受到石油化工企业的真实职业氛围，能够"熏出油味"。

石油化工平台通过 OTS 和内外操交互系统把实物装置和三维虚拟工厂紧密联系，实现线上线下有机结合，完成整个乙烯工艺生产过程的开停工、稳态运行、方案优化、故障处理等操作培训，增强学员的职业素养、创新意识及分析和解决复杂问题的工程能力，为石化企业培养石油化工复合型技术人才。

7.2 乙烯装置工艺简介

7.2.1 乙烯工艺技术

（1）五大乙烯工艺专利技术

建设乙烯装置，可供选择的工艺技术很多。国际著名乙烯技术提供者有：美国的 S&W（Stone & Webster）、美国 ABB Lummus、美国 KBR（Kellogg Brown & Root）、德国的 Linde-Selas、意大利的 Technip 等。目前乙烯的工艺技术已经相当成熟，因此虽然各家对技术强调的侧重点有所不同，提供的技术也各有特点，但都差别不大。

工艺技术的选择就主要在于如何优化流程配置和设备选型，以及如何在收率、清焦周期、能耗指标和投资额之间取得均衡。各家技术的差别和优劣，可分别从裂解技术、回收分离流程和特色操作单元三个角度来进行。

（2）各家乙烯工艺技术的特点

① S&W 公司的 USC（Ultra Selective Cracking）超选择性裂解炉，炉型有 "M" "W" "U" 型，前脱丙烷前加氢；ARS/HRS，甲烷膨胀/压缩，乙烯热泵，双塔脱甲烷。

② ABB Lummus 公司的 SRT（Short Residence Time）-Ⅵ型裂解炉，其炉管形式为 4-1 型至 6-1 型，顺序分离流程；低压脱甲烷、全低压深冷系列、二元/三元制冷、催化蒸馏加氢。

③ KBR 公司的 SC-1 型毫秒裂解炉的前脱乙烷前加氢，溶剂吸收脱甲烷，先进的脱乙烷塔技术。

④ Linde 公司的 PyroCrack 型裂解炉；前脱乙烷前加氢，多种多样的深冷分离组合，双塔脱乙烷，碳二加氢等温反应器，乙烯机开式热泵。

⑤ Technip 的中压脱甲烷；急冷油循环回路上的旋液分离器。

7.2.2 乙烯分离技术

按分离 C1、C2、C3 的先后顺序分，分离流程可分为前脱甲烷流程（顺序流程）、前脱乙烷流程、前脱丙烷流程三大类；按加氢单元在流程中的位置分，可分为前加氢流程和后加氢流程两大类。分离 C1、C2、C3 的不同顺序与加氢在流程中的不同位置组合，就形成了不同的分离流程。顺序流程和前脱乙烷、前脱丙烷流程的比较，过去一般认为，顺序流程比较适合轻质原料裂解，而前脱乙烷、前脱丙烷流程更适合重质原料。随着催化剂技术和性能的改进，前加氢的优点越来越被人们接受，而前加氢与顺序流程相配合时，C3 以上馏分中的双烯烃与 C2 馏分中的乙炔等一起加氢，对反应的选择性存在不利影响。

我国 20 世纪所建乙烯装置基本采用顺序流程，近来新建的乙烯装置采用前脱丙烷（或乙烷）、前加氢流程的装置逐渐多起来。

7.2.3 前脱丙烷、前加氢流程的特点

① C4 及 C4 以上重组分在进入深冷系统之前就被分离出来。减少了昂贵的低温处理系统的投资和生产费用，同时也可以不用在低温系统中处理易自聚的"脏"物料（如双烯烃、苯等）。

② 加氢反应所用氢气就存在于裂解气中，无须另外提供纯氢，也无须"配氢"（在氢气中掺入微量 CO，以提高加氢反应的选择性）操作，加氢系统的操作安全性有所改善。

③ 不再需要绿油洗涤系统和乙烯精馏塔的"巴氏精馏段"。如果丙烯精馏塔底的丙烷馏分不用来做 LPG 产品，C3 加氢也不需要了（50% 的 MAPD 已在前加氢反应器中转化）。

7.2.4 原料来源

乙烯装置供裂解的新鲜原料有：石脑油、加氢尾油、减一/减顶油和轻烃（表 7-1）；装置自产的乙烷和丙烷作为循环裂解原料；在后脱戊烷操作工况下，加氢碳五将循环回裂解炉做裂解原料。

表 7-1 乙烯原料

序号	原料名称	来自	供应方式	备注
1	石脑油	界区外的常压罐区	经管道连续输送	液态
2	加氢尾油	界区外的常压罐区	经管道连续输送	液态
3	减一/减顶油	界区外的常压罐区	经管道连续输送	液态
4	轻烃	界区外的全压力罐区	经管道连续输送	液态

7.2.5 产品和副产品

乙烯装置主要产品：聚合级乙烯、聚合级丙烯。

主要副产品：氢气裂解碳四、加氢汽油、加氢碳九馏分、裂解燃料油等。如果汽油加氢按前脱戊烷流程操作还有未加氢碳五副产品。

（1）乙烯系列产品

乙烯→聚合→聚乙烯、乙丙橡胶、乙烯共聚物

乙烯→氧化→环氧乙烷、乙二醇、乙醛

乙烯→烷基化→乙苯、乙基甲苯、烷基铝等

乙烯→卤化→氯乙烷、二氯乙烷、溴乙烷等

乙烯→水合→乙醇

乙烯→齐聚→α-烯烃

（2）丙烯

丙烯是乙烯装置重要的产品之一，是石油馏分裂解制乙烯时的联产物。1968 年以后，由于丙烯衍生物需求量增加，特别是丙烯高聚物和共聚物的需求量急剧增长，使丙烯受到重视，成为乙烯的重要联产物。

分子式是 C_3H_6，结构简式是 $CH_3-CH=CH_2$。

（3）丙烯的主要用途

丙烯→水合→异丙醇→溶剂

丙烯→氯化或氧化→环氧丙烷→涤纶

丙烯→聚合→聚丙烯→塑料

丙烯→氨化→丙烯腈→腈纶

丙烯→羰基合成→丁醇→增塑剂

丙烯→聚合→乙丙橡胶→橡胶

（4）丙烯系列产品

丙烯→聚合→聚丙烯、乙丙橡胶、合成纤维

丙烯→卤化→氯丙烯、环氧丙烷

丙烯→氨氧化→丙烯腈、丙烯酰胺

丙烯→氧化→丙烯酸

丙烯→烷基化→异丙苯

丙烯→氢甲酰化→丁醇

丙烯→环氧化→环氧丙烷

丙烯→水合→异丙醇

（5）丙烯的重要衍生物——聚丙烯

聚丙烯是由丙烯聚合而制得的一种热塑性树脂，未着色时呈白色半透明、蜡状，比聚乙烯轻。透明度也较聚乙烯好，强度、刚度、硬度、耐热性均优于低压聚乙烯，具有良好的电性能和高频绝缘性，且不受湿度影响，但低温时易变脆、不耐磨、易老化。适于制作一般机械零件、耐腐蚀零件和绝缘零件。常见的酸、碱有机溶剂对它几乎不起作用，可用于食具。常见制品有：盆、桶、家具、薄膜、编织袋、瓶盖、汽车保险杠等。

7.3 乙烯装置简介及技术特点

乙烯是石油化工的标志产品，在石油化工中占主导地位。乙烯装置生产的三烯（乙烯、丙烯、丁二烯）是其他有机原料及三大合成材料（合成树脂、合成橡胶、合成纤维）的基础原料。以乙烯为龙头的石化工业在国民经济中占有重要的地位，它作为重要的原材料行业，对整个国家的经济有重大影响，人们通常用乙烯的产量来衡量一个国家石油化学工业的发展水平。

乙烯装置主要由裂解-急冷、裂解产物预分馏、裂解气的净化、裂解气的压缩制冷和裂解气的精馏分离五大系统组成。烃类蒸汽裂解制烯烃（乙烯）装置采用的是美国斯通韦伯斯特（S&W）公司的专利技术。裂解炉为USC型管式裂解炉；急冷油塔、急冷水塔、碱洗塔采用S&W的波纹塔盘；裂解气压缩采用五段压缩，分离系统采用双塔前脱丙烷、前加氢、低压乙烯塔与乙烯压缩机构成开式热泵、深冷分离采用了S&W公司最新的专利技术HRS（热集成精馏系统）等先进的工艺技术；运行安全可靠，投资低，能耗较低。

80万吨/年乙烯装置采用了目前多项先进工艺技术，其新技术主要体现在：

① 该装置裂解炉使用S&W专有的超选择性裂解（USC）技术，该技术具有停留时间短，高转换率，运行周期长，原料分配灵活等特点。

② 裂解炉采用"双辐射段"即通过采用两个辐射室共用一个对流段（双炉膛），节省投资。

③ 使用文丘里分配器，使所有的辐射段盘管流速一致，最终每根炉管有相同的停留时间。

④ SLE 换热器的设计使其减少焦粒的冲刷，避免结焦。保证长周期运行，最大限度减少检修工作。

⑤ 利用对流段回收的废热，产生最大限度的过热超高压蒸汽，使总的热效率高于 93.5%（其中，轻质液体炉的热效率高于 94%）。

⑥ 对流段设计适应原料的多样性，加氢尾油和减顶/减一线油，采用二次注入稀释蒸汽，以保证液体原料全部气化在对流段盘管外，防止对流段盘管结焦，保证裂解炉运行周期。得到更好的传热和裂解效果。

⑦ 为了增加进料的灵活性，重质原料裂解炉还具有"分区裂解"（"1/4裂解"）的功能，即每个炉膛分 2 个区，2 个区可以裂解不同的原料。

⑧ 辐射炉管从第一程炉管到第二程炉管变径扩大的设计，提高了产率，减少焦粒堵塞辐射管的可能性。

⑨ 急冷油塔和急冷水塔采用 S&W 公司的专利波纹塔盘 RIPPLE TRAY，具有高效、流通量大、压降小、不易结焦，运行周期长等特点。

⑩ 采用前脱丙烷前加氢流程，只有 C3 及轻组分去低温单元，而且乙炔加氢采用前加氢，不用将氢气全部分离出来，再补充进来加氢；这样可以节省冷剂的用量，降低了制冷压缩机的负荷和能耗。采用高、低压双塔脱丙烷；约 50% 的 C3 及以上重组分不进入裂解气压缩机五段，节省裂解气压缩机功率。高压脱丙烷塔与裂解气压缩机五段组成开式热泵，节省能耗。双塔脱丙烷使塔釜操作温度降低，减少塔底和再沸器聚合结焦。

⑪ 深冷分离采用了 S&W 公司最新的专利技术 HRS（热集成精馏系统），使深冷分离效率提高，在较高温度下将氢气甲烷与乙烯组分分离，降低了冷量消耗。从而节省制冷压缩机的功率，节省了投资和能耗；同时减少了乙烯的损失，也相对增加了产量，经 HRS 分离回收乙烯后，低压甲烷氢中乙烯损失低于 500ppm。HRS 单元的优点可以归纳为：有效降低投资费用、保持了分馏器的能效、乙烯回收率高和稳定、设计紧凑，占地空间小。采用了传统设备构件。缩短运输设备所需时间。

⑫ 将回流冷凝器与脱甲烷塔直接连接，省去低温回流泵。

⑬ 使用板翅式换热器减小压降和温差。

⑭ 流程中增加预脱甲烷塔（C-1410），此塔采用低温碳钢材质，降低成本，节省投资，并且脱甲烷塔底作为乙烯精馏塔的第二股进料，约 40% 混合 C2 在不经过脱乙烷塔前提下直接去乙烯精馏塔，节约分离乙烯冷剂消耗量、减小了脱乙烷塔设备尺寸。

⑮ 乙烯精馏塔与乙烯压缩机组成开式热泵；乙烯塔采用低压精馏。降低了制冷压缩机的负荷和能耗。取消了回流泵和罐，并减少了塔盘数量，节省投资。

7.4 乙烯装置部分工艺原理介绍

7.4.1 裂解-急冷系统

烃类热裂解是将烃类原料（天然气、炼厂气、石脑油、轻油、柴油、重油等）在高温（800℃以上）、低压（无催化剂）条件下，使烃类分子发生碳链断裂或脱氢反应，生成分子量较小的烯烃、烷烃和其他分子量不同的轻质和重质烃类。

乙烯装置的裂解-急冷系统主要由裂解炉和急冷换热器组成。

① 裂解炉。包括蓄热式炉、砂子炉、管式炉等炉型，各国著名的公司如 Stone&Webster、

Linde-Selas、Kellogg、Foster-Wheeler、三菱油化公司等都相继提出了自己开发的新型管式裂解炉。其基本的工作原理是：裂解原料首先进入管式裂解炉的对流段，炉管升温，达到一定温度后与来自蒸汽发生器的稀释蒸汽混合继续升温到600～650℃，然后进入裂解炉的辐射段炉管继续升温并发生裂解反应直到裂解炉出口温度即所谓的反应温度达到800～850℃，离开裂解炉，高温裂解产物通过急冷换热器降温后，到后续进行预分馏。

② 急冷换热器。裂解炉出口的高温裂解产物在出口高温条件下将继续进行裂解反应，由于停留时间的增长带来二次反加剧，结焦严重，烯烃损失随之增多。为此，需要将裂解炉出口高温裂解产物尽快冷却，通过急冷以终止其裂解反应。当裂解产物温度降至650℃以下时裂解反应基本终止。急冷换热器是裂解气和高压水（8.7～12MPa）经列管式换热器间接换热使裂解气骤冷的重要设备。它使裂解气在极短的时间（0.01～0.1S）内，温度由约800～900℃下降到露点左右。急冷换热器的运转周期应不低于裂解炉的运转周期，为减少结焦发生应采取如下措施：一是增大裂解气在急冷换热器中的线速度，以避免返混而使停留时间拉长造成二次反应；二是必须控制急冷换热器出口温度，要求裂解气在急冷换热器中冷却温度不低于其露点。如果冷到露点以下，裂解气中较重组分就要冷凝下来，在急冷换热器管壁上形成缓慢流动的液膜，既影响传热又因停留时间过长发生二次反应而结焦。

7.4.2 裂解产物预分馏

裂解炉出口的高温裂解产物经急冷换热器的冷却，再经油急冷器进一步冷却后，温度可以降到200～300℃之间、将急冷后的裂解气进一步冷却至常温，并在冷却过程中分馏出裂解产物中的重组分（如燃料油、裂解汽油、水分），这个环节称为裂解产物的预分馏。经预分馏处理后得到的裂解气再送至裂解气压缩与净化过程，最后进行深冷分离。显然，裂解产物的预分馏过程在乙烯装置中起着十分重要的作用，具体如下。

① 经预分馏处理，尽可能降低裂解气的温度，从而保证裂解气压缩机的正常运转，并降低裂解气压缩机的功耗。

② 裂解产物经预分馏处理，尽可能分馏出裂解产物中的重组分，减少进入压缩分离系统的进料负荷。

③ 在裂解产物的预分馏过程中将裂解产物中的稀释蒸汽以冷凝水的形式分离回收，用以发生稀释蒸汽，从而大大减少污水排放量。

④ 在裂解产物的预分馏过程中继续回收裂解产物低能位热量。通常，可由急冷油回收的热量发生稀释蒸汽，由急冷水回收的热量进行分离系统的工艺加热。

7.4.3 裂解气的净化

来自水洗塔顶的裂解气中含有 H_2S、CO_2、H_2O、C_2H_2、C_3H_4、CO 等气体杂质，这些杂质的含量虽不大，但对后续深冷分离过程是有害的。而且这些杂质不脱除，进入乙烯、丙烯产品，使产品达不到规定的标准，影响产品的质量与应用。尤其是生产聚合级乙烯、丙烯时，其杂质含量的控制是很严格的，为了达到产品所要求的规格，必须脱除这些杂质，对裂解气进行净化。这些杂质的主要来源大体上由原料中带来、裂解反应过程中生成、裂解气处理过程引入。

（1）酸性气体的脱除

包括碱洗法和乙醇胺法。碱洗法是用 NaOH 为吸收剂，通过化学吸收使 NaOH 与裂解气中的酸性气体发生化学反应，以达到脱除酸性气体的目的。乙醇胺法是用乙醇胺做吸收剂

除去裂解气中的 H_2S、CO_2，是一种物理吸收和化学吸收相结合的方法，所用的吸收剂主要是一乙醇胺（MEA）和二乙醇胺（DEA）。在使用过程中一般将这两种（或三种加三乙醇胺）乙醇胺混合物（不分离）配成 30% 左右的水溶液（乙醇胺溶液，因为乙醇胺中含有羟基官能团，溶于水）使用。

一般情况下乙烯装置均采用碱洗法脱除裂解气中的酸性气体，只有当酸性气体含量较高（例如裂解原料中硫体积分数超过 0.2%）时，为减少碱耗量以降低生产成本，可考虑采用醇胺法预脱裂解气中的酸性气体，但仍需要碱洗法进一步作精细脱除。

(2) 水的脱除

裂解气中的水含量不高，但要求脱水后物料的干燥度很高，因而，均采用固体吸附法进行干燥。常用的干燥剂有硅胶、活性炭、活性氧化铝、分子筛等。裂解气干燥工序设在压缩和深冷分离之间，压力越高，温度越低，越有利于干燥。因此，干燥工序的温度应以不生成水合物为原则，一旦系统被水合物冻堵，可用甲醇、乙醇或热甲烷解冻。

分子筛具有极强的吸附选择性，是一种极性吸附剂，它对极性分子有较大的吸附力。由于水是强极性分子，因此，在裂解气与水的混合气体通过分子筛床层时，水首先被吸附。分子筛吸附水分是一个放热过程，因此低温有利于干燥过程的进行。当分子筛空穴大部分被水分占满，其吸附能力就会显著下降，这时分子筛就需进行再生。分子筛的再生，是用不被分子筛吸附的干燥甲烷/氢通过含水的分子筛床层，由于加热和吹扫，被分子筛吸附的水分子从分子筛的孔穴中被解析出来，由甲烷/氢带走，使分子筛含水量大大降低，从而恢复了吸附能力。

(3) 炔烃的脱除

乙烯生产中常采用脱除乙炔的方法是溶剂吸收法和催化加氢法。溶剂吸收法是使用溶剂吸收裂解气中的炔烃以达到净化的目的，同时也可回收一定量的炔烃。催化加氢法是将裂解气中的炔烃加氢成为相应的烯烃或烷烃，由此达到脱除炔烃的目的。溶剂吸收法和催化加氢法各有优缺点，目前，在不需要回收炔烃时，一般采用催化加氢法（特别是小规模的乙烯化工厂），当需要回收炔烃时（主要是规模较大的乙烯化工厂），则采用溶剂吸收法。实际生产装置中，同时建有回收炔烃的溶剂吸收系统和催化加氢脱炔系统，两个系统并联，根据实际情况灵活运用。

在乙烯工艺技术中，催化选择加氢的方法脱除裂解气中微量的炔烃。所谓选择加氢，就是尽量使原料气中的炔烃进行加氢，而目的产物乙烯尽量少被加氢。影响催化加氢的因素很多，如进料温度、接触时间、炔烃分压、氢炔比、CO 浓度、硫浓度及催化剂使用时间的长短等对催化剂的活性都有影响。但对固定的反应器，进料量及进料组成基本稳定，反应接触时间基本不变，炔烃分压与绿油生成量有关，对催化剂的活性无直接影响，但若炔烃分压过高，生成的绿油可将催化剂表面覆盖住，而使催化剂活性减小。硫可使催化剂中毒，影响催化剂的活性和选择性，但硫在酸性气体脱除系统已被除去，故对催化剂的活性不会有大的影响，所以进料温度、氢炔比、CO 浓度、催化剂使用时间是对催化剂的活性有直接影响的四大因素。

(4) 一氧化碳的脱除

采用甲烷化法脱 CO，在 250～300℃、3MPa、Ni 催化剂条件下，将氢气中的 CO 加氢转化成甲烷和水并放出大量的热。在甲烷化反应器之后，设有冷却器、分离罐和氢气干燥器，用以降低氢气温度脱除反应中生成的水。由于汽油加氢工艺对水含量的要求不很严格，所以经过甲烷化反应后的一部分氢气可以不经干燥直接送往汽油加氢装置。而碳二加氢、碳三加氢所用氢气都必须是经过干燥脱水的干氢，有些乙烯装置还向界区外输送干氢和湿氢产品。

7.4.4 裂解气压缩制冷

裂解气中许多组分在常压下都是气体，其沸点很低，常压下进行各组分精馏分离，则分离温度很低，需要大量冷量和耐低温钢材。为了使分离温度不太低，可适当提高分离压力，压力升高，各组分沸点升高，操作温度升高，耗冷量减少，节省冷剂，需耐低温钢材减少，同时可脱除部分重组分和水，有利；但若压力太高，对设备要求升高，所需压缩功增加，各组分相对挥发度减小，难分，塔釜温度升高，二烯烃聚合，不利；综合起来工程上一般采用 $3\sim4MPa$。

压力升高，压缩机内温度升高（压缩过程近似绝热），二烯烃在机内聚合，聚合物沉积在压缩机的汽缸和叶片上，造成磨损；同时，压缩机内温度升高，使机内润滑油黏度下降，压缩机缩短寿命。为了克服这种矛盾，工程上采用多段（级）压缩，一般采用 $3\sim5$ 段（级）压缩，段与段间并须设置中间冷却器。

深冷分离过程需要制冷剂制冷降温，制冷是利用制冷剂压缩和冷凝得到制冷剂液体，再在不同压力下蒸发，来获得不同温度级位的冷冻过程，高压低温的气体迅速通过节流阀泄压膨胀，由于过程进行得非常快，来不及与外界进行热交换，膨胀所需要的能量只有取自气体本身（内能），这样就使其温度下降，这种过程就叫节流膨胀制冷，温度下降值叫节流效应。液体节流必须有部分汽化。节流前温度越低、压力越高，节流效果越好。

单级压缩制冷循环只能提供一种温度的冷量，即蒸发器的蒸发温度，这样不利于冷量的合理利用。为了降低冷量的消耗，制冷系统应提供多个温度级别的冷量，以适应不同冷却深度的要求。在需要提供几个温度级的冷量时，可在多级节流多级压缩制冷循环的基础上，在不同压力等级设置蒸发器，形成多级节流多级压缩多级蒸发的制冷循环，以一个压缩机组同时提供几种不同温度级的冷量，从而降低投资。

热泵是通过做功将低温热源的热量传送给高温热源的供热系统（或说将精馏塔顶移出的热量传到精馏塔底的装置）。显然，热泵也是采用制冷循环，利用制冷循环在制取冷量的同时进行供热。在单级蒸汽压缩制冷循环中，通过压缩机做功将低温热源（蒸发器）的热量传送到高温热源（冷凝器），此时，如仅以制取冷量为目的，则称之为制冷机。如果在此循环中将冷凝器作为加热器使用，利用制冷剂供热则可称此制冷循环为热泵。在裂解气低温分离系统中，有些部位需要在低温下进行加热，例如低温分馏塔的再沸器和中间再沸器、乙烯产品汽化等。此时，如利用制冷循环中气相冷剂进行加热，则可以节省相当多的能耗。

7.4.5 裂解气精馏分离

裂解气的分离大多采用深冷分离，深冷分离是将裂解气冷却到 $-100℃$ 以下，此时裂解气中除了 H_2、CH_4 以外的其他组分全部被冷凝下来，然后再根据各组分相对挥发度的不同，将其一一分开。其优点是所得烯烃纯度、收率高。在深冷分离中所涉及的主要设备主要包括脱甲烷塔、脱乙烷塔、脱丙烷塔、脱丁烷塔、乙烯精馏塔、丙烯精馏塔。

脱甲烷塔系统包括两个部分，第一部分是进料的预冷，第二部分是脱甲烷塔。在顺序分离流程中，进入脱甲烷系统的裂解气除含有氢、甲烷外，还含有碳二至碳五以上的各种烃类。深冷分离的目的就是为了将氢气、甲烷和其他组分从裂解气中逐一分离，从而获得高纯度的乙烯、丙烯等产品。为了达到此目的，并减少乙烯在甲烷中的损失，同时尽可能多地回收冷量，在脱甲烷塔系统设置了冷箱。在实际生产装置中，根据冷箱所处的位置不同，可将脱甲烷塔系统分为前冷和后冷两种流程。脱除裂解气中的氢和甲烷是裂解气分离装置中投资最大、能耗最多的环节。在深冷分离装置中，需要在-100℃以下的低温条件下进行氢和甲烷的脱除，其冷冻功耗约占全装置冷冻功耗的50%以上。对于脱甲烷塔而言，其轻关键组分为甲烷，重关键组分为乙烯。塔顶分离出的甲烷轻馏分中的乙烯含量尽可能低，以保证乙烯的回收率，而塔釜产品则应使甲烷含量尽可能低，以确保乙烯产品质量。

乙烯精馏塔的作用是以混合碳二馏分为原料，分离出合格的产品乙烯，并由塔釜获得乙烷。在顺序分离流程和前脱丙烷分离流程中，均以脱乙烷塔塔顶产品作为乙烯精馏塔进料（尚需在乙烯精馏塔进料前脱炔和干燥处理，前加氢脱炔除外），而在前脱乙烷分离流程中，则以脱甲烷塔釜液作为乙烯精馏塔进料。无论采用哪种分离流程，乙烯精馏塔进料均以碳二馏分为主，碳二馏分含量约占99.6%（mol）以上，另含氢气和甲烷等轻组分在0.12%~0.15%（mol）以下，丙烯等重组分在0.1%~0.25%（mol）以下。因此，乙烯精馏塔可以近似看作C_2H_4~C_2H_6二元精馏系统。由于乙烯对乙烷的相对挥发度随压力的降低而升高，在相同压力下，乙烯对乙烷的相对挥发度将随温度的升高而升高，随乙烯浓度的增加而下降。

丙烯精馏塔也是产品塔之一，其操作的好坏直接影响到丙烯产品的质量和收率，同时丙烯又是制冷剂，影响到制冷循环。丙烯与丙烷的相对挥发度接近1，非常难分，丙烯精馏塔是乙烯厂中回流比最大、塔板数最多、塔最高的一个，经常采用两塔或三塔串联使用。常见的双塔丙烯精馏实质上就是将一个精馏塔分成两个塔，这样设计降低了单塔高度，同时可以在较小的回流比之下获得较高纯度的丙烯产品。进入丙烯精馏系统的碳三馏分用加氢方法除去丙炔/丙二烯后，利用丙烯/丙烷在同一温度、压力下其相对挥发度不同的这一特性，在塔板上经过多次部分气化和部分冷凝的传质和传热过程，最终在塔顶得到聚合级的丙烯产品，在塔釜得到较为纯净的丙烷，从而达到丙烯/丙烷分离的目的。

冷箱是指脱甲烷系统中将部分温度很低的换热器、冷凝器、节流阀等冷设备集装成箱，可以有效防止散冷，减少与环境接触的表面积。用于回收低位冷量以分离沸点极低的甲烷和氢气。利用其传热效率高，可实现多股物料同时换热，可以最大限度地利用余热和余冷，降低能耗，提高产品收率。

冷箱在脱甲烷塔之前的工艺（流程）叫前冷工艺（流程），也叫前脱氢工艺（流程）；冷箱在脱甲烷塔之后的工艺（流程）叫后冷工艺（流程），也叫后脱氢工艺（流程）。冷箱是将几台钎焊铝制板翅式换热器和配管放置在密闭的钢制箱体内，并在箱体与箱内设备之间充填满珠光砂。板翅式换热器内部为密闭结构，外部结构由型钢和碳钢板制成，另外，箱顶还设有压力调节盒。在板翅式换热器与支撑梁相接触的部位，放置隔热材料。珠光砂在安装现场充填，以达到保冷的目的。

7.5 工艺流程说明

7.5.1 裂解工段流程

（1）裂解炉工艺综述

80万吨/年乙烯装置共有8台裂解炉，其中4台重质进料裂解炉、3台轻质进料裂解炉、1台循环气体裂解炉，均采用S&W公司先进的裂解炉技术。现场实物装置每一种类型各设置1台，技术特点如下：

① 该装置裂解炉使用S&W专有的超选择性裂解（USC）技术，该技术具有停留时间短、高转换率、运行周期长、原料分配灵活等特点。

② 裂解炉采用"双辐射段",即通过采用两个辐射室共用一个对流段(双炉膛),节省投资。

③ 使用文丘里分配器,使所有的辐射段盘管流速一致,最终每根炉管有相同的停留时间。

④ SLE换热器的设计使其减少焦粒的冲刷,避免结焦。保证长周期运行,最大限度减少检修工作。

⑤ 利用对流段回收的废热,最大限度地产生过热超高压蒸汽,使总的热效率高于93.5%(其中,轻质液体炉的热效率高于94%)。

⑥ 对流段设计适应原料的多样性,加氢尾油和减压柴油,采用二次注入稀释蒸汽,以保证液体原料全部气化在对流段盘管外,防止对流段盘管结焦,保证裂解炉运行周期。得到更好的传热和裂解效果。

⑦ 为了增加进料的灵活性,重质原料裂解炉还具有"分区裂解"("1/4裂解")的功能,即每个炉膛分2个区,2个区可以裂解不同的原料。

⑧ 辐射炉管从第一程炉管到第二程炉管变径扩大的设计,提高了产率,减少焦粒堵塞辐射管的可能性。

⑨ 重质和轻质裂解炉都具有独立炉膛清焦操作的功能,当裂解炉需要清焦时,每个炉膛可单独清焦。这种理念成功地用于现代气液裂解炉设计,提高了炉子的整体使用率。

(2) 原料预热

原料预热系统主要是利用可得到的低温热量来预热裂解炉原料。裂解炉新鲜原料有:石脑油、加氢尾油、减一/减顶油、轻烃、液态烃以及装置自产的乙烷和丙烷作为循环裂解原料。

(3) 裂解炉

裂解单元由8台S&W公司的USC型裂解炉组成,7台USC-176U型液体原料裂解炉(6开1备)、1台USC-12M型循环气裂解炉。其中4台USC-176U重质原料裂解炉裂解加氢尾油(HTO)和减一/减顶油原料;3台USC-176U轻质原料裂解炉裂解石脑油、轻烃等轻质原料。这两种炉型的裂解炉能够裂解所有界区外来的新鲜原料,一台重质或轻质原料炉处于备用状态。当循环气裂解炉清焦时,循环气体可送至轻质原料裂解炉裂解F-1160、F-1170A炉膛。重质原料和轻质原料炉可以分区(炉膛)进料[同一裂解炉的四个区(两个炉膛)裂解不同原料]、分炉膛清焦(A炉膛裂解而B炉膛清焦)。每台USC-176U型液体原料裂解炉的辐射室为双炉膛结构,每个炉膛中有88组U型炉管一字垂直排列,燃烧器位于炉管的两侧,每一炉膛形成单排双辐射立管式裂解炉。对流段位于两个辐射室中间的上部。从辐射段出来的高温裂解气在SLE(选择线性换热器)中被迅速急冷,回收的热量用于产生超高压(SS)蒸汽,从SLE中急冷的裂解气随后进入急冷器中被进一步冷却至下游所需温度220℃左右。USC-12M型循环气裂解炉为单炉膛(辐射室)结构,12根M型炉管在炉膛中一字排列,燃烧器位于炉管的两侧,形成单排双辐射立管式裂解炉,对流段位于辐射段上部的旁侧。从辐射段出来的高温裂解气在USX(超选择性线性换热器)内被迅速急冷,回收的热量用于产生超高压(SS)蒸汽,从USX中急冷的裂解气然后进入急冷器中被进一步冷却至下游所需的温度。所有裂解炉均采用超低氮氧化物排放燃烧器,全部底烧结构计,助燃空气借助炉膛负压自然吸入,炉膛的负压由引风机提供。

(4) 辐射段

USC-176U型裂解炉共有176根U型辐射管,分为两个炉膛,每个炉膛内悬挂单排88根炉管。炉管进口管内径45mm、出口管内径51mm,总长度约为23m,停留时间约0.2s。

辐射管出口管采用扩大直径的设计，提高了乙烯产率，并降低焦粒堵塞炉管的风险。在对流段预热过的原料烃和稀释蒸汽的混合物由 4 根横跨管分别引入到 16 个辐射段入口集合管中，每根横跨管连接 4 个集合管，每个集合管再通过 11 根辐射管将裂解原料输送进炉膛中。每一根辐射管入口处配有一个文丘里流量计以保证进口流量的一致。当文丘里下游与上游管内的绝压比大于 0.9 时，各管内的流量将变得不均衡，此时炉管需要清焦。对于重质原料炉，每两个辐射管出口管由一个 Y 型件合二为一，再通过一短过渡段与 SLE 相连。对于轻质原料炉，每个辐射管出口管由一短过渡段直接与 SLE 相连。由于过渡段暴露于炉外，绝热容积很小，可最大限度地降低裂解气的二次反应。每个炉膛配有四组 SLE，从四组 SLE 出来的裂解气汇总到一个共用集合管中，然后再进入每个炉膛对应的急冷器中进一步冷却。

USC-12M 型裂解炉共有 12 根 M 型辐射管，单排排列在一个炉膛内。前面 3 程炉管内径为 105mm，后面 3 程炉管内径 111mm，总长度约为 67m，停留时间约 0.4s。辐射管出口（后 3 程）直径的增加，提高了乙烯产率，降低了焦粒堵塞辐射炉管的风险。经对流段预热过的原料烃和稀释蒸汽的混合物经过 3 根横跨管进入辐射段炉管。每根横跨管为 4 根辐射炉管供料。每一根辐射炉管入口处配有一个文丘里流量计以保证进口流量的一致。当文丘里下游与上游管内的绝压比大于 0.9 时，各管内的流量将变得不均衡，此时炉管需要清焦。每个辐射炉管的出口管通过一过渡段直接与一台 USX 型急冷器相连，由于过渡段暴露于炉外，绝热容积很小，最大限度地降低了裂解气的二次反应。从 12 个 USX 急冷器急冷出来的裂解气汇总到一个集合管中，再送至下游的急冷件中进一步冷却。两种炉型的所有辐射炉管均通过其入口管与恒力弹簧竖直悬挂。穿过炉膛的炉管由遮蔽箱密封，遮蔽箱盖板可灵活拆卸。

（5）对流段

水、过热超高压蒸汽、过热稀释蒸汽等，以提高裂解炉总的热效率。其中，重质和轻质原料裂解炉（F1110~1170）的对流段由以下盘管组成：a. 原料预热盘管 1（HC1）；b. 省煤器（锅炉给水）；c. 原料预热盘管 2（HC2）；d. 烃+稀释蒸汽预热盘管 1（HC+DS1）；e. 稀释蒸汽预热盘管（DS）；f. 超高压蒸汽过热盘管 1（SHPSS1，温度调节器前）；g. 超高压蒸汽过热盘管 2（SHPSS2，温度调节器后）；h. 烃+稀释蒸汽预热盘管 2（HC+DS2）。

新鲜原料经 4 个进料控制阀进入原料预热盘管 1 预热，然后在原料预热盘管 2 中进一步加热。对于轻质裂解原料，经过稀释蒸汽预热盘管过热的稀释蒸汽在外部混合器中与来自原料预热盘管 2 预热后的烃混合，混合后的烃+稀释蒸汽重新进入对流段，并在烃+稀释蒸汽预热盘管 1（HC+DS2）预热，再进入烃+稀释蒸汽预热盘管 2（HC+DS2）进一步加热。稀释蒸汽在进入稀释蒸汽预热盘管前，注入一定量的 DMDS。对于重质裂解原料，稀释蒸汽分两次注入烃原料中。首先将约占需求总量 20% 的稀释蒸汽注入来自原料预热盘管 2 的烃进料中，混合物在烃+稀释蒸汽预热盘管 1 中进一步加热。其余 80% 的稀释蒸汽在重质进料混合器中与从烃+稀释蒸汽预热盘管 1 来的混合物再混合，以保证重质烃在进入烃+稀释蒸汽预热盘管 2 进行最后加热前完全气化。稀释蒸汽在进入稀释蒸汽预热盘管前，注入一定量的 DMDS。

循环气裂解炉（F-1180）的对流段由以下盘管组成：原料预热盘管 1（HC1）；省煤器（锅炉给水）；原料预热盘管 2（HC2）；超高压蒸汽过热盘管 1（SHPSS1，温度调节器前）；超高压蒸汽过热盘管 2（SHPSS2，温度调节器后）；烃+稀释蒸汽预热盘管（HC+DS）。

C2/C3 循环进料经过 3 个流量控制阀进入原料预热盘管 1 预热，然后在原料预热盘管 2 进一步加热。烃原料经过原料预热盘管 2 过热后，注入掺有 DMDS 的稀释蒸汽，然后烃和稀释蒸汽的混合物进入烃+稀释蒸汽预热盘管进行进入辐射段前的最后加热。每台裂解炉的超高压蒸汽过热盘管（SHPSS）和省煤器（锅炉给水）盘管，用于生产和过热超高压蒸汽。锅炉给水在省煤器中预热后进入汽包进行汽液分离，从汽包出来的超高压蒸汽进入超高压蒸汽过热盘管 1（SHPSS1）进行初步预热，再进入超高压蒸汽过热盘管 2（SHPSS2）进行最终过热，在 SHPSS1 和 SHPSS2 两组盘管之间的外部，设有一台减温器，用于调节超高压蒸汽出口的过热蒸汽温度。

（6）烧嘴

每台 USC-176U 型裂解炉配有 64 个自然进风的超低 NO_x 排放的底烧燃烧器，每个炉膛内的 32 个燃烧器分两排平行布置于辐射段炉管两边，即每台裂解炉共有四排燃烧器，每排布置 16 个。USC-12M 型裂解炉配有 24 个自然进风的超低 NO_x 排放的底部燃烧器，平行两排布置于辐射段炉管的两边，每排 12 个燃烧器。燃烧器的燃料来自于装置内产生的甲烷氢，界区外的天然气为补充燃料气，开车燃料气采用 LPG 和天然气。燃烧器的调节比为 8∶1，以满足操作负荷的变化，所有燃烧器都配有手点火孔和长明灯。

（7）急冷系统

高温裂解气的急冷系统分以下两级：

第一级：一级急冷在安装于炉顶、多组捆绑在一起的 SLE 或者 USX 急冷器内进行。SLE 或者 USX 型急冷器为双套管、线性结构的换热器，这种急冷器的特点是管子结焦少，几乎不需要机械清焦。裂解气自下而上穿过急冷器内管，套管外走从汽包下降管来的锅炉给水，经急冷裂解气产生的超高压蒸汽通过上升管进入汽包。水侧的循环流动靠热虹吸作用自然循环。

第二级：从每个炉膛所对应的所有 SLE 出来的裂解气汇集到同一个集合管混合后，进入急冷器中进一步冷却到设定的温度后，进入急冷油塔。从全部 USX 出来的裂解气汇集到同一个集合管混合后，进入急冷器中进一步冷却到所设定的温度，最后进入重燃料油汽提塔。

（8）汽包

每台裂解炉配有一台汽包，用以产生高质量的超高压蒸汽。利用自然热虹吸作用将锅炉水从汽包送至 SLE/USX 急冷换热器，并将产生的高压蒸汽送入汽包，汽包装配有液位控制、报警及安全阀三重控制系统。汽包设连续排污以保持水质，同时提供间歇排污。注入磷酸盐以保持锅炉给水的 pH 值和水质。BFW 经过省煤器预热后进入汽包。汽包内设有水汽分离器，用以产生高质量的超高压蒸汽（大于 99.9%），降低透平和过热器的结垢。

（9）引风机

每台裂解炉都配有一台引风机，用于提供炉子所需的抽力，引风机安装于炉子对流段的炉顶平台上。裂解炉挡墙处微负压的控制，是由引风机的变频电机通过控制引风机的转速实现的。

（10）分区裂解

USC-176U 型液体原料炉具有独立炉膛裂解功能。即同一裂解炉的两个炉膛可以同时裂解两种不同的原料，并保持其相应的裂解深度。每个炉膛设有两个相应的进料控制阀。

（11）独立炉膛清焦

USC-176U 型裂解炉具有独立炉膛清焦操作的功能，当裂解炉需要清焦时，每个炉膛可单独清焦，提高了炉子的整体使用率。清焦操作时炉膛的吸热量大约是正常负荷的 40%。清焦温度是由清焦炉膛平均 COT 温度来控制，清焦气可以返回炉膛焚烧或者进清焦罐排放。不需要清焦的一侧炉膛要按正常工作负荷运行，并在烃＋稀释蒸汽 2 盘管中注入稀释蒸汽，以防止清焦侧横跨管温度超温。

来自界区外罐区的混合石脑油和轻烃组分，分别在轻质液体原料进料预热器 E-1101 和 E-1102，用循环急冷水和盘油经温度控制后预热到约 60℃ 后，分为 2 路：每路都经流量控制后，与经流量控制的部分稀释蒸汽混合，进入轻质原料裂解炉 F-1150 对流段原料预热盘管。从原料预热盘管出来的烃＋稀释蒸汽与经过流量控制进入稀释蒸汽预热盘管过热的稀释蒸汽进一步混合后，再进入对流段烃＋稀释蒸汽预热盘管 1（HC＋DS1）进一步的预热。从烃＋稀释蒸汽预热盘管 1 出来的烃＋稀释蒸汽进入对流段烃＋稀释蒸汽预热盘管 2 进一步加热，用进入预热盘管 2 入口没有经过过热的稀释蒸汽，来调节预热盘管 2 出口的温度。从对流段烃＋稀释蒸汽预热盘管 2 出来的烃＋稀释蒸汽经集合管重新混合及文丘里分配器分配后，进入辐射段进行裂解，用入炉燃料控制辐射室出口温度。从辐射段出来的高温裂解气在一级急冷器 E-1150 内被高温水迅速急冷，回收的热量用于产生超高压（SS）蒸汽，从一级急冷器 E-1150 急冷的裂解气然后进入二级急冷器 Z-1150 中被急冷油进一步冷却，用急冷油控制二级急冷器出口温度，然后进入急冷油塔 C-1210。

轻质炉设置有开车循环罐 V-1151，用于处理在开停车过程中产生的不合格产品。

轻质炉工艺如图 7-3 所示。来自界区外罐区的加氢尾油（HTO）和减一/减顶油分别在重质液体原料进料加热器 E-1103 和 E-1105，经循环急冷水和盘油预热到 110℃，然后与部分稀释蒸汽混合后，进入重质原料裂解炉 F-1110 对流段原料预热盘管，从原料预热盘管出来的烃＋稀释蒸汽再进入对流段烃＋稀释蒸汽预热盘管 1(HC＋DS1)进一步的预热，从烃＋稀释蒸汽预热盘管 1 出来的烃＋稀释蒸汽与经过稀释蒸汽预热盘管过热的稀释蒸汽在混合器 M-1131A/B 中与来自烃＋稀释蒸汽预热盘管 1 预热后的烃混合，混合后的烃＋稀释蒸汽重新进入对流段烃＋稀释蒸汽预热盘管 2 进一步加热，从对流段烃＋稀释蒸汽预热盘管 2 出来的烃＋稀释蒸汽经集合管重新混合分配后，进入辐射段进行裂解，从辐射段出来的高温裂解气在一级急冷器 E-1110 内被水迅速急冷，回收的热量用于产生超高压（SS）蒸汽，从一级急冷器 E-1110 急冷的裂解气然后进入二级急冷器 Z-1110 中被急冷油进一步冷却，然后进入急冷油塔 C-1210。

重质炉工艺如图 7-4 所示。从丙烯精馏塔 C-1530 塔釜来的循环 C3 进入循环丙烷气化器 E-1108 中经低压蒸汽汽化后，与来自乙烯精馏塔 C-1440 塔釜经过热的循环 C2 气体混合，经循环乙烷/丙烷过热器 E-1109 由循环急冷水加热到 50℃，然后与部分稀释蒸汽混合后，进入循环原料裂解炉 F-1180 对流段原料预热盘管 1，从原料预热盘管 1 出来的烃＋稀释蒸汽进入原料预热盘管 2 进一步加热，从原料预热盘管 2 出来的烃＋稀释蒸汽与另一部分稀释蒸汽混合后，然后烃和稀释蒸汽的混合物进入烃＋稀释蒸汽预热盘管进行进入辐射段前的最后加热。从最后对流段烃＋稀释蒸汽预热盘管出来的烃＋稀释蒸汽经集合管重新混合分配后，进入辐射段进行裂解，从辐射段出来的高温裂解气在一级急冷器 E-1180 内被水迅速急冷，回收的热量用于产生超高压（SS）蒸汽，从一级急冷器 E-1180 急冷的裂解气然后进入二级急冷器 Z-1180 中被急冷油进一步冷却，然后进入重燃料油汽提塔 C-1230。

循环炉工艺如图 7-5 所示。来自界区的锅炉给水，经流量、液位及汽包产汽流量比例串级调节后，分别进入裂解炉 F-1110、F-1150、F-1180 对流段进行预热，预热后的高温水分别进入汽包 V-1110、V-1150、V-1180，利用自然热虹吸作用将锅炉水从汽包分别送至一级急冷换热器 E-1110、E-1150、E-1180 产生超高压蒸汽，并将产生的高压蒸汽送入汽包，V-

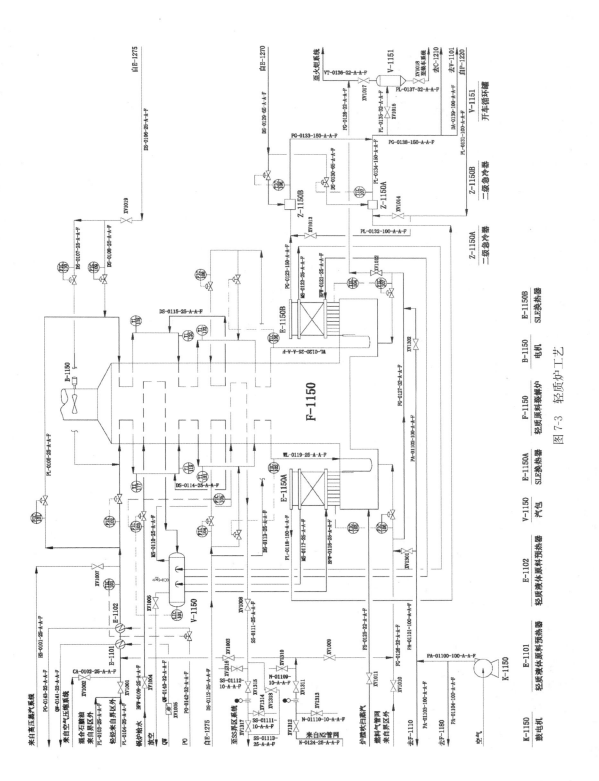

图 7-3 轻质炉工艺

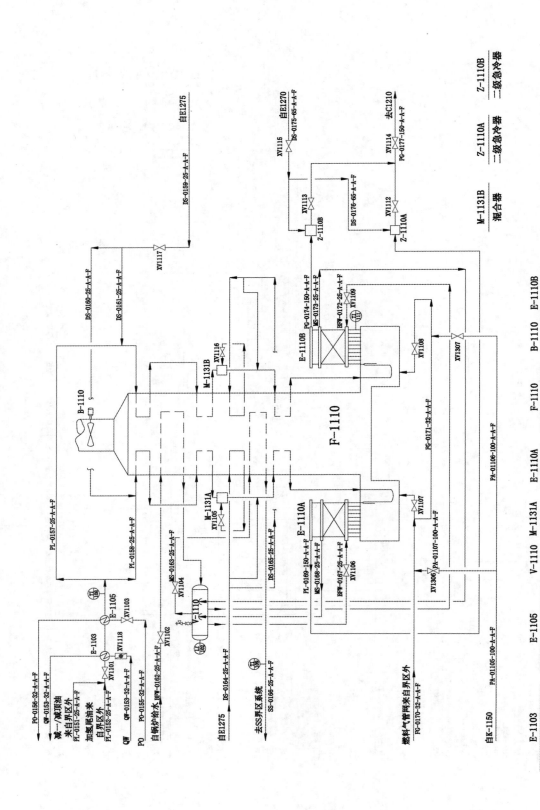

图 7-4 重质炉工艺

第 7 章 石油化工平台

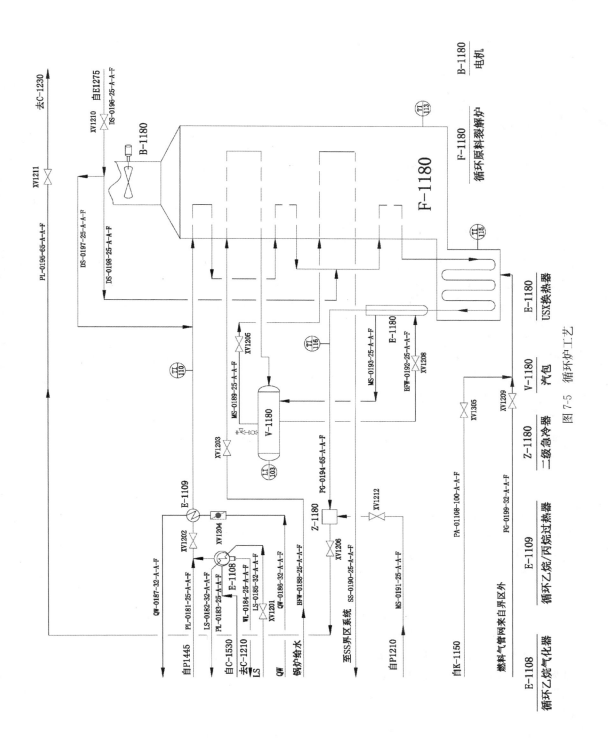

图 7-5 循环炉工艺

1110、V-1150、V-1180 汽包产生的饱和超高压蒸汽分别经裂解炉 F-1110、F-1150、F-1180 对流室过热段过热至520℃后，分别排入超高压蒸汽系统管网，作为裂解气压缩机透平 K-1300 等设备的驱动蒸汽。

来自装置外储罐的 LPG、天然气和自产的甲烷氢，供给裂解炉 F-1110、F-1150、F-1180 所需的燃料，燃料流量和辐射室出口温度串级控制。

7.5.2　急冷工段流程

(1) 急冷油系统

① 急冷油塔 C-1210。急冷油塔共有22层塔盘。急冷油塔可分为三段：一个急冷油循环段（第19至22层塔盘），一个盘油循环段（第11至18层塔盘）和一个精馏段（第1至10层塔盘）。

急冷工艺如图7-6所示。来自二级急冷器 Z-1110、Z-1150 和 C-1230 塔顶的裂解气混合后，进入第22层塔盘以下的急冷油循环段，与被送到第19层塔盘上部经冷却过的循环急冷油回流接触，该段把裂解气体中的大部分燃料油冷凝下来。冷却的裂解气上升至盘油循环段，与被送到第11层塔盘上部冷却过的循环盘油接触，将重组分冷凝到盘油槽，冷却的裂解气从盘油循环段上升进入精馏段，与从急冷水塔 C-1220 塔釜油水分离器分离出的裂解汽油回流接触，把在急冷油循环段和盘油循环段中未冷凝的燃料油组分冷凝去除，以维持裂解汽油的终馏点。

急冷油塔塔釜的急冷油由急冷油循环泵 P-1210 抽出后，分为三路：第一路通过稀释蒸汽发生器 E-1270，对工艺水加热，使急冷油冷却，同时回收急冷油的高品位热能以发生稀释蒸汽；第二路进入重燃料油汽提塔 C-1230 底部，利用高压蒸汽及裂解气进行汽提减黏；第三路至循环裂解炉 F-1180 的二级急冷器 Z-1180，对裂解气进行油冷却。经稀释蒸汽发生器 E-1270 冷却后，分为二路：第一路进第19层塔盘上方，作为急冷油循环，调节循环急冷油流量控制19层塔盘上方温度；第二路作为急冷油至 Z-1110、Z-1150，对裂解气进行油冷却。

从第18层盘油槽由 P-1211 抽出的盘油，分为三路：第一路通过盘油槽液位控制阀返回到循环急冷油中，用于控制急冷油的挥发度和盘油槽液位，并控制急冷油的热回收效率；第二路经流量调节后至轻质燃料油汽提塔 C-1240 顶，汽提出轻组分以维持盘油循环段的物料平衡；第三路作为盘油循环，经 E-1211 等进行热量回收、冷却后返回第11层塔盘，塔顶温度与盘油循环流量串级控制。

轻燃料油馏分从第9层塔盘下方采出，经采出流量与 C-1240 塔底液位串级控制后，至轻燃料油汽提塔 C-1240 顶，从 C-1240 塔顶返回的气相进入第9层塔盘上方。

来自 P-1221 的裂解汽油经流量控制后，作为顶回流进入1层塔盘的上方。

塔顶裂解气进入急冷水塔 C-1220。

② 轻燃料油汽提塔 C-1240。来自急冷油塔 C-1210 第9层塔盘下方的轻燃料油馏分和来自盘油泵 P-1211 出口的盘油进入塔的顶部一层塔盘的上方，在10层浮阀塔盘下注入稀释蒸汽进行汽提，去除进料中的轻馏分，来控制裂解燃料油产品的初馏点。汽提出的塔顶物料返回到急冷油塔的精馏段8层塔盘上方，塔釜的轻燃料油产品由轻燃料油产品泵 P-1240 从塔釜抽出，经流量控制后与重燃料油产品混合，然后经燃料油冷却器 E-1231 用循环急冷水冷却后，作为燃料油产品送至界区。

③ 重燃料油汽提塔 C-1230。来自循环裂解炉 F-1180 的二级急冷器 Z-1180 的裂解气进

入塔的上部，通过旋风分离器和高压蒸汽汽提将重质燃料油与轻组分分开，来自 C-1210 塔釜的急冷油进入塔的底部，来自高压蒸汽管网的汽提蒸汽进入塔釜，塔顶汽提出的轻组分与来自 Z-1110、Z-1150 混合裂解气混合后，进入急冷油塔的底部塔盘下方。塔釜的重燃料油由重燃料油产品泵 P-1230 抽出，经塔底液位和急冷油入塔串级控制后，送至 P-1240 出口与来自轻燃料油汽提塔 C-1240 的轻燃料油产品混合后经燃料油产品冷却器 E-1231 冷却后作为产品去界外的罐区。

（2）急冷水系统

① 急冷水塔 C-1220。

从急冷油塔顶部出来的裂解气进入急冷水塔 C-1220 底部，裂解气通过与返回到塔的中部和顶部的循环急冷水直接接触而进一步冷却。

塔顶的裂解气出急冷工区，进入压分单元裂解气压缩机一段吸入罐 V-1310。来自 V-1310 的液相烃类及水和来自水汽提塔 C-1260 塔顶的气相烃类，分别进入塔的底部。来自汽油汽提塔 C-1250 塔顶的气相烃类进入塔的中部。

冷凝的烃类和水在塔釜内部的油水分离器进行分离，分离出的裂解汽油由 P-1221 抽出，分为二路：一路被用作急冷油塔的汽油回流；另一路经塔底液位和流量串级控制后，作为汽油汽提塔 C-1250 的进料。塔釜水由急冷水循环泵 P-1220 抽出，分为二路：第一路作为循环急冷水，经 E-1224 等换热器进行热量回收、冷却后，又分为二路，一路经 10 层塔盘下方温度和流量串级控制后，返回至第 10 层塔盘下方，另一路经 E-1266 用循环水冷却后，经塔顶温度和流量串级控制后，返回至塔的 1 层塔盘的上方，作为顶回流；第二路送入水汽提塔 C-1260。

② 汽油汽提塔 C-1250。

来自急冷水塔塔釜的粗裂解汽油与来自裂解气压缩机二段吸入罐的汽油混合后，进入塔顶部，塔顶汽提出的 C4 和轻馏分返回急冷水塔 C-1220 中部。

塔釜侧线液相靠重力进入塔釜再沸器 E-1250，利用循环盘油进行加热，15 层塔盘的温度与循环盘油的流量串级控制，保证塔釜的加热量稳定。

塔釜的裂解汽油由 P-1250 抽出，经塔釜液位与塔釜采出量进行串级控制后，与脱丁烷塔 C-1560 塔釜汽油组分混合，进入 E-1566 用循环水冷却后，作为裂解汽油产品送至界外储罐。

（3）工艺水系统

① 水汽提塔 C-1260。

C-1260 塔上部汽提段有 11 层双溢流固阀塔盘。来自 P-1220 的工艺水进入塔进料加热器 E-1258，用盘油预热到起泡点后进入到塔顶 1 层塔盘上方，E-1258 的出口工艺水水温与盘油流量串级控制。塔盘下方进入的汽提蒸汽（稀释蒸汽）的流量由塔顶气相流量控制，汽提蒸汽的流量控制为约进水量的 5%（WT）并根据工艺水的水质调整。塔釜的工艺水由泵 P-1260 抽出，经塔釜液位和塔釜流量串级控制，并经稀释蒸汽发生器进料换热器 E-1273 预热后，进入稀释蒸汽发生器 V-1270。

② 稀释蒸汽发生系统。

稀释蒸汽发生工艺如图 7-7 所示。稀释蒸汽发生器 V-1270 在 0.75 MPa 下操作，来自 C-1260 预热的水被送入 V-1270，通过两组水平安装的热虹吸式再沸器加热，再沸器 E-1270 利用循环急冷油作为热源，形成基础负荷，再沸器 E-1271 利用中压蒸汽作为热源，形成可调负荷。V-1270 顶部出来的蒸汽，分为二路：一路至水汽提塔作为汽提蒸汽；另一路进入蒸汽过热器 E-1275 中用中压蒸汽过热。过热后的蒸汽又分为二路：一路至轻燃料油汽提塔作为汽提蒸汽；另一路用于各裂解炉的稀释蒸汽。

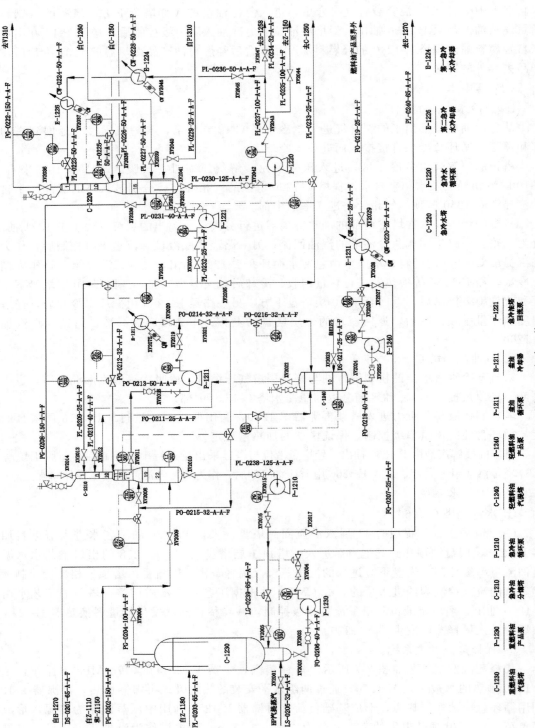

图7-6 急冷工艺

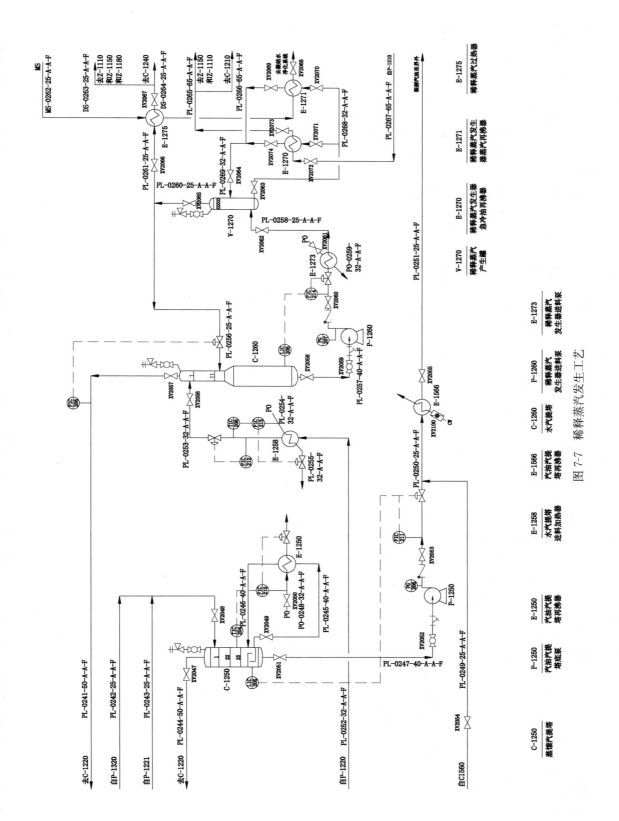

图 7-7 稀释蒸汽发生工艺

7.5.3 压缩碱洗工段流程

（1）裂解气压缩

压缩工段工艺如图 7-8 所示。从急冷水塔顶出来的温度为 41℃、压力为 0.03MPa 的裂解气进入裂解气压缩机一段吸入罐 V-1310，对裂解气进行气、液分离。分离出的液体由泵 P-1310 抽出，经液位控制后，送回急冷水塔 C-1220 塔釜，气体进入压缩机一段压缩。

一段压缩出来的气体，经一段排出冷却器 E-1310 用循环水冷却后，与脱丁烷塔顶回流罐 V-1565 的排气混合后，进入二段吸入罐 V-1320 对裂解气进行气、液分离，分离出的液相中有水和部分凝烃，水和凝烃通过沉降分离，水由界位控制器控制进入 V-1310，凝烃溢流到另一侧，由液位控制器控制，由 P-1320 抽出送到汽油汽提塔 C-1250 塔顶，气相进入二段压缩。

二段压缩出来的气体，经二段排出冷却器 E-1320 用循环水冷却后，与低压脱丙烷塔顶回流罐 V-1366 的排气混合后，进入三段吸入罐 V-1330，分离出液相和气相，液相由控制器控制返回二段吸入罐 V-1320，气相进入三段压缩。

三段压缩出来的气体进入三段排出冷却器 E-1330 用循环水冷却，又与丙烯塔顶回流罐气相经 V-1551 冷却后的排气混合，进入四段吸入罐 V-1335，分离出液相和气相，液相由控制器控制返回三段吸入罐 V-1330，气相进入四段压缩。

四段压缩出来的气体与脱乙烷塔顶回流罐 V-1435 排气、C3 加氢后分离罐 V-1520 排气混合后，进入四段排出冷却器 E-1343 用循环水冷却后，进入四段排出罐 V-1340，分离出液相和气相，液相控制器控制与来自 V-1346 底分离出的水、聚结器 A-1380 沉降分离出的水混合后返回四段吸入罐 V-1335，气相进入碱洗系统。

高压脱丙烷塔塔顶不含 C4 的气相经 E-1366 加热到 7℃后进入 K-1300 五段压缩，经 K-1300 五段压缩后的气体去 C2 加氢系统。

裂解气压缩机防喘振线。

裂解气压缩机设置了四套防喘振最小流量返回线。第一条为"三返一"，第二条为"四返四"，第三条为"五返五"，第四条为"五回五"。

"三返一" UK－13001A 是将压缩机三段排出的气体返回一部分进入一段吸入，以保证压缩机一、二、三段吸入流量大于所需要的最小流量。

"四返四" UK－13001B 是将压缩机四段排出的气体返回一部分进入四段吸入，保证压缩机四段吸入流量大于所需要的流量。

"五返五" UK－13001D 将压缩机五段排出的气体返回到高压脱丙烷塔，高压脱丙烷塔顶气再进压缩机五段。

"五回五" UK－13001C 是指压缩机五段出口气，经前加氢脱砷保护床、前加氢反应器、第二干燥器、高压脱丙烷塔回流罐顶部分气体返回高压脱丙烷塔，再由高压脱丙烷塔顶返回到压缩机五段入口。

（2）裂解气碱洗

碱洗工段工艺如图 7-9 所示。来自 K-1300 四段出口分离罐 V-1340 顶的裂解气经 E-1340 用循环急冷水加热后进入碱洗塔 C-1340 第 45 层塔盘下方，调节循环急冷水流量控制碱洗塔 C-1340 的 31 层塔盘温度。

碱洗塔 C-1340 分为四段：自上而下分别是水洗段、强碱段、中碱段和弱碱段。酸性裂解气进入塔釜后与循环弱碱（1WC%～2WC%）逆向接触，塔釜弱碱由弱碱循环泵 P-1342 抽出，打入 31 层塔盘的上方；裂解气经弱碱段后向上进入中碱段，中碱（6WC%～7WC%）自 30 层塔盘下方由中碱循环泵 P-1343 抽出，打入 21 层塔盘的上方；裂解气经中碱段后向上进入强碱段与强碱逆向接触，强碱（9WC%～10WC%）自 20 层塔盘下方由强碱循环泵 P-1344 抽出，与补入的新鲜碱液一起进入 6 层塔盘的上方；裂解气经强碱段后向上进入水洗段，裂解气在水洗段被洗涤，除去夹带的碱，洗涤水自 5 层塔盘的下方由洗涤水循环泵 P-1345 抽出，经塔顶温度与流量及 E-1341 跨线串级控制后，进入 E-1341 用循环水冷却后，返回塔 1 层塔盘上方。

C-1340 塔顶裂解气进入过冷器 E-1345，用 7℃的丙烯冷剂进行部分冷凝，从 E-1345 出来的裂解气温度与换热器壳体返回冷剂的压力串级控制。经过冷凝的裂解气进入分离罐 V-1346，罐顶气相进气相干燥器 D-1370，罐底液相烃类由泵 P-1380 抽出送入液相干燥系统，罐底液相水排入裂解气压缩机四段入口吸入罐 V-1335。

塔釜黄油和废碱的混合物经塔底液位控制后，排至废碱处理装置。

（3）裂解气干燥系统

来自 V-1346 罐顶的气相，进入裂解气干燥器 D-1370 顶部，向下通过干燥器，干燥后的裂解气进入高压脱丙烷系统。

来自 V-1346 罐底的凝烃由泵 P-1380 抽出，送到液体干燥器进料聚结器 A-1380，脱除沉降分离出来的水，水返回裂解气压缩机四段入口吸入罐 V-1335，凝烃进入液相干燥器 D-1380 底部，凝烃自下而上通过液相干燥器，干燥的凝烃经 V-1346 界位和流量串级控制后进入高压脱丙烷系统。

（4）高压脱丙烷塔 C-1365 及乙炔加氢

高压脱丙烷和 C2 加氢工艺如图 7-10 所示。来自干燥器 D-1370 底部的干燥裂解气经 E-1366 被高压脱丙烷塔塔顶气相冷却后，作为高压脱丙烷塔 C-1365 的气相进料，进入塔第 15 层塔盘的下方。来自液相干燥器 D-1380 顶部的液体烃类进入 C-1365 第 16 层塔盘上方。

塔釜侧线液相靠重力进入塔釜再沸器 E-1358，通过温度与盘油流量串级控制为塔釜提供热源，加热后的气体返回到 C-1365 的第 42 层塔盘下。

塔釜物料经 E-1368 用循环水冷却后，经液位与流量串级控制进入热分离系统的低压脱丙烷塔 C-1360。

塔顶不含 C4 的气体通过 E-1366 被进料加热到 7℃后，进入裂解气压缩机 K-1300 五段，五段排出的裂解气经 E-1357 用循环水冷却后，通过 C2 加氢脱砷床 R-1365 脱砷，脱砷后的裂解气经 C2 加氢进料加热器 E-1363 用低压蒸汽加热，C2 加氢反应器的入口温度由 E-1363 旁路控制，然后进入 C2 加氢反应器 R-1360 脱除乙炔，脱出乙炔后的气体从上部进入裂解气第二干燥器 D-1375，D-1375 底部出来干燥后的物料进入高压脱丙烷冷凝器 E-1361，用丙烯冷剂冷却后，进入高压脱丙烷塔回流罐 V-1365 进行分离。

V-1365 顶部未冷凝的气相进入冷分离系统的脱甲烷预分馏塔 1 号冷却器 E-1401。

V-1365 底部液相分为 2 路：一路作为 C-1365 塔的回流；一路经液位与流量串级控制后，进入冷分离系统的脱甲烷预分馏塔 C-1410。

7.5.4 热分离工单流程

（1）低压脱丙烷塔 C-1360

低压脱丙烷和 C3 加氢工艺如图 7-11 所示。来自高压脱丙烷塔塔釜液进入塔 30 层塔盘的上方，分离 C3 和 C4 及以上重组分。塔釜侧线液相靠重力进入塔釜再沸器 E-1360，通过温度与盘油流量串级控制，为塔釜提供热源，加热后的气体返回到 C-1360 的第 64 层塔盘下。脱出丙烷后的塔釜物料经液位与流量串级控制后，进入脱丁烷塔 C-1560。

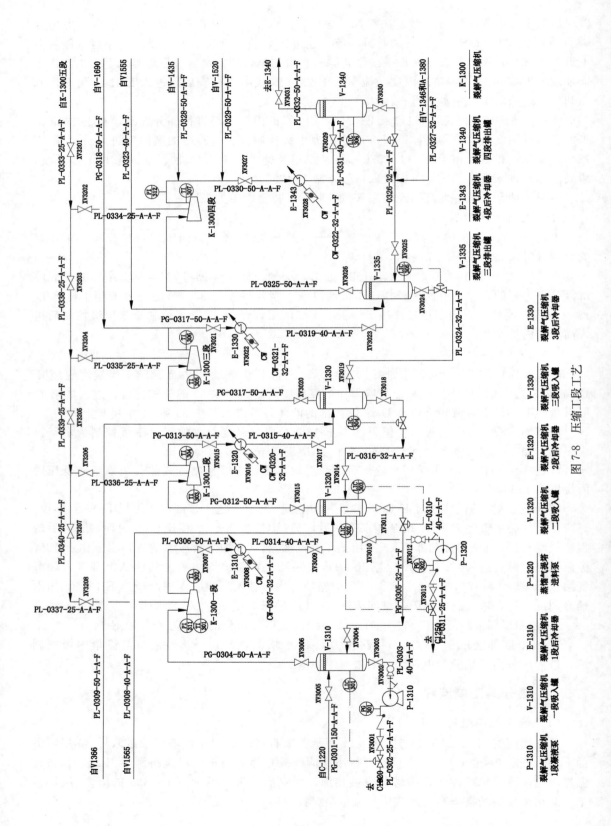

图 7-8 压缩工段工艺

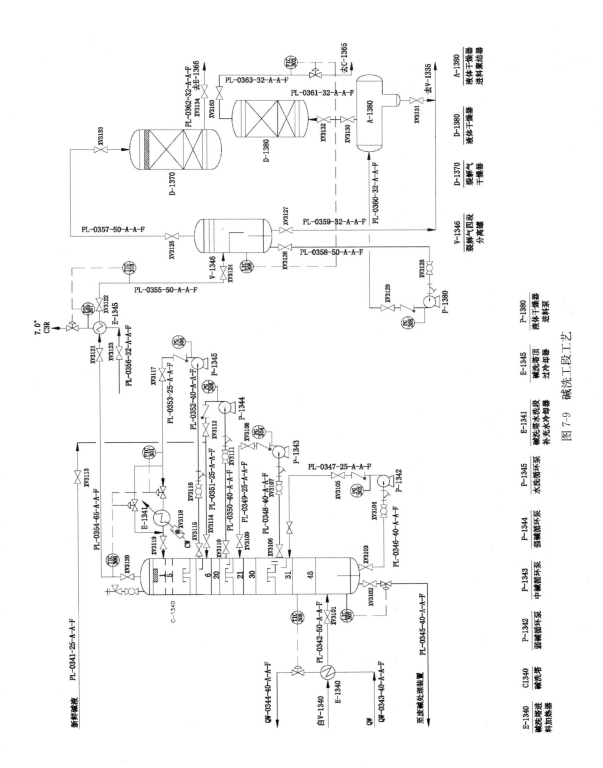

图 7-9 碱洗工段工艺

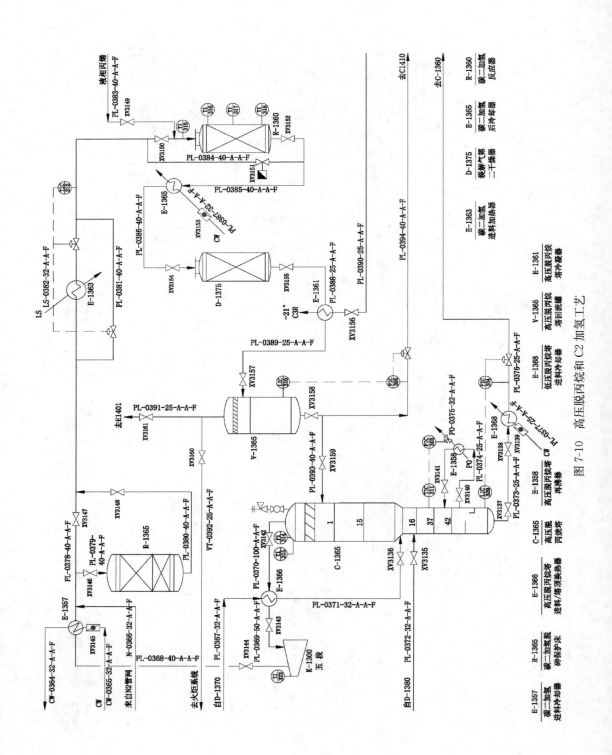

图 7-10 高压脱丙烷和 C2 加氢工艺

塔顶气相经 E-1359 用 7℃的丙烯制冷剂冷凝后,进入顶回流罐 V-1366。V-1366 气相经压力控制后,排入裂解气压缩机三段入口分离罐 V-1330,液相由泵 P-1360 抽出,分为 2 路:一路作为塔顶的回流;另一路经液位与流量串级控制后,进入 C3 加氢系统。

(2) C3 加氢系统

来自 P-1360 的 C3,进入 C3 加氢脱砷反应器 R-1510,除去物料中所含的砷及痕量羰基硫,除去砷及痕量羰基硫的 C3 与来自脱乙烷塔釜液混合,混合物又与来自甲烷化单元经流量控制的氢气混合,一起进入 C3 加氢反应器 R-1520,对进入丙烯回收单元物料中的甲基乙炔(MA)和丙二烯(PD)进行选择性加氢,使其转化为丙烯、丙烷和少量的绿油,同时所有的丁二烯转化为 1-丁烯,用加氢后 P-1520 出口的返回量控制加氢反应器入口温度。

反应器流出物经 C3 加氢后冷器 E-1526 用循环水冷却至 40℃后,进入 V-1520 进行气液分离,气相排入裂解气压缩机四段出口 E-1343 前,液相由泵 P-1520 抽出,经液位与流量串级控制后,进入丙烯精馏系统。

(3) 丙烯精馏塔 C-1530

丙烯精馏工艺如图 7-12 所示。来自泵 P-1520 的 C3 加氢反应物进入丙烯精馏塔 C-1530 中部。

塔釜液相靠重力进入塔釜再沸器 E-1530,用循环急冷水为塔釜提供热源,加热后的物料返回到塔釜上部,塔釜温度与循环急冷水流量串级控制。塔釜的丙烷经塔底液位与流量串级控制后,返回裂解炉 F-1180,作为裂解原料。塔顶气相经 E-1535 用循环水冷凝并冷却至 41℃,进入回流罐 V-1555,液体由回流泵 P-1555 抽出,打入塔顶作为顶回流;气体经丙烯塔放空冷凝器 E-1551 用循环水冷却后返回裂解气压缩机 K-1300 四段入口吸入罐 V-1335 前。

聚合级丙烯产品由丙烯塔 9 层塔盘下的集液槽流入丙烯分离罐 V-1530 进行气液分离,气相返回 9 层塔盘上方,液相抽出泵 P-1552 抽出,经丙烯产品冷却器 E-1541 冷却至 40℃送至界区外,丙烯塔顶回流罐的液位与丙烯产品的流量串级控制调节。

(4) 脱丁烷塔 C-1560

脱丁烷工艺如图 7-13 所示。来自低压脱丙烷塔的釜液进入脱丁烷塔 24 层塔盘上方,脱丁烷塔将 C4 组分从重组分中分离出来。

塔顶气相混合 C4 组分经 E-1565 用循环水冷凝、冷却后,进入回流罐 V-1565,不凝气排放至裂解气压缩机二段入口分离罐 V-1320 前。液体由泵 P-1565 抽出,分为 2 路:一路经流量控制后,作为塔顶回流进入 1 层塔盘上方;另一路经液位和流量串级控制后,作为混合 C4 产品送至界区外。V-1565 罐顶压力由 E-1565 前与 V-1565 之间的控制阀控制。塔釜液相靠重力进入塔釜再沸器 E-1560,用过热低压蒸汽为塔釜提供热源,塔釜温度与过热低压蒸汽流量串级控制,加热后的物料返回到塔釜 44 层塔盘下。

塔釜粗汽油经液位和流量串级控制后,与来自汽油汽提塔 C-1250 塔釜的裂解汽油混合,经裂解汽油产品冷却器 E-1566 用循环水冷却至 40℃送至界区外。

7.5.5 冷分离工段系统

(1) 预脱甲烷塔

脱甲烷工艺如图 7-14 所示。在技术先进的热回收系统/热集成精馏系统(ARS/HRS)中,使用列管式、板翅式换热器和 HRS 将乙烯、丙烯以及冷剂逐级冷却,实现裂解气中重组分的冷却、冷凝与 C2 分离。冷凝出的液体作为预脱甲烷塔(C-1410)和脱甲烷塔(C-1420)的进料。

来自高压脱丙烷塔回流罐(V-1365)的气体在预脱甲烷塔 1♯进料冷却器(E-1401)中用两种冷剂冷却:一种为循环乙烷,另一种为丙烯。被冷却的裂解气在预脱甲烷塔 1♯进料

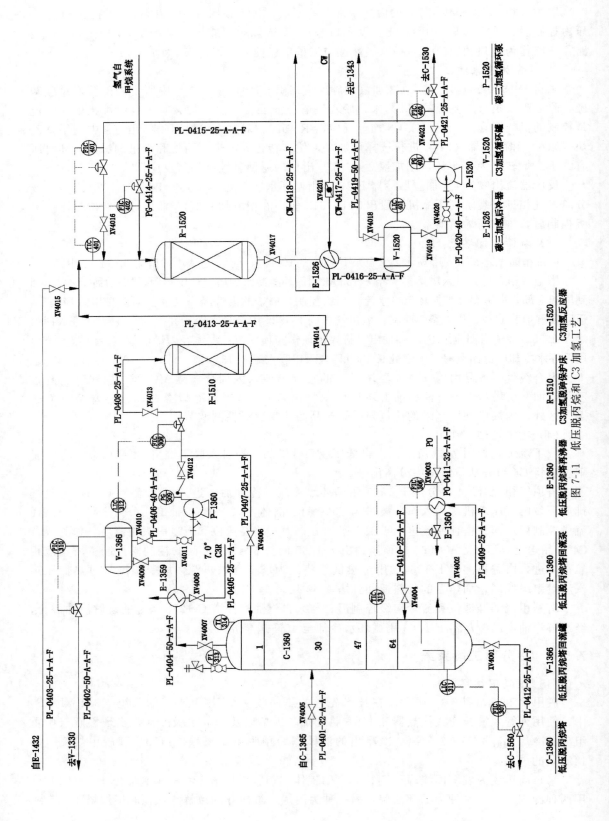

图 7-11 低压脱丙烷和 C3 加氢工艺

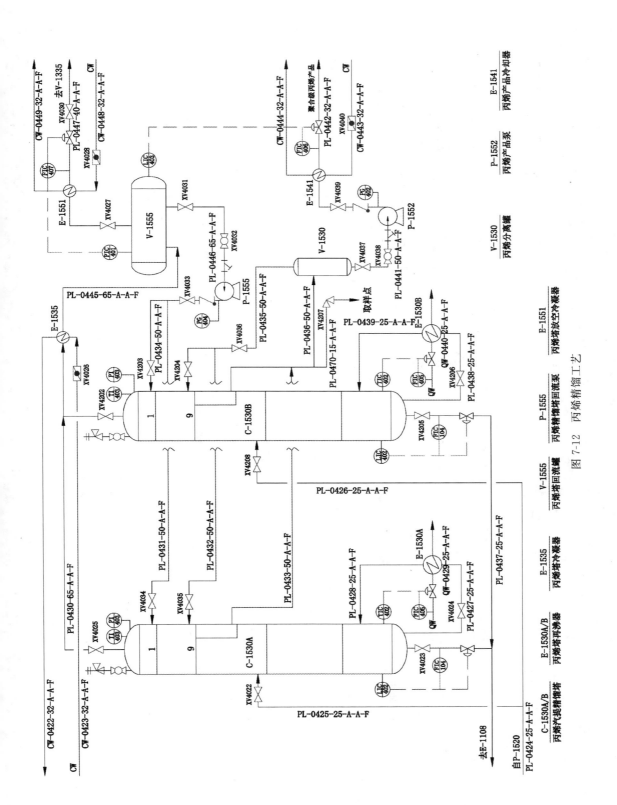

图 7-12 丙烯精馏工艺

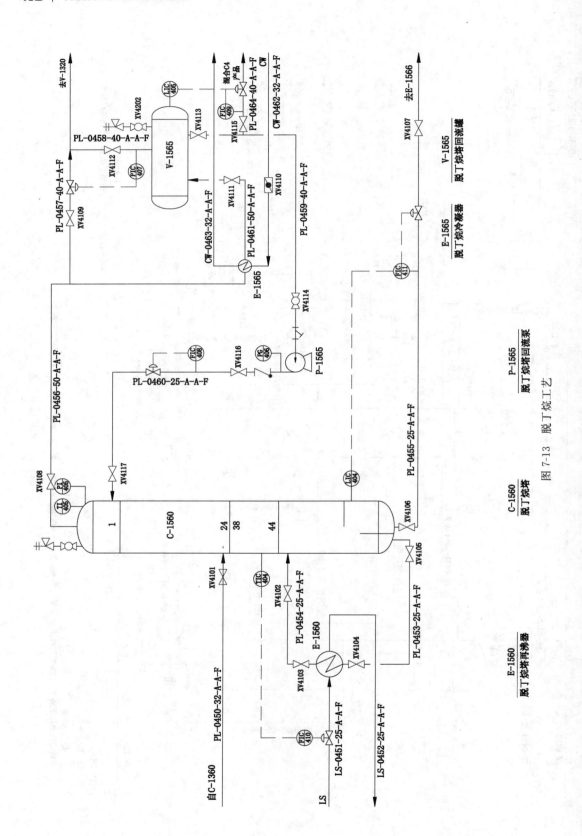

图 7-13 脱丁烷工艺

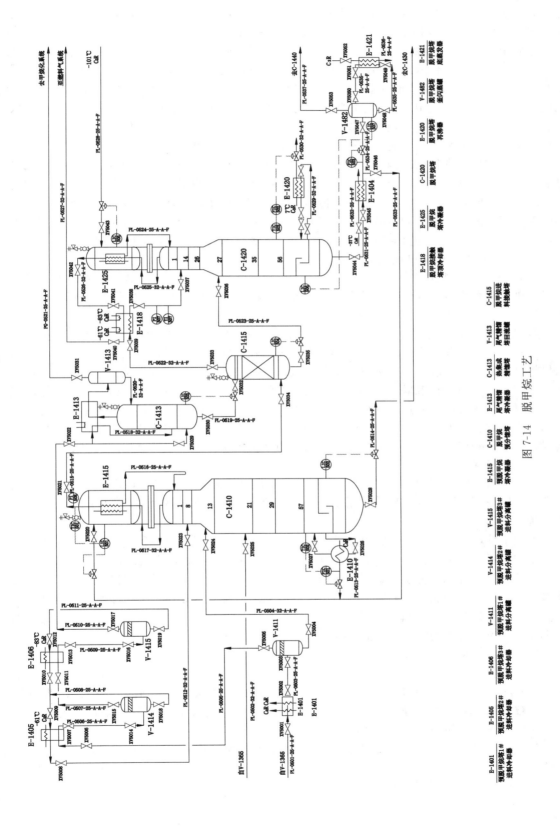

图 7-14 脱甲烷工艺

分离罐（V-1411）罐内闪蒸，闪蒸液体直接进预脱甲烷塔（C-1410）分离，而高压脱丙烷塔回流罐（V-1365）液相直接进入预脱甲烷塔（C-1410）进行分离。

预脱甲烷塔 1♯进料分离罐（V-1411）闪蒸后气体在预脱甲烷塔 2♯进料冷却器（E-1405）、3♯进料冷却器（E-1406）中被乙烯冷剂、低压尾气、甲烷、氢、高压尾气和低压甲烷/氢进一步冷却，并经过预脱甲烷塔 2♯进料分离罐（V-1414）、3♯进料分离罐（V-1415）闪蒸，用以分离裂解气中 C3 以上重组分。闪蒸后不含 C3 的气相进入 HRS 单元，液体回收冷量后被预热到-38℃进入预脱甲烷塔（C-1410）顶部，作为预脱甲烷塔（C-1410）的一股进料，另一股进料来自高压脱丙烷塔回流罐（V-1365）的液相。

预脱甲烷塔再沸器（E-1410）用 38.9℃液态丙烯冷剂作热源，来自脱甲烷塔（C-1420）塔底馏出物作为预脱甲烷塔冷凝器（E-1415）的冷源，而预脱甲烷塔冷凝器（E-1415）用脱甲烷塔（C-1420）塔底物料作为冷源，冷凝塔顶气相。脱甲烷塔底物料经丙烯冷剂过冷以减小闪蒸，压力降低后，其制冷效果等同于热泵回路中-61℃的冷剂。预脱甲烷塔顶气相中不含任何 C3，进入脱甲烷进料接触塔（C-1415），塔底物料去脱乙烷塔（C-1430）。

（2）HRS 单元和脱甲烷进料接触器

预脱甲烷塔进料分离罐闪蒸出来的气体进入 HRS 单元。从 HRS 单元出来的液相进入脱甲烷进料接触塔（C-1415）。HRS 单元的塔顶物料送到甲烷膨胀/压缩系统。HRS 单元中用乙烯冷剂、冷甲烷、氢气作为冷媒。

脱甲烷进料接触塔（C-1415）有两股进料，一股是来自 HRS 单元温度低、较重的液体，另一股是来自预脱甲烷塔（C-1410）温度高、较轻的气体，来自预脱甲烷塔（C-1410），如果将这两股进料合理分配，可以减小脱甲烷塔（C-1420）的尺寸和回流量。SW 为此设计了一个简单、更小的接触塔，流体在塔中逆流接触，即从上向下冷液体与由下而上较轻的气体形成对流，既传质又传热，这样形成脱甲烷塔（C-1420）的两股进料，即顶部冷、轻的气体，和底部重、热的液体，在热力学上比较理想。这个接触塔的制造费用远远比脱甲烷所用低温合金材料费用低，而且它只需要一个简单的液位控制回路，不需要特殊的操作。

（3）脱甲烷塔

脱甲烷塔进料主要为 C2 及轻组分，所以脱甲烷塔釜液不需去脱乙烷塔，而直接进入乙烯塔。脱甲烷塔再沸器（E-1420）用 7℃气态丙烯冷剂作热源，脱甲烷塔冷凝器 E-1425 安装于塔的顶部，用-101℃液态乙烯冷剂作冷源。

预脱甲烷塔（C-1410）和脱甲烷塔（C-1420）的塔顶冷凝器与塔顶成一个整体，实际上是安装在塔顶部的板翅换热器。它的优点是在 HRS 单元内不需要冷泵。低温泵造价高，而且操作危险，并且也是传统乙烯厂主要的不可靠因素之一。脱甲烷塔塔釜液先由-37℃丙烯冷剂过冷，过冷后分成两部分，一部分去预脱甲烷塔冷凝器（E-1415）作冷源，另一部分进入脱甲烷塔底闪蒸罐（V-1482），经脱甲烷塔底蒸发器（E-1421）用-33.4℃液态乙烯冷剂回收冷量，两股物流均完全气化后合并去乙烯塔（C-1440）。

（4）脱乙烷塔

来自预脱甲烷塔（C-1410）塔底的液体进入脱乙烷塔（C-1430），塔顶温度-14℃，塔底温度 63℃，塔压 2.59MPa，进行 C2 与 C3 的分离，塔顶物料经脱乙烷塔冷凝器（E-1435）被丙烯全部冷凝后进入乙烯塔（C-1440）。脱乙烷塔釜液经脱乙烷塔底冷却器（E-1432）用循环水冷却 40℃后去 C3 加氢系统。

脱乙烷塔再沸器（E-1430）用急冷水作热源，脱乙烷塔冷凝器（E-1435）用-21℃液态丙烯冷剂做冷源。

（5）乙烯热泵/乙烯制冷系统

乙烯工艺如图 7-15 所示。

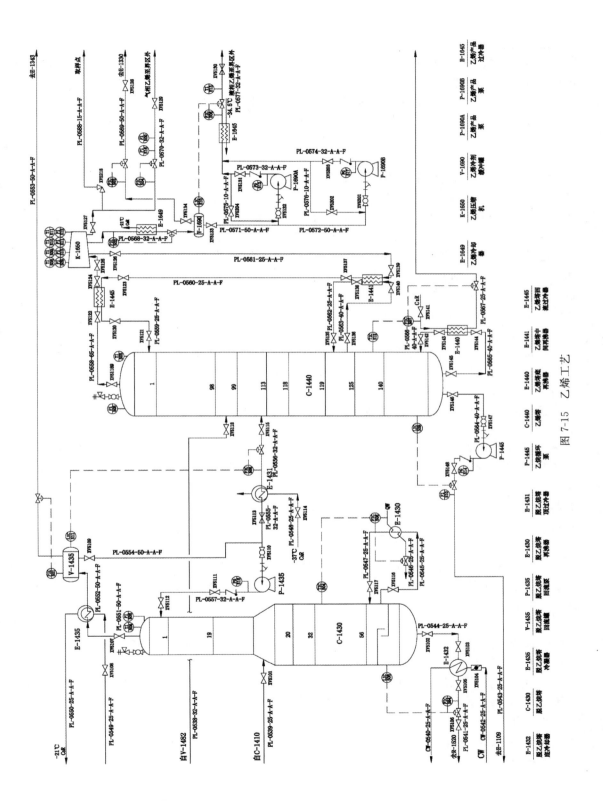

图 7-15 乙烯工艺

乙烯塔（C-1440）是一个低压的乙烷、乙烯精馏塔，与乙烯制冷系统形成热泵流程。塔顶操作温度－61℃，压力0.64MPa，塔底操作温度－39℃。

乙烯塔有两股进料，一股来自脱甲烷塔底，乙烯含量较高；另一股来自脱乙烷塔顶，乙烯含量较低。这两股进料进入乙烯塔的不同塔盘，形成了乙烯塔的浓度分布。同时，顶部进料起到了一定的回流作用，减小了乙烯塔顶的回流，节约能耗。

乙烯塔顶气相经乙烯塔回流预冷器（E-1445）回收冷量后被加热到－52.2℃进入乙烯压缩机（K-1650）三段入口，三段压缩机出口经过乙烯塔中间再沸器（E-1441）和乙烯塔回流预冷器（E-1445）冷凝后作为乙烯塔的部分回流。回流比根据流量和总的乙烯产率比计算。

四段排出的气相乙烯压力为1.79MPa，温度为20℃，在两个并联的板翅换热器乙烯冷剂冷凝器（E-1649）和乙烯塔底再沸器（E-1440）中被丙烯冷凝后，进入乙烯冷剂缓冲罐（V-1690）。罐内的液相乙烯一部分回流乙烯塔，多余部分产品经泵升压至2.0MPaG后，再经乙烯产品过冷器（E-1645）冷却到－35℃后送至界区外的球罐中。

乙烯热泵与压缩机整合流程设计可以调整操作弹性，为乙烯装置100%的生产能力时，可以生产50%的乙烯液相产品，为乙烯装置70%的生产能力时，可以生产100%的乙烯产品，正常操作时（即乙烯装置100%的生产能力时），无乙烯液相产品，五段压缩后的乙烯气相产品送至界区外。

（6）乙烯制冷系统

乙烯制冷压缩机K-1650与乙烯精馏塔C-1440联合组成了一个开式热泵系统，同时压缩机向用户提供乙烯冷剂。K-1650是一个五段离心式压缩机，设计提供三个级别的乙烯冷剂：－101℃、－83℃和－61℃。

五段出口的气相乙烯，在五段出口压力自控阀PIC-504的控制下作为气相乙烯产品送出。

乙烯压缩机四段排出气体，在两个并列的换热器：乙烯冷剂冷凝器E-1649和乙烯精馏塔再沸器E-1440内冷凝。去E-1440的乙烯，给乙烯塔加热后自身吸冷，冷剂量由再沸器出口流量控制器FIC-507与设在C-1440塔第125块塔盘的温度控制器TIC-512串级控制；去E-1649冷剂气体通过K-1650四段排出压力PIC-502控制。

冷凝的液相乙烯进入乙烯冷剂缓冲罐V-1690，从V-1690罐底出来的液相乙烯由乙烯产品泵P-1690AB经乙烯产品过冷器E-1645，用－37℃的丙烯冷却后，送往罐区。送往罐区的产品流量，通过E-1650出口流量控制器FIC-508与V-1690液位控制器LIC-510串级控制，其中一股液体由泵出口控制最小流量返回V-1690。

四段出口的乙烯冷剂，一部分在脱甲烷塔塔底蒸发器E-1421内过冷；一部分为脱甲烷进料接触塔塔顶冷却器E-141提供热虹吸冷却液体；一部分液体进脱甲烷预分馏冷凝器E-1415，由手阀控制作为C-1410塔开工冷剂。

乙烯冷剂分别向脱甲烷塔冷凝器E-1425和HRS中的尾气精馏冷凝器E-1413提供－101℃的冷剂，E-1425所需的冷剂量由液位控制器LIC-505控制冷剂液位来实现。

（7）丙烯制冷系统

丙烯制冷工艺如图7-16所示。

丙烯制冷压缩机K-1600是一个四段离心式压缩机，按设计提供－37℃、－21℃、－7℃和7℃四个不同温度等级的丙烯冷剂。丙烯制冷系统为封闭式循环系统。

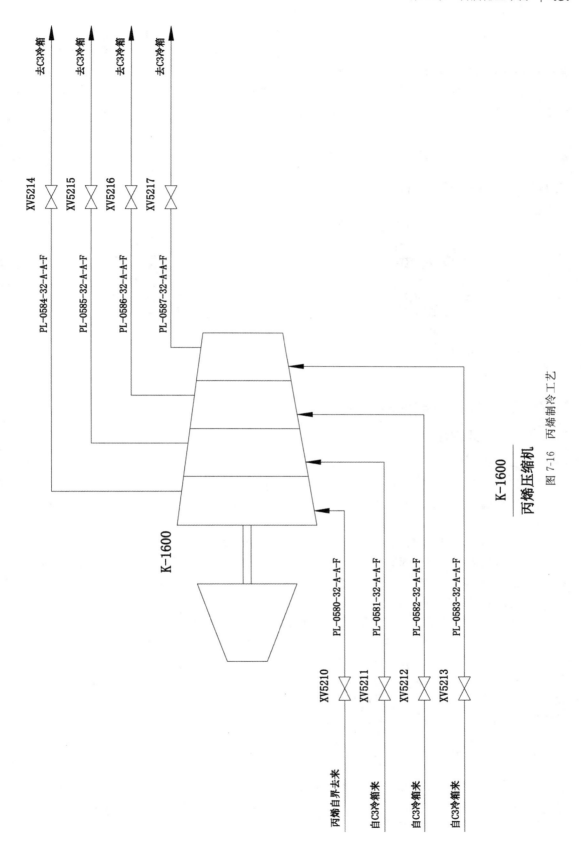

图 7-16 丙烯制冷工艺

给 E-1410 脱甲烷预分馏塔再沸器加热。丙烯冷剂走管层,给脱甲烷预分馏塔加热。去 E-1410 丙烯冷剂流量由流量控制器 FIC-501 进行调节,FIC-501 与 C-1410 第 28 层塔盘灵敏板温度控制器 TIC-502 串级调节控制 C-1410 塔的灵敏板温度。

给 E-1345 碱洗塔顶过冷却器冷却。流向 E-1345 的冷剂由换热器进 V-1346 的裂解气出口温度由 TIC-310 与调节冷剂气相返回丙烯的压力控制器 PIC-307 串级控制,使裂解气的出口温度控制在 12.6℃。

给 E-1359 低压脱丙烷塔顶冷凝器冷却。

7.6 装置开停工操作规程

乙烯装置的开停工操作规程扫描下方二维码查看。

乙烯实物装置
开工操作

乙烯实物装置
停工操作

7.7 乙烯装置事故处理预案

7.7.1 事故处理原则

① 各岗位及班组人员要及时发现初期事故,并尽快将事故消灭在萌芽时期,并及时汇报车间及厂生产运行处调度中心,如有必要降温降量处理。

② 如果事故扩大,班组控制不住,请求消防队调来消防车掩护,同时事故设备能停止进料的停止进料。

③ 当油烟较大时,可佩戴空气呼吸器进入现场进行救火,防止发生人员中毒。

④ 如遇到危险源泄漏时,并出现大面积的火灾时,在不影响事故处理或已经基本处理完的情况下,可切断装置全部电源,防止引起电路着火,引起其他事故。

⑤ 按照紧急疏散通道疏散无关人员。

⑥ 在装置失控的情况下,按照人员的撤退路线,及时撤到安全地带,防止人员伤亡。

⑦ 装置发生下列情况按紧急停工方案处理:本装置发生重大事故,经努力处理,仍不能消除,并继续扩大或其他有关装置发生火灾、爆炸事故,严重威胁本装置安全运行,应紧急停工。加热炉炉管烧穿,分馏塔严重漏油着火或其他冷换,机泵设备发生爆炸或火灾事故,应紧急停工。主要机泵、原油泵、塔底泵发生故障,无法修复,备用泵又不能启动,可紧急停工。长时间停原料、停电、停汽、停水不能恢复,可紧急停工处理。

7.7.2 紧急停工方法

① 加热炉立即熄火,并向炉膛内大量吹汽,三顶瓦斯改放空。

② 按顺序停掉原油泵、塔底泵、侧线泵、中段回流泵,最后停掉塔顶回流泵。

③ 关闭各塔吹汽,过热蒸汽改放空。

④ 减压恢复常压，注意在塔内温度高于 200℃ 时，真空度≤40kPa，保证 V2104 水封正常。
⑤ 打开 1.0MPa 蒸汽向自产汽并汽阀门。
⑥ 在紧急停工过程中，必须保证机泵冷却水系统正常运转。
⑦ 通知厂调度，车间生产值班人员，说明停工原因、时间。
⑧ 紧急停工注意事项。紧急停工时，以安全为主，先停运关键设备，切断重点部位、进料及热源，岗位间要做好联系工作，不能因操作程序错误造成物料跑、冒、窜、泄漏、超温、超压等危险状况。

7.7.3 乙烯装置常见生产事故处理

(1) 装置晃电
① 事故现象。
a. DCS 画面停泵报警（由绿色变为红色）。
b. 脱乙烷塔回流泵 P-1435 停，丙烯产品泵 P-1552 停，水洗循环泵 P-1345 停，稀释蒸汽发生器进料泵 P-1260 停，汽油汽提塔底泵 P-1250 停，急冷油循环泵 P-1210 停。
② 事故确认。
- [P]-现场确认有 a 所述事故现象，通知内操。
- [I]-DCS 界面确认有 b 所述事故现象。
- [I]-在 HSE 事故确认界面，选择"装置晃电"按钮进行事故汇报。
③ 事故处理。
- [I]-在 HSE 界面确认事故名称。
- [P]-关脱乙烷塔回流泵 P-1435 出口阀门 XV5111。
- [P]-开脱乙烷塔回流泵 P-1435。
- [P]-开脱乙烷塔回流泵 P-1435 出口阀门 XV5111。
- [P]-汇报主操"脱乙烷塔回流泵 P-1435 已开启，运行正常"。
- [P]-关丙烯产品泵 P-1552 出口阀 XV4039。
- [P]-开丙烯产品泵 P-1552。
- [P]-开丙烯产品泵 P-1552 出口阀 XV4039。
- [P]-汇报主操"丙烯产品泵 P-1552 已开启，运行正常"。
- [P]-关水洗循环泵 P-1345 出口阀 XV3117。
- [P]-开水洗循环泵 P-1345。
- [P]-开水洗循环泵 P-1345 出口阀 XV3117。
- [P]-汇报主操"水洗循环泵 P-1345 已开启，运行正常"。
- [P]-关稀释蒸汽发生器进料泵 P-1260 出口阀 XV2060。
- [P]-开稀释蒸汽发生器进料泵 P-1260。
- [P]-开稀释蒸汽发生器进料泵 P-1260 出口阀 XV2060。
- [P]-汇报主操"脱丁烷塔回流泵 P-1565 已开启，运行正常"。
- [P]-关汽油汽提塔底泵 P-1250 出口阀 XV2053。
- [P]-开汽油汽提塔底泵 P-1250。
- [P]-开汽油汽提塔底泵 P-1250 出口阀 XV2053。
- [P]-汇报主操"汽油汽提塔底泵 P-1250 已开启，运行正常"。

- [P]-关急冷油循环泵 P-1210 出口阀 XV2016。
- [P]-开急冷油循环泵 P-1210。
- [P]-开急冷油循环泵 P-1210 出口阀 XV2016。

(2) 轻质原料裂解炉炉管破裂

① 事故现象。

a. 轻质原料裂解炉防爆门打开、炉膛内可见火苗，炉膛内有异常响声，轻质原料裂解炉顶部有浓烟冒出。

b. 轻质原料裂解炉出口温度 TIC102 高温报警（事故值 700℃，正常值 540℃）。

c. 可燃气体报警器报警。

② 事故确认。

- [P]-现场确认有 a、c 所述事故现象，通知内操。
- [I]-DCS 界面确认有 b、c 报警信号。
- [I]-在 HSE 事故确认界面，选择"轻质原料裂解炉炉管破裂"按钮进行事故汇报。

③ 事故处理。

- [I]-在 HSE 界面确认事故名称。
- [P]-关闭轻质原料裂解炉燃料气进气手阀 XV1010。
- [P]-汇报班长"轻质原料裂解炉燃料气进气手阀 XV1010 已关闭"。
- [I]-关闭轻质原料裂解炉燃料气进气调节阀 FV106、FV107。
- [I]-汇报班长"轻质原料裂解炉燃料气进气调节阀 FV106、FV107 已关闭"。
- [I]-汇报班长"轻质原料裂解炉燃料气进气已隔离"。
- [P]-关闭轻质原料裂解炉原料进料手阀 XV1001。
- [P]-汇报班长"轻质原料裂解炉原料进料手阀 XV1001 已关闭"。
- [I]-关轻质原料裂解炉进料调节阀 FV101。
- [I]-关轻质原料裂解炉进料调节阀 FV102。
- [I]-汇报班长"轻质原料裂解炉进料调节阀 FV101、FV102 已关闭"。
- [I]-汇报班长"轻质原料裂解炉进料线已隔离"。
- [I]-将稀释蒸汽进气调节阀 FV109、FV110 和 FV104、FV108 开度调到最大。
- [I]-汇报班长"稀释蒸汽进料线调节阀已开到最大"。
- [P]-开启加热炉炉膛吹扫蒸汽阀门 XV1011。
- [P]-汇报调度室"轻质原料裂解炉已被隔离，请组织紧急停工，保证其他各部安全生产"。

(3) 系统仪表风停

① 事故现象。

a. 碱洗塔塔液位 LIC307 低位报警（事故值 25%，正常值 50%）。

b. 脱丁烷塔塔釜流量为零，塔釜液位高位报警 LIC404（事故值 75%，正常值 50%）。

c. 脱丁烷塔回流罐液位高位报警 LIC405（事故值 75%，正常值 50%）。

d. 丙烯塔回流罐液位高位报警 LIC403（事故值 75%，正常值 50%）。

e. 各气动阀处于风开风关状态。

② 事故确认。

- [P]-现场有 a、b、c、d、e 事故现象。
- [I]-DCS 界面确认有 a、b、c、d、e 报警。
- [I]-在 HSE 事故确认界面，选择"热分离工段系统仪表风停"按钮进行事故汇报。

③ 事故处理。
- [I] -在 HSE 界面确认事故名称。
- [P] -关闭 C3 加氢脱砷保护床进料阀 XV-4013。
- [P] -关闭脱乙烷塔底冷却器至 C3 加氢反应器阀门 XV-4015。
- [P] -关闭 C3 加氢反应器出口阀门 XV-4017，对反应器进行降温泄压处理。
- [I] -通知裂解、急冷、压缩碱洗工段降量控制。
- [P] -关闭低压脱丙烷塔回流泵 P-1360 出口阀门 XV4012。
- [P] -停低压脱丙烷塔回流泵 P-1360。
- [P] -关闭低压脱丙烷塔回流泵 P-1360 进口阀门 XV4011。
- [P] -汇报班长"低压脱丙烷塔回流泵 P-1360 已停止"。
- [I] -汇报班长"裂解、急冷、压缩碱洗工段已降量控制"。
- [P] -关 C3 加氢循环泵 P-1520 出口阀门 XV4021。
- [P] -关 C3 加氢循环泵 P-1520。
- [P] -关 C3 加氢循环泵 P-1520 进口阀门 XV4020。
- [P] -汇报主操"C3 加氢循环泵 P-1520 已停止"。
- [P] -关丙烯产品泵 P-1552 出口阀 XV4039。
- [P] -关丙烯产品泵 P-1552。
- [P] -关丙烯产品泵 P-1552 进口阀 XV4038。
- [P] -汇报主操"丙烯产品泵 P-1552 已停止"。
- [P] -关丙烯精馏塔回流泵 P-1555 出口阀 XV4033。
- [P] -关丙烯精馏塔回流泵 P-1555。
- [P] -关丙烯精馏塔回流泵 P-1555 进口阀 XV4032。
- [P] -汇报主操"丙烯精馏塔回流泵 P-1555 已停止"。
- [P] -关脱丁烷塔回流泵 P-1565 出口阀 XV4116。
- [P] -关脱丁烷塔回流泵 P-1565。
- [P] -关脱丁烷塔回流泵 P-1565 出口阀 XV4114。
- [P] -汇报主操"脱丁烷塔回流泵 P-1565 已停止"。
- [P] -汇报主操"热分离工段系统仪表风停已得到控制，请仪表工进入现场进行紧急维护"。

(4) 重燃料油产品泵 P-1230 泵泄漏着火
① 事故现象。
a. 重燃料油产品泵 P-1230 处有火焰升起，现场伴随有浓烟，同时有火焰声音（没点）。
b. 可燃气体报警器报警。
② 事故确认。
- [P] -现场确认有上述 a 事故现象，通知内操。
- [I] -DCS 界面确认有 b 报警。
- [I] -在 HSE 事故确认界面，选择"重燃料油产品 P-1230 泄漏着火"按钮进行事故汇报。

③ 事故处理。
- [I] -在 HSE 界面确认事故名称。
- [P] -停重燃料油产品 P-1230。
- [P] -关闭重燃料油产品泵 P-1230 前后手阀 XV2003、XV2004。

- [P]-汇报主操"重燃料油产品 P-1230 已停止"。
- [I]-关闭重燃料油汽提塔塔釜出口调节阀 LV104B。
- [I]-汇报班长"重燃料油汽提塔塔釜出口调节阀 LV104B 已关闭"。
- [P]-关闭塔釜去燃料油产品冷却器 E-1231 的手阀 XV2027。
- [P]-打开消防炮进行灭火操作。
- [P]-汇报主操"重燃料油汽提塔塔釜出料已关闭"。
- [I]-通知循环原料裂解炉进行降量处理。

(5) DCS 主电源故障
① 事故现象。
a. DCS 界面黑屏。
b. 各气动调节阀处于风开风关状态。
② 事故确认。
- [P]-现场确认有 b 事故现象,通知内操。
- [I]-确认 DCS 界面黑屏。
- [I]-在 HSE 事故确认界面,选择"DCS 主电源故障"按钮进行事故汇报。
③ 事故处理。
- [I]-在 HSE 界面确认事故名称。
- [P]-开轻质炉炉膛吹扫蒸汽阀门 XV1011。
- [P]-汇报主操"裂解炉炉膛吹扫蒸汽已开启"。
- [I]-通知急冷工段降量处理。
- [P]-关闭轻质炉轻烃进料阀门 XV1001。
- [P]-关闭重质炉轻烃进料阀门 XV1101。
- [P]-关闭循环炉轻烃进料阀门 XV1202。
- [P]-汇报主操"裂解炉进料已关闭,请启用备用电源"。

(6) 燃料气中断
① 事故现象。
a. 轻质原料裂解炉炉膛温度 TIC103 低温报警(报警值 700℃,正常值 840℃)。
b. 轻质原料裂解炉炉膛温度 TIC104 低温报警(报警值 700℃,正常值 840℃)。
c. 轻质原料裂解炉炉膛火焰熄灭。
d. 重质原料裂解炉炉膛火焰熄灭。
e. 循环原料裂解炉炉膛火焰熄灭。
② 事故确认。
- [P]-现场确认有 c、d、e 事故现象,通知内操。
- [I]-DCS 界面确认有 a、b、c、d、e 报警信号。
- [I]-在 HSE 事故确认界面,选择"燃料气中断"按钮进行事故汇报。
③ 事故处理。
- [I]-在 HSE 界面确认事故名称。
- [P]-关轻质原料裂解炉 F-1150 燃料气进气手阀 XV1010。
- [I]-关闭轻质原料裂解炉燃料气进气调节阀 FV106。
- [I]-关闭轻质原料裂解炉燃料气进气调节阀 FV107。
- [I]-汇报班长"轻质原料裂解炉燃料气进气调节阀 FV106、FV107 已关闭"。
- [P]-开轻质炉炉膛吹扫蒸汽阀 XV1011。

- [P]-汇报主操"裂解炉炉膛吹扫蒸汽已开启"。
- [I]-通知急冷工段降量处理。
- [P]-打开高压蒸汽系统进原料线阀门 XV1007。
- [I]-全开轻质原料裂解炉进料调节阀 FV101。
- [I]-全开轻质原料裂解炉进料调节阀 FV102。
- [I]-汇报班长"高压蒸汽系统已开启"。
- [P]-打开开车循环罐进口阀门 XV1016。
- [P]-打开开车循环罐顶去火炬阀门 XV1017。
- [P]-汇报主操"开车循环罐去火炬管线已开启"。

(7) 急冷工段循环水中断

① 事故现象。

a. 急冷油分馏塔塔盘温度 TIC-201 高温报警（事故值 244℃，正常值 184℃）。

b. 急冷水塔塔顶温度 TIC-205 高温报警（事故值 71℃，正常值 41℃）。

② 事故确认。

- [P]-现场确认有 a 事故现象，通知内操。
- [I]-DCS 界面确认有 a、b 报警信号。
- [I]-在 HSE 事故确认界面，选择"急冷水工段循环水中断"按钮进行事故汇报。

③ 事故处理。

- [I]-在 HSE 界面确认事故名称。
- [I]-通知低压脱丙烷塔降量控制。
- [I]-调节低压脱丙烷塔回流泵 P-1360 出口调节阀 FV-308 开度至 100%，维持低压脱丙烷塔回流罐液位 LIC308 为 50%。
- [I]-调节低压脱丙烷塔回流罐顶压力调节阀 PV310，调节压力 PIC310 至正常状态。

(8) 急冷油分馏塔塔釜人孔法兰泄漏

① 事故现象。

a. 急冷油分馏塔 C-1210 塔釜人孔法兰处有气体喷出，有气体泄漏声音

b. DCS 界面可燃气体和硫化氢报警器报警

② 事故确认。

- [P]-现场确认有 a 事故现象，通知内操。
- [I]-DCS 界面确认有 b 报警信号。
- [I]-在 HSE 事故确认界面，选择"急冷油分馏塔塔釜人孔法兰泄漏"按钮进行事故汇报。

③ 事故处理。

- [I]-在 HSE 界面确认事故名称。
- [I]-主操用广播对现场进行通知，说明泄漏点，并要求现场人员迅速往上风向进行撤离。
- [I]-通知生产调度，降到装置生产量。
- [P]-佩戴好空气呼吸器、可燃气体便携式报警器去事故现场。
- [P]-在装置区拉警戒线将装置区隔离。
- [I]-关闭急冷油分馏塔进料调节阀 FV201。
- [P]-关急冷油分馏塔进料手阀 XV2009。
- [P]-汇报主操"急冷油分馏塔进料已关闭"。

- [P]-关轻质燃料油汽提塔回急冷油塔阀门 XV2012。
- [P]-关急冷油塔塔顶急冷水回流阀门 XV2013。
- [P]-关急冷油分馏塔塔顶阀门 XV2014。
- [P]-关盘油循环泵 P1211 出口阀门 XV2109。
- [P]-停盘油循环泵 P1211。
- [P]-关盘油循环泵进口阀 XV2018。
- [P]-关盘油抽出阀门 XV2011。
- [P]-待急冷油塔液位降到 0 后,关闭 P1210 出口阀 XV2016。
- [P]-停急冷油循环泵 P1210。
- [P]-关急冷油循环泵 P1210 进口阀门 XV2015。
- [P]-关急冷油塔塔釜出口阀门 XV2010。

(9) 气动调节阀 FV505 故障
① 事故现象。
a. 脱乙烷塔再沸器出口气动调节阀 FV505 关闭。
b. 脱乙烷塔塔釜温度 TIC-504 高温报警(故障值 100℃,正常值 63℃)。
② 事故确认。
- [P]-现场确认有上述 a、b 事故现象,通知内操。
- [I]-DCS 界面确认 b 事故现象。
- [I]-在 HSE 事故确认界面,选择"气动调节阀 FV505 故障"按钮进行事故汇报。
③ 事故处理。
- [I]-在 HSE 界面确认事故名称。
- [P]-调节 FV505 旁路阀门 FV505VB,将流量恢复到正常数值。
- [P]-汇报主操"流量已经恢复正常,请联系仪表维修班对调节阀进行维修"。

(10) 轻质原料裂解炉原料中断
① 事故现象。
a. 轻质原料裂解炉出口温度 TIC102 高温报警(事故值 1000℃,正常值 540℃)。
b. 轻质原料裂解炉出口温度 TIC105 高温报警(事故值 1000℃,正常值 540℃)。
c. 轻质原料裂解炉炉膛温度 TIC103 高温报警(事故值 1100℃,正常值 840℃)。
d. 轻质原料裂解炉炉膛温度 TIC104 高温报警(事故值 1100℃,正常值 840℃)。
② 事故确认。
- [I]-DCS 界面确认有 a、b、c、d 报警信号。
- [I]-在 HSE 事故确认界面,选择"轻质原料裂解炉原料中断"按钮进行事故汇报。
③ 事故处理。
- [I]-在 HSE 界面确认事故名称。
- [I]-通知急冷工段降量控制。
- [P]-关轻质原料裂解炉 F-1150 燃料气进气手阀 XV1010。
- [I]-关闭轻质原料裂解炉燃料气进气调节阀 FV106、FV107。
- [I]-汇报班长"轻质原料裂解炉燃料气进气调节阀 FV106、FV107 已关闭"。
- [P]-汇报班长"轻质原料裂解炉燃料气进气系统已隔离,炉膛火焰熄灭"。
- [P]-开轻质炉炉膛吹扫蒸汽阀门 XV1011。
- [P]-汇报主操"轻质原料裂解炉炉膛吹扫蒸汽已开启"。
- [P]-关闭轻质炉进料阀 XV1001。

- [P] -汇报主操"轻质原料裂解炉进料线已隔离"。
- [P] -打开高压蒸汽进原料线阀门 XV1007。
- [I] -全开轻质原料裂解炉进料调节阀 FV101。
- [I] -全开轻质原料裂解炉进料调节阀 FV102。
- [I] -汇报班长"轻质原料裂解炉进料调节阀 FV101、FV102 已全开"。
- [I] -全开稀释蒸汽进料调节阀 FV109。
- [I] -全开稀释蒸汽进料调节阀 FV110。
- [P] -打开开车循环罐进口阀门 XV1016。
- [P] -打开开车循环罐去火炬阀门 XV1017。
- [P] -汇报主操"轻质原料裂解炉已处理完毕,请尽快查明原料中断原因"。

(11) 轻燃料油产品泵 P-1240 出口管道破裂

① 事故现象。

a. 轻燃料油产品泵出口管道破裂 P-1240 出口管线有油气喷出,有气体泄漏声音。

b. 轻燃料油产品泵出口管道破裂 P-1240 出口压力 PG202 低压降低(事故值 0.3MPa,正常值 0.77MPa)。

c. DCS 界面可燃气报警器报警。

② 事故确认。

- [P] -现场确认有 a 事故现象,通知内操。
- [I] -DCS 界面确认有 b、c 报警信号。
- [P] -在 HSE 事故确认界面,选择"轻燃料油产品泵出口管道破裂"按钮进行事故汇报。

③ 事故处理。

- [I] -在 HSE 界面确认事故名称。
- [I] -关闭轻燃料油产品泵 P-1240 出口调节阀 FV205。
- [P] -关闭轻燃料油产品泵 P-1240 出口手阀 XV2026。
- [P] -关闭轻燃料油产品泵 P-1240。
- [P] -关闭轻燃料油产品泵 P-1240 进口手阀 XV2025。
- [P] -汇报主操"轻燃料油产品泵 P-1240 已停止,泄漏处已被隔离"。
- [I] -通知设备维修部分对轻燃料油产品泵出口管道破裂处进行维修。

(12) 裂解气压缩机高压蒸汽中断

① 事故现象。

a. 裂解气压缩机四段出口压力 PI312 低压报警(报警值 0.8MPa,正常值 1.682MPa)。

b. 乙烯压缩机三段出口压力 PI510 低压报警(报警值 0.8MPa,正常值 1.5MPa)。

c. 乙烯压缩机四段出口压力 PI511 低压报警(报警值 1MPa,正常值 2MPa)。

d. 乙烯压缩机四段出口压力 PI512 低压报警(报警值 1.8MPa,正常值 3.610MPa)。

② 事故确认。

- [P] -现场确认有 a 事故现象,通知内操。
- [I] -DCS 界面确认有 a、b、c、d 报警信号。
- [I] -在 HSE 事故确认界面,选择"高压蒸汽中断"按钮进行事故汇报。

③ 事故处理。

- [I] -在 HSE 界面确认事故名称。
- [I] -将事故的情况报告值班干部及调度中心,了解事故原因和恢复时间。

- [P]-将裂解气压缩机 K-1300 进行紧急停车。
- [P]-关闭急冷水塔顶阀门 XV2036，将压缩机一段压力控制在 30~55kPa。
- [P]-关裂解气压缩机一段凝液泵 P-1310 出口阀门 XV3001。
- [P]-停裂解气压缩机一段凝液泵 P-1310。
- [P]-关裂解气压缩机一段凝液泵 P-1310 进口阀门 XV3002。
- [I]-关闭裂解气压缩机一段吸入罐 V-1310 液面调节阀 LV-301。
- [P]-关蒸馏汽提塔进料泵 P-1320 出口阀门 XV3013。
- [P]-停蒸馏汽提塔进料泵 P-1320。
- [P]-关蒸馏汽提塔进料泵 P-1320 进口阀门 XV3012。
- [I]-关闭吸入罐 V-1320 液面调节阀 LV302。
- [I]-关闭 V-1330 液面调节阀 LV-304。
- [I]-关闭 V-1335 液面调节阀 LV-305。
- [I]-确认四段排出罐 V1340 液位低于 10%。
- [I]-关闭 V-1340 液面调节阀 LV-306。
- [P]-关干燥器进料泵 P-1380 出口阀门 XV3129。
- [P]-停干燥器进料泵 P-1380。
- [P]-关干燥器进料泵 P-1380 进口阀门 XV3128。
- [I]-打开 V-1365 罐顶放火炬阀 XV3160，控制压力在 3.6MPa 左右。

(13) 脱乙烷塔回流罐安全阀起跳

① 事故现象。

a. 脱乙烷塔回流罐安全阀起跳，有放空声音。

b. 脱乙烷塔回流罐顶部压力 PIC501 高压报警（报警值 3.0MPa，正常值 2.45MPa）。

c. 可燃气体报警器报警

② 事故确认。

- [P]-现在确认有 a 事故现象，通知内操。
- [I]-DCS 界面确认有 b、c 报警信号。
- [I]-在 HSE 事故确认界面，选择"脱乙烷塔回流罐安全阀起跳"按钮进行事故汇报。

③ 事故处理。

- [I]-在 HSE 界面确认事故名称。
- [I]-通知碱洗部分降量控制。
- [P]-关闭脱丁烷塔 C-1560 进回流罐阀门 XV4111。
- [I]-全开脱丁烷塔开回流罐 V-1565 压力调节阀 PV407。
- [I]-控制脱丁烷塔开回流罐 V-1565 液位缓慢降低到 30%。
- [P]-关闭脱丁烷塔开回流罐 V-1565 出口阀门 XV4113。
- [P]-汇报主操"脱丁烷塔回流罐 V-1565 已隔离"。
- [I]-待脱丁烷塔回流罐罐顶压力降至正常值时，通知外操关安全阀底阀，并通知机修更换。

(14) 锅炉给水中断

① 事故现象。

a. 汽包 V-1150 液位 LIC101 低位报警（报警值 35%，正常值 50%）。b. 锅炉给水调节阀 FV103 开度最大。c. 裂解炉出口反应温度 TIC106，TIC107 高温报警（报警值 300℃，正常值 220℃）。

② 事故确认。
- [P] -现场确认有 a、b 所述事故现象，通知内操。
- [I] -DCS 界面确认有 a、b、c 所述事故现象。
- [I] -在 HSE 事故确认界面，选择"锅炉给水中断"按钮进行事故汇报。

③ 事故处理：
- [I] -在 HSE 界面确认事故名称。
- [I] -通知急冷工段降量控制。
- [P] -通知将事故的情况报告值班干部及调度中心，了解停水原因和恢复时间。
- [P] -关轻质原料裂解炉 F-1150 燃料气进气手阀 XV1010。
- [I] -关闭轻质原料裂解炉燃料气进气调节阀 FV106 和 FV107。
- [I] -汇报班长"轻质原料裂解炉燃料气进气调节阀 FV106 和 FV107 已关闭"。
- [P] -汇报班长"轻质原料裂解炉燃料气进气系统已隔离，炉膛火焰熄灭"。
- [P] -开轻质炉炉膛吹扫蒸汽阀门 XV1011。
- [P] -汇报主操"轻质原料裂解炉炉膛吹扫蒸汽已开启"。
- [I] -关轻质原料裂解炉进料调节阀 FV101。
- [I] -关轻质原料裂解炉进料调节阀 FV102。
- [I] -汇报班长"轻质原料裂解炉进料调节阀 FV101、FV102 已关闭"。
- [P] -汇报主操"轻质原料裂解炉进料线已隔离"。
- [P] -汇报主操"轻质原料裂解炉已被停止"。

(15) DCS 主电源和备用电源同时故障

① 事故现象。

a. DCS 界面黑屏。

b. 各气动调节阀处于风开风关状态。

c. 切换备用电源后，DCS 依旧处于黑屏状态。

② 事故确认。
- [P] -现场确认有 b 事故现象，通知内操。
- [I] -确认 DCS 界面黑屏。
- [I] -在 HSE 事故确认界面，选择"DCS 主电源和备用电源同时故障"按钮进行事故汇报。

③ 事故处理。
- [I] -在 HSE 界面确认事故名称。
- [I] -汇报调度室"DCS 主电源和备用电源同时故障，请应急小组组织紧急停工"。
- [P] -关闭轻质原料裂解炉燃料气进气手阀 XV1010。
- [I] -汇报班长"轻质原料裂解炉燃料气进气手阀 XV1010 已关闭"。
- [P] -汇报主操"轻质原料裂解炉燃料气进气已隔离"。
- [P] -关重质原料裂解炉燃料气进口阀门 XV1107、XV1108。
- [P] -汇报主操"重质原料裂解炉燃料气线已隔离"。
- [P] -关循环原料裂解炉燃料气进口阀门 XV1209。
- [P] -汇报主操"裂解炉燃料气线已关闭"。
- [P] -汇报调度室"轻质原料裂解炉紧急停工完成，请其他部门迅速进行紧急停工"。

(16) DCS 系统故障

① 事故现象。

a. DCS 界面所有数据无法正常显示。
b. 装置现场所有的流量计没有示数显示。
c. 装置现场所有的调节阀无法调节，示数没有变化。
② 事故确认。
- [P]-现场确认有 b、c 所述事故现象，通知内操。
- [I]-DCS 界面确认有 a 所述事故现象。
- [I]-在 HSE 事故确认界面，选择"DCS 系统故障"按钮进行事故汇报。
③ 事故处理。
- [I]-在 HSE 界面确认事故名称。
- [I]-汇报调度室"DCS 系统故障，请立即联系仪表微机班对事故进行处理"。
- [I]-调度室反馈"DCS 系统故障短时间不能排除，组织各岗位进行紧急停车操作"。
- [P]-关闭轻质原料裂解炉燃料气进气手阀 XV1010。
- [P]-关重质原料裂解炉 F-1110 燃料气进气手阀 XV1107，XV1108。
- [P]-关循环原料裂解炉 F-1180 燃料气进气手阀 XV1209。
- [P]-汇报班长"裂解炉燃料气进气系统已隔离"。
- [P]-开轻质炉炉膛吹扫蒸汽阀门 XV1011。
- [P]-汇报主操"裂解炉炉膛吹扫蒸汽已开启"。
- [P]-关闭重质炉进料阀门 XV1101。
- [P]-关闭循环炉进料阀门 XV1202。
- [P]-关闭轻质炉进料阀门 XV1001。
- [P]-汇报主操"裂解炉进料线已关闭"。
- [P]-汇报主操"进料线已停止，我将按照紧急停车操作继续停车，请立即联系仪表微机班对事故进行处理"。

(17) C3 加氢反应器超温超压
① 事故现象。
a. C3 加氢反应器 R-1520 反应压力 LIC-401 低位报警（报警值 25MPa，正常值 50MPa）。
b. C3 加氢反应器 R-1520 回流温度 TIC-401 高温报警（事故值 70℃，正常值 33℃）
② 事故确认。
- [P]-现场确认有 a 所述事故现象，通知内操。
- [I]-DCS 界面确认有 b、c 报警信号。
- [I]-在 HSE 事故确认界面，选择"C3 加氢反应器超温超压"按钮进行事故汇报。
③ 事故处理。
- [I]-在 HSE 界面确认事故名称。
- [P]-关闭 C3 加氢脱砷保护床出口阀门 XV4014。
- [P]-关闭 E1432 进 C3 加氢反应器阀门 XV4015。
- [I]-关闭 C3 加氢循环泵 P1520 去丙烯精馏塔调节阀 FV403。
- [I]-全开 C3 加氢循环泵 P1520 回流调节阀 FV401。
- [I]-全开自甲烷系统的氢气进口调节阀 FV402。

(18) 燃料气带液
① 事故现象。
a. 轻质原料裂解炉出口温度 TIC102 高温报警（事故值 1000℃，正常值 540℃）。

b. 轻质原料裂解炉炉膛内可见火苗，炉膛内有异常响声。
c. 可燃气体报警器报警。
② 事故确认。
- [P]-现场确认有 a、c 所述事故现象，通知内操。
- [I]-DCS 界面确认有 a、b、c 报警信号。
- [I]-在 HSE 事故确认界面，选择"燃料气带液"按钮进行事故汇报。
③ 事故处理。
- [I]-在 HSE 界面确认事故名称。
- [I]-关闭轻质原料裂解炉燃料气进气调节阀 FV106。
- [I]-汇报班长"轻质原料裂解炉燃料气进气调节阀 FV106 关闭"。
- [I]-关轻质原料裂解炉进料调节阀 FV101。
- [I]-关轻质原料裂解炉进料调节阀 FV102。
- [I]-汇报班长"轻质原料裂解炉进料调节阀 FV101、FV102 已关闭"。
- [P]-汇报主操"轻质原料裂解炉进料线已隔离"。
- [P]-关轻质原料裂解炉出口阀门 XV1008、XV1009。
- [P]-汇报主操"轻质原料裂解炉出口线已隔离"。
- [I]-关稀释蒸汽进料调节阀 FV109。
- [I]-关稀释蒸汽进料调节阀 FV110。
- [P]-开启加热炉炉膛吹扫蒸汽阀门 XV1011。
- [P]-汇报调度室"轻质原料裂解炉已被停炉，请组织瓦斯罐紧急脱液"。

(19) 碳二加氢反应器超温

① 事故现象。
a. 碳二加氢反应器 R-1360 进口温度 TI-319 高温报警（报警值 100℃，正常值 70℃）。
b. C3 加氢反应器 R-1520 出口温度 TIC-401 高温报警（事故值 50℃，正常值 33℃）。
② 事故确认。
- [I]-DCS 界面确认有 a、b 报警信号。
- [I]-在 HSE 事故确认界面，选择"C3 加氢反应器超温"按钮进行事故汇报。
③ 事故处理。
- [I]-在 HSE 界面确认事故名称。
- [P]-通知各岗位降量处理。
- [P]-打开碳二加氢反应器旁路阀门 XV3151。
- [P]-汇报班长"碳二加氢反应器旁路阀门 XV3151 已打开"。
- [P]-关闭碳二加氢反应器入口阀门 XV3150。
- [P]-打开 V-1365 罐顶放火炬阀 XV3160。
- [I]-汇报班长"将碳二加氢反应器床层温度将至 50℃以下"。

(20) 乙烯产品泵 P-1690 故障

① 事故现象。
a. 乙烯产品泵 P-1690 停（现场泵运行声音停）。
b. 产品泵出口流量计 FIC508 流量指示为零。
c. DCS 界面乙烯产品泵 P-1690A 停泵报警。
② 事故确认。
- [I]-DCS 界面确认有 b、c 报警信号。

- [I]-在 HSE 事故确认界面,选择"乙烯产品泵 P-1690 故障"按钮进行事故汇报。

③ 事故处理。
- [I]-在 HSE 界面确认事故名称。
- [P]-关乙烯产品油泵 P-1690A 出口阀门 XV5131。
- [P]-关乙烯产品油泵 P-1690A。
- [P]-关乙烯产品油泵 P-1690A 进口阀门 XV5132。
- [P]-开乙烯产品油泵 P-1690B 进口阀门 XV5201。
- [P]-开乙烯产品油泵 P-1690B。
- [P]-开乙烯产品油泵 P-1690B 出口阀门 XV5203。
- [P]-汇报主操"乙烯产品泵 P-1690B 已开启,产品泵切换完成,请通知维修部门对产品泵 A 进行维修"。

(21) 裂解气压缩机异常响动

① 事故现象。

a. 裂解气压缩机 K-1300 异常响动。

b. 裂解气压缩机 K-1300 裂解气压缩机一段吸入罐 V-1310 液位 LIC-301 高位报警(报警值 50%,正常值 30%)。

c. 裂解气压缩机 K-1300 一段进口压力为零。

d. XV3006 关闭。

② 事故确认。
- [P]-现场确认有 a、b 所述事故现象,通知内操。
- [I]-DCS 界面确认有 b、c 报警信号。
- [I]-在 HSE 事故确认界面,选择"裂解气压缩机异常响动"按钮进行事故汇报。

③ 事故处理。
- [I]-在 HSE 界面确认事故名称。
- [P]-增大裂解气压缩机一段吸入罐 V-1310 出口液位调节阀 LV301。
- [P]-保持吸入罐液位 LIC301 平稳在 30%。
- [P]-打开吸入罐罐顶至压缩机一段阀门 XV3006。
- [P]-汇报主操"发现异常响动原因已重新开启,请内操将参数恢复至正常状态"。

(22) 丙烯产品泵 P-1552 泄漏着火

① 事故现象。

a. 丙烯产品泵 P-1552 处有火焰升起,现场伴随有浓烟,同时有火焰声音。

b. 可燃气体报警器报警。

② 事故确认。
- [P]-现场确认有上述 a 事故现象,通知内操。
- [I]-DCS 界面确认有 b 报警。
- [I]-在 HSE 事故确认界面,选择"丙烯产品泵 P-1552 泄漏着火"按钮进行事故汇报。

③ 事故处理。
- [I]-在 HSE 界面确认事故名称。
- [P]-停丙烯产品 P-1552。
- [P]-汇报主操"丙烯产品泵 P-1522 已停止"。
- [P]-关闭丙烯产品泵 P1552 出口阀门 XV4039。

- [P] -关闭丙烯产品泵 P1552 进口阀门 XV4038。
- [I] -关闭丙烯分离罐 V-1530 罐底出口阀门 XV4037。
- [P] -汇报主操"丙烯分离罐 V-1530 罐底出料线已关闭"。
- [I] -通知丙烯精馏塔进行降量处理。
- [P] -打开消防炮进行灭火。
- [P] -汇报主操"丙烯产品泵 P-1552 明火已被扑灭,请组织岗位人员对后续工作进行处理"。

(23) 碱洗塔 C-1340 塔顶法兰泄漏

① 事故现象。

a. 碱洗塔 C-1340 塔顶法兰处有气体喷出,有气体泄漏声音。

b. DCS 界面可燃气体和硫化氢报警器报警。

② 事故确认。

- [P] -现场确认有 a 事故现象,通知内操。
- [I] -DCS 界面确认有 b 报警信号。
- [I] -在 HSE 事故确认界面,选择"碱洗塔 C-1340 塔顶法兰泄漏"按钮进行事故汇报。

③ 事故处理。

- [I] -在 HSE 界面确认事故名称。
- [I] -主操用广播对现场进行通知,说明泄漏点,并要求现场人员迅速往上风向进行撤离。
- [I] -通知生产调度,降到装置生产量。
- [P] -佩戴好空气呼吸器、可燃气体便携式报警器去事故现场。
- [P] -在装置区拉警戒线将装置区隔离。
- [P] -关闭碱洗塔塔 C-1340 进料阀门 XV3101。
- [I] -将碱洗塔 C-1340 塔釜液位调节阀 LV307 开度最大,将碱洗塔内液体排尽。
- [P] -关新鲜碱液进口阀门 XV3113。
- [P] -关强碱循环泵 P-1344 出口阀门 XV3112。
- [P] -停强碱循环泵 P-1344。
- [P] -关中碱循环泵 P-1343 出口阀门 XV3108。
- [P] -停中碱循环泵 P-1343。
- [P] -关弱碱循环泵 P-1342 出口阀门 XV3105。
- [P] -停弱碱循环泵 P-1342。
- [P] -关闭水洗循环泵 P1345 出口阀门 3117。
- [P] -停水洗循环泵 P1345。
- [P] -关碱洗塔塔顶出口阀门 XV3120。
- [P] -汇报主操"碱洗塔已隔离,请求维修人员到场对泄漏法兰进行处理"。

(24) 急冷油塔盘油循环泵故障

① 事故现象。

a. 盘油循环泵 P-1211 出口压力 PG203 示数为零。

b. 水汽提塔进口温度 TIC-206 高温报警(事故值 130℃,正常值 113℃)。

c. 急冷水塔塔顶温度 TIC-202 高温报警(事故值 71℃,正常值 45℃)。

② 事故确认。

- [P]-现场确认有 a 事故现象，通知内操。
- [I]-DCS 界面确认有 a、b、c 报警信号。
- [I]-在 HSE 事故确认界面，选择"急冷油塔盘油循环泵故障"按钮进行事故汇报。

③ 事故处理。
- [I]-在 HSE 界面确认事故名称。
- [P]-关闭盘油循环泵 P-1211 出口阀门 XV2019。
- [P]-停盘油循环泵 P-1211。
- [P]-关闭盘油循环泵 P-1211 进口阀门 XV2018。
- [P]-汇报主操"盘油循环泵 P-1211 已停止"。
- [I]-通知急冷工段降量控制。
- [I]-汇报班长"已通知急冷部分降量控制，请通知维修部分对盘油循环泵进行紧急维修"。

(25) 碱洗塔顶过冷却器内漏

① 事故现象。

a. 碱洗塔顶过冷却器出口温度 TIC-310 高温报警（事故值 65℃，正常值 12℃）。

b. 洗塔顶过冷却器壳程出口压力 PIC-307 低压报警（事故值 0.1MPa，正常值 0.3MPa）。

② 事故确认。
- [I]-DCS 界面确认有 a、b 报警信号。
- [I]-在 HSE 事故确认界面，选择"碱洗塔顶过冷却器内漏"按钮进行事故汇报。

③ 事故处理。
- [I]-在 HSE 界面确认事故名称。
- [I]-通知裂解压缩车间进行紧急停车方案。
- [P]-关闭碱洗塔顶过冷却器 E-1345 壳程进口阀门 XV3123。
- [P]-汇报主操"碱洗塔顶过冷却器 E-1345 壳程进口阀门 XV3123 已关闭"。
- [I]-关闭碱洗塔顶过冷却器 E-1345 壳程出口调节阀 TV310。
- [P]-汇报主操"碱洗塔顶过冷却器 E-1345 壳程已隔离"。
- [P]-关闭碱洗塔顶过冷却器 E-1345 管程进口阀门 XV3121。
- [P]-汇报主操"碱洗塔顶过冷却器 E-1345 管程进口阀门 XV3121 已关闭"。
- [I]-关闭碱洗塔顶过冷却器 E-1345 管程出口阀门 XV3122。
- [P]-汇报主操"碱洗塔顶过冷却器 E-1345 已隔离，请通知通知各部分进行停车预案"。

(26) 装置长时间停电

① 事故现象。

a. DCS 画面停泵报警（由绿色变为红色）。

b. 各离心泵停，裂解气压缩机停，乙烯压缩机停，丙烯压缩机停。

② 事故确认。
- [P]-现场确认有 b 所述事故现象，通知内操。
- [I]-DCS 界面确认有 a 所述事故现象。
- [I]-在 HSE 事故确认界面，选择"装置长时间停电"按钮进行事故汇报。

③ 事故处理。
- [I]-在 HSE 界面确认事故名称。

- [I]-通知裂解压缩车间进行紧急停车方案。
- [P]-关闭轻质原料裂解炉进料阀门 XV1001。
- [P]-关闭重质原料裂解炉进料阀门 XV1101。
- [P]-关闭循环原料裂解炉进料阀门 XV1202。
- [P]-关闭轻质原料裂解炉燃料气进气阀门 XV1010。
- [P]-关闭重质原料裂解炉燃料气进气阀门 XV1107、XV1108。
- [P]-关闭循环原料裂解炉进气 XV1209。
- [P]-汇报主操"裂解炉已紧急停车,请通知各车间进行停车预案"。

(27) 轻质原料裂解炉对流段超温
① 事故现象。
a. 轻质原料裂解炉烟筒顶部有浓烟冒出。
b. 轻质原料裂解炉出口温度 TIC102 高温报警(事故值 1000℃,正常值 540℃)。
c. 可燃气体报警器报警。
② 事故确认。
- [P]-现场确认有 a 所述事故现象,通知内操。
- [I]-DCS 界面确认有 b、c 报警信号。
- [I]-在 HSE 事故确认界面,选择"轻质原料裂解炉对流段超温"按钮进行事故汇报。
③ 事故处理。
- [I]-在 HSE 界面确认事故名称。
- [I]-调节轻质原料裂解炉燃料气进气调节阀 FV106 开度为 30%。
- [I]-汇报班长"轻质原料裂解炉燃料气进气调节阀 FV106 已调节"。
- [I]-调节轻质原料裂解炉进气调节阀 FV107 开度为 30%。
- [I]-汇报班长"轻质原料裂解炉燃料气进气调节阀 FV107 已调节"。
- [I]-调节轻质原料裂解炉进料调节阀 FV101 开度为 30%。
- [I]-调节轻质原料裂解炉进料调节阀 FV102 开度为 30%。
- [I]-调节稀释蒸汽进料调节阀 FV109 开度为 70%。
- [I]-调节稀释蒸汽进料调节阀 FV110 开度为 70%。
- [P]-汇报主操"轻质原料裂解炉稀释蒸汽进料调节阀 FV109、FV110 调节"。

(28) 低压脱丙烷塔回流罐超压
① 事故现象。
低压脱丙烷他回流罐压力 PIC310 高压报警(报警值 1.3MPa,正常值 0.7MPa)。
② 事故确认。
- [P]-现场有上述事故现象。
- [I]-DCS 界面确认有上述事故报警。
- [I]-在 HSE 事故确认界面,选择"低压脱丙烷塔回流罐超压"按钮进行事故汇报。
③ 事故处理。
- [I]-在 HSE 界面确认事故名称。
- [I]-通知低压脱丙烷塔降量控制。
- [I]-调节低压脱丙烷塔回流泵 P-1360 出口调节阀 FV-308 开度至 100%,维持低压脱丙烷塔回流罐液位 LIC308 为 50%。
- [I]-调节低压脱丙烷塔回流罐顶压力调节阀 PV310,调节压力 PIC310 至正常状态。

(29) 乙烯压缩机 K-1650 出口管道破裂
① 事故现象。
a. 乙烯压缩机 K-1650 出口管道有油气喷出，有气体泄漏声音。
b. 乙烯压缩机 K-1650 出口压力 PG202 低压降低（事故值 0.3MPa，正常值 0.77MPa）。
c. DCS 界面可燃气报警器报警。
② 事故确认。
- [P]-现场确认有 a、b 事故现象，通知内操。
- [I]-DCS 界面确认有 b、c 报警信号。
- [P]-在 HSE 事故确认界面，选择"乙烯压缩机出口管道破裂"按钮进行事故汇报。
③ 事故处理。
- [I]-在 HSE 界面确认事故名称。
- [I]-关闭乙烯压缩机 K-1650 五段出口调节阀 PV504。
- [I]-关闭乙烯压缩机 K-1650 出口调节阀 PV502。
- [P]-关闭乙烯压缩机 K-1650 三段出口阀门 XV5126。
- [P]-关闭乙烯压缩机 1 段进口阀门 XV5125。
- [P]-关闭乙烯产品泵 P-1690A 出口手阀 XV5131。
- [P]-关闭乙烯产品泵 P-1690A。
- [P]-关闭乙烯产品泵 P-1690A 进口手阀 XV5132。
- [P]-汇报主操"乙烯产品泵 P-1240 已停止"。
- [P]-关闭乙烯塔塔顶出口阀门 XV5119。
- [I]-通知设备维修部分对乙烯压缩机出口管道破裂处进行维修。

(30) 稀释蒸汽中断
① 事故现象。
a. 轻质原料裂解炉出口温度 TIC102 高温报警（事故值 1000℃，正常值 540℃）。
b. 轻质原料裂解炉出口温度 TIC105 高温报警（事故值 1000℃，正常值 540℃）。
c. 轻质原料裂解炉炉膛温度 TIC103 高温报警（事故值 1100℃，正常值 840℃）。
d. 轻质原料裂解炉炉膛温度 TIC104 高温报警（事故值 1100℃，正常值 840℃）。
e. 轻质原料裂解炉稀释蒸汽进口流量 FIC109 示数为零。
f. 轻质原料裂解炉稀释蒸汽进口流量 FIC110 示数为零。
② 事故确认。
- [I]-DCS 界面确认有 a、b、c、d、e、f 报警信号。
- [I]-在 HSE 事故确认界面，选择"稀释蒸汽中断"按钮进行事故汇报。
③ 事故处理。
- [I]-在 HSE 界面确认事故名称。
- [I]-通知急冷工段降量控制，联系调度室查看稀释蒸汽中断原因。
- [P]-打开高压蒸汽进原料线阀门 XV1007。
- [I]-关闭轻质原料裂解炉燃料气进气调节阀 FV106 和 FV107。
- [I]-汇报班长"轻质原料裂解炉燃料气进气调节阀 FV106 和 FV107 已关闭"。
- [P]-关轻质原料裂解炉 F-1150 燃料气进气手阀 XV1010。
- [P]-汇报班长"轻质原料裂解炉燃料气进气系统已隔离，炉膛火焰熄灭"。
- [P]-开轻质炉炉膛吹扫蒸汽阀门 XV1011。
- [P]-汇报主操"轻质原料裂解炉炉膛吹扫蒸汽已开启"。

- [I]-关轻质原料裂解炉进料阀门XV1001。
- [P]-汇报主操"轻质原料裂解炉原料进料已停止"。
- [P]-打开氮气进料线阀门XV1312、XV1311。
- [P]-打开氮气进燃料气管线阀门XV1009。
- [P]-关闭稀释蒸汽进轻质炉阀门XV1019。
- [I]-关轻质原料裂解炉进料调节阀FV109。
- [I]-关轻质原料裂解炉进料调节阀FV110。
- [I]-汇报班长"轻质原料裂解炉进料调节阀FV109、FV110已关闭"。

思考题

1. 简述石油化工装置的主要产品及应用。
2. 常见的乙烯生产方法有哪些?
3. 简述离心泵启动和关闭的操作过程。
4. 简述乙烯装置的工艺流程。
5. 乙烯装置的事故处理原则有哪些?
6. 简述外操巡检的主要任务。

第 8 章 精细化工平台

8.1 精细化工平台概述

精细化工平台分为乙氧基化和烷基苯磺酸两部分，平台由现场实物仿真装置、先进的 OTS 系统（操作员培训系统）和三维虚拟工厂组成。实物仿真装置是分别以中国石油抚顺石化公司 6.5 万吨/年环氧乙烷、4.6 万吨/年壬基酚聚氧乙烯醚装置、15 万吨/年烷基苯和 3.6 万吨/年磺化装置为原型，在保证完整保持工业化装置大尺寸特征、主要静设备内部结构可见，动设备可进行拆卸组装的前提下按 1∶6 的缩小比例建设而成，现场还配备了现场仪表和控制系统。通过 OTS 和现场交互系统把实物仿真装置和三维虚拟工厂有机联系，实现整个工艺生产过程的开停工、稳态运行、方案优化、故障处理等操作培训，培养学员的工程能力、创新意识及分析和解决复杂工程问题的能力。

8.2 环氧乙烷装置

8.2.1 环氧乙烷装置概况

环氧乙烷装置以中国石油抚顺石化公司环氧乙烷生产装置为原型，按比例缩小建设而成。环氧乙烷（EO）原始设计生产能力为 5.0 万吨/年，2000 年 5 月进行设备扩能改造后，环氧乙烷生产能力达到 6.5 万吨/年；装置以乙烯为原料生产环氧乙烷，基于实习、实训，真实再现工作环境和模拟职业岗位，其总体规划完备，现场布局、设备选型、实训过程和生产现场保持一致。以工业化生产装置为原型，完整再现实际工艺流程，内不走物料，采用弱电信号模拟物料走向，数据采用工业真实数据。

8.2.2 环氧乙烷用途

环氧乙烷除生产乙二醇外，还是一种具有广泛用途的合成中间体，可用于生产下述各类产品。

（1）乙醇胺类

① 一乙醇胺——农用喷雾乳化剂、脂皂与洗涤剂中间体腐蚀抑制剂，酸性气体吸收剂。

② 二乙醇胺——液态洗涤剂，纺织用特殊化学品，树脂与增塑剂二中间体。

③ 三乙醇胺——化妆品用的脂肪酸肥皂、干洗脂皂和洗发肥皂。

(2) 乙二醇醚类
① 乙二醇甲基醚——溶剂、喷气式发动机燃料添加剂。
② 乙二醇乙基醚——溶剂。
③ 乙二醇丁基醚——溶剂。
④ 一缩乙二醇醚类——溶剂。
(3) 表面活性剂
① 乙氧基烷基苯酚——非离子表面活性剂。
② 乙氧基高级醇——非离子表面活性剂。
③ 聚乙二醇脂肪族脂类——非离子表面活性剂、食品乳化型。

此外，环氧乙烷还用于生产熏蒸剂、火箭推进剂、石油抗乳剂，制造多乙烯二醇、多元醇、洗涤剂、聚酯纤维薄膜等。

8.2.3 工艺原理简介

来自乙烯车间的高纯度乙烯（99.85%mol）和空分装置的氧气（99.8%mol）按一定比例，在甲烷作致稳剂及银催化剂作用下，气相反应生成环氧乙烷，环氧乙烷在 EO 吸收塔用水吸收后与其他气体分离，含 EO 的富吸收液进入解析塔解析出 EO。解析出的 EO 水溶液脱除轻组分，然后将约含 58.356% 的 EO 水溶液送到 EO 精制塔，塔顶得高纯度 EO 产品，釜液送到乙二醇反应蒸发系统。

(1) 氧化反应机理

乙烯氧化过程，按氧化程度可分为选择氧化（部分氧化）和深度氧化（完全氧化）两种情况，乙烯分子中碳-碳双键（C=C）具有突出的反应活性，在一定条件下可实现碳-碳双键选择性氧化，生成环氧乙烷。但在通常的氧化条件下，乙烯的分子骨架容易被破坏，而发生深度氧化生成二氧化碳和水。为使乙烯氧化反应尽可能地约束在生成目的产物——环氧乙烷的方向上，目前工业上乙烯直接氧化生成 EO 的最佳催化剂均采用银催化剂。

SHELL 工艺中乙烯氧化采用纯氧气。空分装置制取的纯氧使用于本装置，在银催化剂作用下的反应方程式如下：

$$C_2H_4 + 1/2O_2 \xrightarrow{Ag\text{ 催化剂}} CH_2\!\!-\!\!CH_2 + 24.7\text{kcal/mol}$$
$$\phantom{C_2H_4 + 1/2O_2 \xrightarrow{Ag\text{ 催化剂}} CH_2}\diagdown\!\!O\!\!\diagup$$

另外，乙烯直接氧化还有副产物生成，其中 CO_2 和水最多。实验已经证明这些副产物以两条不同的路线生成。首先，乙烯直接氧化生成 CO_2 和水并伴随着许多寿命极短的部分氧化中间产物：

$$C_2H_4 + 3O_2 \longrightarrow 2CO_2 + 2H_2O + 320\text{kcal/mol}$$

这一反应用氯化物来加以抑制，该氯化物为催化剂抑制剂即 1,2-二氯乙烷（EDC），EO 自身也有一定的阻止进一步氧化的能力。

$$C_2H_4 + 1/2O_2 \longrightarrow CH_3CHO$$
$$C_2H_4 + O_2 \longrightarrow 2CH_2O$$

在反应过程中如有碱金属或碱土金属存在时，将催化这一反应 CO_2 还由 EO 氧化而得，这时它首先被异构为乙醛，然后很快被氧化为 CO_2 和水。反应速度由 EO 异构化控制。

$$CH_2\!\!-\!\!CH_2 \longrightarrow CH_3\!\!-\!\!CHO$$
$$\diagdown\!\!O\!\!\diagup$$
$$CH_3CHO + 5/2O_2 \longrightarrow 2CO_2 + 2H_2O$$

反应器副产物中除 CO_2 和水以外还有微量的乙醛和甲醛。它们在精制单元中从 EO 和

EG 中分离掉，以上氧化反应均是放热反应。

（2）二氧化碳脱除机理

本装置采用碳酸盐溶液吸收 CO_2，以脱除氧化反应的副产物 CO_2，此吸收为化学吸收。

$$K_2CO_3 + CO_2 + H_2O \longrightarrow 2KHCO_3 + 6.4 kcal/mol$$

反应分五步进行：

$$H_2O = H^+ + OH^-$$
$$K_2CO_3 = CO_3^{2-} + 2K^+$$
$$H^+ + CO_3^{2-} = HCO_3^-$$
$$K^+ + HCO_3^- = KHCO_3$$
$$CO_2 + OH^- = HCO_3^-$$

速度由第五步控制，在接近大气压下，用蒸汽汽提富碳酸盐液，将 CO_2 从系统中解析出来，排至大气。

$$2KHCO_3 \longrightarrow K_2CO_3 + CO_2 + H_2O$$

8.2.4 环氧乙烷工艺流程

环氧乙烷（EO）是一种简单的环醚，属于杂环类化合物，分子式为 C_2H_4O，在低温下为无色透明液体，在常温下为无色带有醚刺激性气味的气体，是重要的石化产品。环氧乙烷早期被用来制造杀菌剂，现在被广泛地应用于洗涤液、制药、印染等行业，在化工相关产业可作为清洁剂的起始剂。环氧乙烷是继甲醛之后，出现的第二代化学消毒剂，至今仍为最好的消毒剂之一，也是目前四大低温灭菌技术（低温等离子体、低温甲醛蒸汽、环氧乙烷、戊二醛）最重要的一员。环氧乙烷工艺分为 EO 反应工段、CO_2 脱除及 EO 吸收工段、轻组分脱除及 EO 精制工段等部分。

（1）环氧乙烷 EO 反应工段工艺流程

① 工艺流程简介。

如图 8-1 所示，从脱除工段来的循环气首先与新鲜乙烯、甲烷混合，然后进入氧气混合喷嘴 M-101，氧气在这里加入循环气中。

混合喷嘴确保在安全、可控条件下使氧气与循环气达到充分的混合，补充抑制剂后，反应器进料气体在 E-101 中被 EO 反应产品气体从 77~78℃加热到 148~152℃。

被预热的反应器进料气体进入列管式反应器（R-101），在反应器中，乙烯和氧气在银催化剂床层上发生反应生成 EO；反应副产物有二氧化碳、水和微量的醛类。离开反应器的混合气体温度为 234（282）℃。

反应产品气体经过三次冷却。在产品第一冷却器（E-102）中，通过产生中压蒸汽，反应产品气体被冷却到 202~207℃，在进料/产品换热器（E-101）中被冷却到 138℃，在产品第二冷却器（E-203）中被进一步冷却到 51~53℃。

② 氧气混合喷嘴（M-101）。

这种特殊结构的氧气混合喷嘴，可使氧气只需很短的管道就能快速地稀释，在其出口配有温度测量仪防止预燃产生，确保混合过程安全进行。

通过两种气流的压力和流速的适当平衡实现了快速混合并防止烃类气体进入氧气管线。通过安装在管道中的两个不同直径的同心环状喷射器把氧气注入烃气流中。为使流速、压力分布均匀，在其上、下游各安装一段直管，直管段管长最小应是管径的 10 倍，这样使开、停车期间需要的吹扫气流量最小。

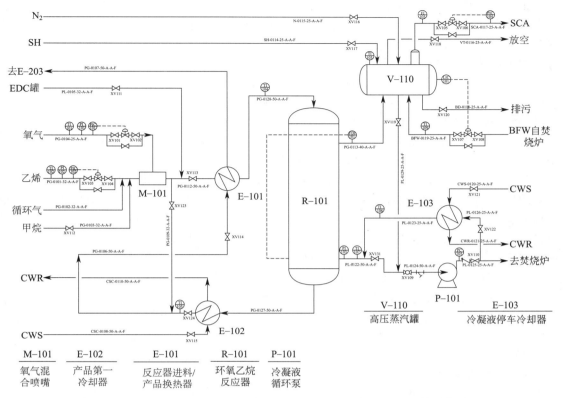

图 8-1 乙氧基化——环氧乙烷 EO 反应工段简化后的 PID 流程图

混合喷嘴要安装在装置外围,远离主要设备/管道系统,以避免着火对邻近管线、设备等造成冲击。喷嘴要水平安装,周围有混凝土防护墙保护。

③ 催化剂抑制剂系统。

为获得最佳的 EO 收率,必须使用抑制剂来抑制乙烯完全氧化生成二氧化碳的反应。

抑制剂在进料/产品换热器(E101)之前加入反应器进料管道中。添加量是根据中试装置的操作而确定的,即每百万摩尔的反应器进料气加 4 摩尔的二氯乙烷,工业操作上最佳补充速率低至每百万摩尔进料气加 0.05 摩尔的二氯乙烷,因为大量的衍生氯化物经尾气压缩机进行循环。工艺设计的纯二氯乙烷补加速率为 0.035kg/h 到 0.15kg/h 之间(使用 S859 催化剂)。随着新型催化剂的不断推出,催化剂的活性及选择性都在不断提高,因而抑制剂的需求量也在不断变化中。

④ EO 反应器进料/产品热交换器系统。

包括 E101、E102、E203。在进料/产品换热器 E101 中,反应器进料气体从 77(78)℃预热到 148(152)℃,而反应器产品气体则从 202(207)℃冷却到 135(138)℃;在产品第一冷却器 E102 中,反应器出口气体从 234(282)℃(使用 S-859 催化剂)冷却到 202(207)℃,同时产生 1.39MPa(G)的蒸汽。

在产品第二冷却器 E203,反应器产品气体被离开 C203 的富吸收液从 135(138)℃冷却到 51(53)℃。

对易发生冷凝的气体管线要注意腐蚀的发生,尽量减少滞流管线的数量,从而最大限度地降低凝液的沉积,避免形成火源。

⑤ EO 反应器系统。

正常操作时，壳程的水被加热蒸发，蒸汽在壳程上升，一部分蒸汽在顶部预热进料气体而本身冷凝下来，其余蒸汽带着大量液体离开反应器壳程，在 V110 罐中被夹带的液体与蒸汽分离并与补充水混合后回到反应器壳程。离开汽包的蒸汽在压力控制下送到管网系统，通过控制蒸汽的压力来调整反应器的反应温度。

进料气体在 148（152）℃情况下进入反应器顶部，并在列管的预热段被加热到与壳程水温度差 2℃范围以内，然后进入催化剂床层，在催化剂床层上发生放热反应，使催化剂与邻近撤热水的最大温度差（PTD）达到 10～15℃。催化剂使用初期最大温差在催化剂床层的 2～4m 处（从管子顶端算起 3.2～5.2m 处），随着催化剂使用年限增加，PTD 的位置向床层的下部转移，PTD 值也缓慢增加。氧气转化率提高，也会导致 PTD 值增加。

气体温度用装在催化剂管子中心部位的热电偶测量，撤热水温度用插在未装催化剂的、带孔的反应管内的热电偶测量，这些测量温度有一部分被连续记录下来。反应气体和撤热水的局部温差，取决于反应程度以及反应气和撤热水之间的传热速率。反应程度或转化率，是通过调节反应器蒸汽包的压力来控制的。设计转化率要求的撤热水温度由进料组成、空速、抑制剂添加量及催化剂活性等几个因素决定，一般情况下在 215～265℃。

尽管气体温度在大多数管段上比撤热水温度高，但管壁温度却接近于撤热水的温度，这是因为管壁与撤热水之间的传热系数很高。撤热水侧的传热系数通常超出 8000kW · m^2 · ℃，而气体侧的传热系数只有 500～700kW · m^2 · ℃。据估算，管壁与撤热水之间的轴向平均温差为 3～4℃（预热部分管壁温度比撤热水温度低，预热部分的轴向平均温差不超过 1℃）。

EO 反应器 R101 的结构像一个大的固定床换热器，内径 3450.0mm，有 3260 根装有催化剂的管子，每根管子外径 44.9mm，壁厚 3.0mm，长 12190.0mm。壳程里的撤热水移走大部分的反应热，并把进料气体预热到反应温度。

反应器中有 20 根管子装有测量催化剂温度的热电偶套管，有 4 根管子装有测量冷却水温度的热电偶套管，每一个测量催化剂温度的热电偶套管装有 5 个热电偶。每一根测量冷却水温度的热电偶套管也装有 5 个热电偶，这 4 根管子上有孔，但与气体接触的一端是封闭的。

催化剂管子装有惰性球及催化剂，如表 8-1 所示。

表 8-1 每个填充层的填料

每个填充层的长度	填料
上部 1220mm（大约）	顶部惰性球
下部 10670mm	SHELL EO 催化剂

催化剂管子上面的惰性球用来预热反应器进料气体，把它加热到略低于撤热水的温度。

通过科学的管子排列方式提供最佳的流路通道，使流量均匀分布。壳程挡板给管子提供中间支撑，但要对轴向的两相流动阻力最小。

反应器壳层内有 10 行等间隔的条状挡板，每行由 6 块呈 30°角倾斜的等宽挡板组成，相邻行之间的挡板呈相反方向倾斜排列，这种排列方式是为了防止壳程内部形成气囊进而造成局部过热或管子内部反应失控。

靠近壳壁的挡板与壳之间的公称间隙至少要有 38mm，便于释放蒸汽。挡板从反应器壳开始向上倾斜，利于挡板下面产生的蒸汽上升。

每个流道的末端留有观察孔（手孔）。

⑥ 反应条件及控制。

a. 反应条件。

典型的环氧乙烷装置进入反应器原料的单程转化率是：乙烯 7%～12%，氧气 30%～52%。参与反应的乙烯，三分之一以上生成了目的产物环氧乙烷，其余的生成了二氧化碳、水、微量的乙醛（ACH）及甲醛。为了设计，假设反应产物气流中醛的总量为 0.001 摩尔 ACH/摩尔 EO，但在实际生产中一般低于该值。根据用户的设计进料组成，规定产率和转化率编制物料平衡。编制物料平衡时，假设在规定的反应条件下甲烷、乙烷、氮气和氩气都不参与反应，氩气通过放空从循环系统中脱除，乙烷不参与反应，但它能提高催化剂活性降低选择性。

随着时空产率（$kgEO/m^3 cat. H$）的提高，乙烯生成 EO 的选择性下降。

气体通过催化剂床层的压力降可根据下式进行估算。

$$P=0.491\times(Lc+0.5Lp)/(P\times mol\ wt)\times F1.83$$

式中，P 为压力降，kPa；Lc 为催化剂床层的高度，m；Lp 为惰性球的高度，m；P 为反应器入口的绝对压力，MPa；mol wt 为反应器进料气体的分子量；F 为每根管子的进料速率，kg/h。

b. 反应控制。

设计的反应控制系统快速灵敏，能维持所需的操作条件。撤热剂的温度由撤热剂的蒸汽压决定，压力控制是通过压力控制器调节高压汽包管线上的阀门来实现的，因此撤热剂的温度通过调节反应器壳程的压力来控制。撤热剂的温度控制转化率，加上气体进料速率和产率，可以确定放热的速率。设计转化率所需的撤热剂温度低于可造成失控反应（氧气全部转化成了二氧化碳和水）的撤热剂温度 5～15℃。

在反应器列管的预热段，管外蒸汽冷凝，释放的显热用来加热进料气使气体温度迅速升高。在管子的反应区，初始反应温度主要决定于催化剂的活性，床层的温度分布则是由氧浓度的降低和壳程内液体静压造成的撤热剂温度的提高决定的。

每根催化剂热电偶套管装有 5 个热电偶，如果任一点温度超过正常操作值（如超出正常温度 20℃），表明反应中正在产生或已经发生飞温。当发生飞温反应时，必须立即切断氧气进料。

发生飞温反应时 EO 的收率为零，继续操作只能是浪费。短时间的飞温反应可造成局部催化剂失活，长时间的飞温反应会对催化剂造成永久损害。尽管有几根装填不良的管子可在飞温反应条件下连续操作，但决不能故意进行连续不断的飞温反应。

下列反应条件为最佳设计值（表 8-2）。

表 8-2　EO 反应设计条件

反应条件	初期	末期
乙烯转化率/%	8.47	9.29（依照 S859 催化剂设计）
氧气转化率/%	30.28	42.87（依照 S859 催化剂设计）
进料氧浓度/%mol	8.15	7.46（依照 S859 催化剂设计）
EO 的收率/%	81.12	74.06（依照 S859 催化剂设计）
空速	4003	3998
单管流量/(kg/h)	52.83	53.66
入口压力/MPa	1.72	1.72
出口压力/MPa	1.53	1.52
入口氧爆炸极限/%mol	9.325	9.170
出口氧爆炸极限/%mol	6.855	5.303（依照 S859 催化剂设计）

⑦ 催化剂性能随时间的变化。

催化剂活性随时间的延长逐渐降低，活性的降低是由于进料中的杂质和银在催化剂表面上烧结造成的。由于进料杂质含量和操作的严格程度不同，催化剂活性下降速度会明显不同。

降低进料气中微量的硫、乙炔及重氯化物含量，有利于延长催化剂的使用寿命。

随着催化剂活性下降、收率降低，撤热剂温度和压力要相应提高，在催化剂整个使用周期内，撤热剂温度可升高 50℃（使用 S859 催化剂）。

⑧ 产汽系统和冷却系统。

a. 高压蒸汽（2.0MPa）。

反应放出的热量利用壳程的蒸汽移走。正常情况下，冷却系统是靠热虹吸原理工作，从汽包 V110 来的水经环状总管和分配支管进入反应器壳程底部，蒸汽/冷凝液离开反应器壳程同样经过一个环状带有分支的出口系统，回到汽包然后和 190℃ 的补充水混合。

为确保虹吸操作的稳定性，汽包中的最低液位也要高出反应器底部管板 15m。从汽包到环管的水管线为 10″，返回汽包的两根蒸汽管线为 8″。在催化剂的使用寿命内，返回汽包的管线中蒸汽占 4%～6%。

蒸汽系统的压力是工艺过程的一个重要参数，因为它决定温度、产率和 EO 反应的选择性。高压蒸汽包的产汽率在前期为 16044kg/h，后期为 19378kg/h（使用 S-859 催化剂）。反应器蒸汽包 V110 的容积是按照 20 分钟不加补充水仍有蒸汽产生设计的，汽包液位低会引起氧气联锁系统停车。

汽包液位是由三冲量调节系统控制。为确保反应器撤热剂质量，要连续向中压蒸汽包 V109 排放，V110 产汽总管压力太高会引起氧气联锁系统动作。

高压蒸气包的补充水（初期 16371kg/h，末期 19773kg/h）在工艺放空炉 F101 中从 110℃ 加热到 190℃。为确保供水量，在 P010A/B 泵出口安装了差压低开关，当供水压力太低时，自动启动备用泵。

为减少反应器及有关设备的腐蚀/堵塞现象，保持水质是至关重要的。

由于不允许加入磷酸盐（可能使催化剂中毒），残留水的硬度会沉积为硬垢，难以去除并降低传热性能。

反应器壳程装有检查孔，便于定期对底部管板和垂直管进行检查。

高压蒸汽产汽系统是按催化剂末期条件设计的。

b. 中压蒸汽（1.4MPa）。

在产品第一期冷却器 E102 中，通过产生 1.39MPa（198℃）的蒸汽，将反应产品气体从 234（282）℃ 冷却到 202（207）℃。

c. 分析系统。

为确保反应安全最佳地进行，需要连续地对反应器进料和产品气体进行分析。分析系统有一个第一快速管路，对气体快速采样，经减压后送到分析室，一部分样品经第二管路送到分析仪。来自第一回路的废气经尾气压缩机回收。如果第一快速回路的流量太低，氧气联锁系统就会动作。

第一，反应器进料气体取样（在氧气混合喷嘴下游）。第一快速回路要在几秒钟之内将样品送到分析室（从氧浓度偏离正常值到最终关闭氧气阀门，总的响应时间最长为 20 秒）。考虑到实际布置及仪器的体积，如果回路管线的尺寸为 1/2″，相应气体流量为 18kg/h。

第二，反应器产品气体取样。同第一回路的管线直径 1/2″ 一样，要求取样气体流量为 18 kg/h，以保证充分响应。在反应器周围装有下列在线分析仪：

——反应器入口气体氧分析仪，与氧气联锁系统相连，以确保氧气浓度在爆炸极限以内。

——反应器出口气体氧分析仪,与氧气联锁系统相连,以确保氧气浓度在爆炸极限以内。

——反应器入口/出口备用氧分析仪。

——气相色谱仪,可分析六种组分(甲烷、乙烯、乙烷、二氧化碳、氮气、氧气+氩气),可选择分析反应器入口和出口气体。结果用于计算爆炸极限、反应的选择性、CO_2 脱除部分操作控制及维持循环气系统的最佳浓度。

——反应器出口一氧化碳分析仪,通过检测反应器出口一氧化碳的浓度,迅速反应是否发生尾烧。

——反应器出口环氧乙烷分析仪,用于计算反应器的选择性。

——反应器入口乙烯分析仪,作为趋势记录仪。进行色谱仪维护时,时间不超过几个小时,不用停止反应,因为乙烯浓度能够维持所要求的水平。

(2) CO_2 脱除及 EO 吸收工段工艺流程

乙氧基化——环氧乙烷 EO 吸收工段简化后的 PID 流程图如图 8-2 所示。

反应产品气体经过二次冷却后,温度降到 135(138)℃。这股物流在产品第二冷却器 E203 中,与从 EO 吸收塔 C203 中来富吸收液进行换热,进一步冷却 51(53)℃,富吸收液从 41(42)℃被加热到 67(69)℃。

冷却后的反应产品气体进到 EO 吸收塔 C203(在 2000 年扩能改造中此塔内件改为规整填料)的急冷段,气体中的一些杂质,如轻的有机酸、微量分解的抑制剂被碱性急冷循环液吸收(甲醛也在这里脱除)。

急冷液离开塔釜的温度为 47℃,为脱除反应产生的水分,取一股物流到急冷排放解析塔 C203。用泵 P205 把急冷液送到急冷冷却器 E205 冷却到 42℃,然后再回到 EO 吸收塔的急冷段,急冷液的循环量为 160m^3/h。

离开急冷段的气体与 35℃的贫吸收液逆向接触吸收 EO,苛性碱连续加到贫吸收液中维持 pH 值在 7.3~9.5 之间,以确保脱除气体中残余的少量酸性化合物,并把消泡剂加到贫吸收液中(消泡剂应为无硅级)。为保证在 EO 吸收塔中,EO 的吸收率达到 99.6%(包括急冷排放和乙二醇的生成),吸收剂的流量定为 258.8m^3/h(扩能前 EOC),塔的内径定为 3000mm。

EO 吸收塔的压力,以及循环气管道(从反应器进料到循环气体压缩机入口)的压力是通过排放少量(0.18%)EO 吸收塔塔顶气体,从而降低惰性组分含量来控制的。设计排放速率为 299(301)kg/h。此外,循环压缩机密封点处、法兰接头、采样点、排放阀和仪器取样等都会造成少量损失,从而减少所需的正常排放量。

(3) EO 解析和乙二醇脱除工段工艺流程

① 工艺流程简介。

EO 吸塔中被吸收下来的 EO,在 EO 解析塔 C204 内从富吸收液中解析出来。富吸收液离开 EO 吸收塔的温度为 41℃,预热到 103℃后进入 EO 汽提塔顶部,塔顶出料(EO/水)到轻组分脱除和 EO 精制部分。塔釜出料温度为 124℃。

EO 解析塔设计能力可使吸收的 EO 有 99.95% 解析出来,其余 0.05% 的 EO 随同塔釜出料离开。然而,在升温过程中,富吸收液中的 EO 会发生水合反应,同样随着温度的升高,塔板上滞留的 EO 会与水进一步水合成乙二醇和二乙二醇。为确保产品收率,要把水合反应降到最低程度,可采用相对降低 EO 解析塔的进料温度和操作压力来实现。

进料温度和组成的微小变化也会影响到 EO 水合。

富吸收液中所含的 EO,大概有 4% 左右在换热器和塔中发生水合。相对 EO 解析来讲,EO 的水合可看做是"损失",塔顶的 EO 净吸收率就变成 96.0%。然而在操作中,如果蒸发速度太低,塔中环氧乙烷浓度增加,压力增加,EO 水合程度会大大提高。

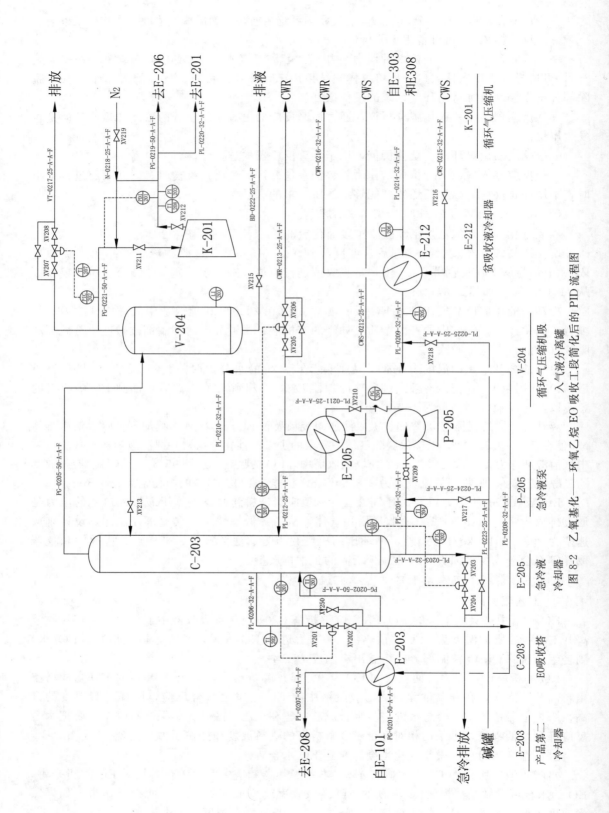

图 8-2　乙氧基化——环氧乙烷 EO 吸收工段简化后的 PID 流程图

该工艺是按塔顶蒸汽中最大含有 40%mol 的 EO 来设计的。少量在 EO 吸收塔中被吸收下来的碳氢化合物，二氧化碳也在塔顶出料。此塔有 26 块高效浮阀塔板，上面 13 块塔板的溢流堪较低（在 2000 年扩能改造中此塔上塔内件改为规整填料），这样可减少含有大量 EO 液体的停留时间，有助于抑制 EO 水合，塔的内径为 2050mm。

解析 EO 所需的蒸汽一部分来自直接蒸汽，一部分来自间接蒸汽。蒸发速度要保持稳定，由塔顶温度控制蒸汽的加入量，以获得所需的 EO 解析效果。

为了脱除循环吸收液中的钠盐、乙二醇、二乙二醇，从上塔引出一小股送到 EO 解析塔釜提浓段，提浓段在 EO 解析塔的底部。含乙二醇的物流离开提浓段后，在乙二醇排放闪蒸塔中予以回收。

EO 解析塔釜提浓段有 4 块浮阀塔板，液体从 EO 解析塔上塔的第 5 块塔板流到提浓段顶部塔板的上面。蒸汽从第 5 块塔板下面进入 EO 解析塔。热虹吸再沸器由来自乙二醇部分的 3.5MPa 蒸汽加热。

提浓段隔板室的液位控制器控制其底部乙二醇的排放量。通过增加乙二醇排放量，向 EO 吸收液中加入脱盐水的方法，可降低循环吸收液中的乙二醇含量。

提高乙二醇的排放量，同样会降低排放液中的乙二醇浓度。

② 富吸收液加热和贫液冷却。

从 EO 吸收塔来的富吸液，在产品第二冷却器 E203 中被 EO 吸收塔进料（反应产品气体）从 41（42）℃加热到 67（69）℃，在进解析塔 C204 之前，先后在进料/塔顶物料换热器 E208 及进料/塔釜物料换热器 E207 中进一步加热。

为了限制 EO 水合为乙二醇，要把富吸收液在换热器和 EO 解析塔进料管线中的滞留降到最低程度。

来自解析塔塔釜的贫吸收液在吸收制冷单元中进行冷却，温度从 124℃降到 118℃，贫吸收液在 E207 中（被富吸液）继续冷却到 87（89）℃，然后分成三股，一股给轻组分塔再沸器 E303 提供热量，第二股作为 EO 精制塔再沸器 E308 的热源，第三股旁路通过这两个再沸器，在贫吸收液冷却器 E212 上游与前二股物流混合，在 E212 贫吸收液最终被冷却到 35℃。经冷却后的贫吸收液作为 EO 吸收塔、残余 EO 吸收塔和放空吸收塔的吸收液。

③ 贫吸收液在吸收制冷单元的冷却。

水在不同温度等级下蒸发就是这种类型制冷的操作原理。推动力是在两个温度等级之间的高效冷凝和冷凝/吸收。

设备由两个部分组成，安装在不同的高度上，较低的分成吸收器和蒸发器两部分，较高的包括蒸汽发生器和冷凝器两部分。

蒸发器装有制冷剂（即水），通过蒸发制冷剂维持所需要的低温，需冷却的介质提供蒸发所需要的热量，介质流经浸在制冷剂中的盘管得到冷却。把制冷剂循环并喷到盘管上面以增强蒸发效果。

利用与水的亲和力来吸收溴化锂，造成了蒸发器的低压力和与吸收器的压力梯度。吸收水后被稀释的锂溶液经泵输送，在换热器中从浓溶液中吸收热量后进入蒸汽发生器。在蒸汽发生器中通过蒸发出水溶液得到浓缩，EO 解析塔釜液提供蒸发所需的热量。水蒸气在冷凝器中被循环水冷凝，冷凝液循环回蒸发器。浓缩的溴化锂溶液离开蒸汽发生器回到吸收器前被来自吸收器的稀溶液冷却。此单元具有很高的热效率。

④ 循环气压缩。

EO 吸收塔塔顶气经气液分离罐 V204 进入循环气压缩机。气液分离罐液位高会导致氧气停车系统动作，延迟一段时间后停循环气压缩机。

从 V204 中排出一小股物流,以便除去惰性组分,这股物流通常被引入工艺放空炉中焚烧。如果罐的压力过高时,V204 的压力控制器会启动紧急放空阀使循环气管路泄压。

循环气压缩机出口引出一股较大的物流,去二氧化碳吸收塔脱除二氧化碳。净化后的气体离开二氧化碳脱除系统,与没有处理的循环气体重新混合后进入环氧乙烷反应系统。如果操作出现异常情况,引起压缩机入口压力高或出入口的压差低都将启动氧气停车系统。

循环气压缩机的电机或反应器进料控制出现故障,将导致循环气中断,如果流经混合喷嘴的物流中断,低流量联锁将停止氧气进料。压缩机联锁停车条件中的任何一种都将导致氧气切断系统动作,除非是压缩机超速或电动机出故障,否则压缩机停车系统都将首先切断氧气进料,延时 10 秒后再停压缩机。压缩机流量中断时,氧气切断阀已在 5 秒前完全关闭。

乙氧基化——环氧乙烷 CO_2 吸收工段简化后的 PID 流程图如图 8-3 所示。

⑤ 二氧化碳吸收。

循环气中的二氧化碳用碳酸钾溶液吸收。

在碱性溶液中二氧化碳的吸收过程为化学吸收。温度低,对吸收平衡有利,但反应速度低;当温度高时,不利于吸收平衡,但反应速度增加带来的有利因素大于不利因素,所以利用热的碳酸盐做吸收剂,无须换热器来冷却吸收剂,在经济上有一定的优势。

该塔内径为 2100mm,有三个填料段(每段 6000mm),用鲍尔环作填料。塔的尺寸设计基础是为了防止系统发泡。加入消泡剂可以最大限度降低发泡。塔顶装有除沫器减少夹带的吸收剂。

为了减少二氧化碳吸收塔中吸收液的冷却,以及在二氧化碳解析塔中加热吸收剂所需的蒸汽,在二氧化碳吸收塔进料预热器 E201 中,二氧化碳吸收塔进料气体被加热,并用水饱和。用二氧化碳解析塔顶部出料做加热介质,采用清洁的冷凝液使物流饱和。二氧化碳吸收塔气体进料由 58℃加热到 96(93)℃,二氧化碳解析塔顶部出料从 104(103)℃冷却到 99℃。

为了保证二氧化碳吸收塔进料为饱和状态,在 E201 中水经过喷嘴喷入换热器的壳层中,多余的液体收集在 E201 的集液管中,这些液体再回到喷嘴,气体饱和所需要的补充水为 1455(1544)kg/h。在 E201 中二氧化碳吸收塔进料气体处于连续不断的饱和状态下,传到气体中的热量大多用来汽化喷入的水,从而每一传热单元的温升很小。换热器单位传热面积可从二氧化碳解析塔物流中移走更多的热量。

二氧化碳吸收塔塔顶气体出塔时的温度为 111℃已被水饱和,在气体冷凝器 E202 中,这股气体被压缩机出口不通过脱碳系统的循环气冷却到 70(74)℃,部分水从气体中分离出来,在 E202 中不通过脱碳系统的循环气从 58℃被加热到 87(90)℃。二氧化碳吸收塔塔顶物流在 E206 用冷却水继续冷却,在分离罐 V201 中分离掉携带的水后与主体循环气混合。分离罐 V201 温度为 51℃,混合后的气体回到反应部分。

分离罐 V201 收集的冷凝液,送到碳酸盐闪蒸罐 V202 填料顶部,洗涤碳酸盐闪蒸罐闪蒸出的气体。

为防止碳酸盐液体被带进反应器催化剂列管中,分离罐 V201 的操作相当重要。催化剂受到碳酸盐污染后,选择性会下降。

⑥ 二氧化碳的解析。

从二氧化碳吸收塔塔釜来的富碳酸盐溶液在闪蒸罐 V202 中回收乙烯,防止在二氧化碳解析塔顶损失掉。被闪蒸出的液体靠自重力流入二氧化碳解析塔。碳酸盐闪蒸罐的操作压力为 0.22MPaG,进入的乙烯大约有 90% 回收。为了更好地分离气相,设计的闪蒸罐内径与二氧化碳解析塔内径相同(1950mm)。入口有节流孔板,以提高汽液分离效果。10″的气相

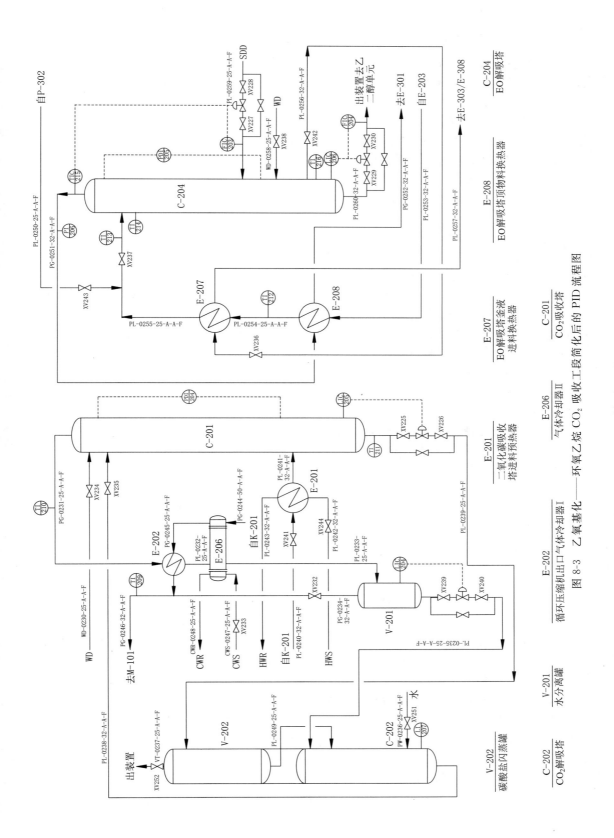

图 8-3 乙氧基化——环氧乙烷 CO_2 吸收工段简化后的 PID 流程图

出口管装有 2000mm 高的鲍尔环,可把蒸汽中夹带的含有碳酸盐的液滴分离掉。水分离罐 V201 中的冷凝液喷到填料顶部,回到碳酸盐循环系统。夹带的冷凝液被金属丝分离下来。碳酸盐闪罐安装在二氧化碳解析塔的顶部。

来自碳酸盐闪蒸罐 V202 中的液体在二氧化碳解析塔中,用再沸器和直接蒸汽使之解析。在 C-202 中,闪蒸气与富液分离,溶液流入两个 3500mm 填充 IMTP45 无规则填料的床层,在此,富液逆流遇蒸汽,CO_2 从富液中解析出来。每个床层顶部装有 400mm 无规则填料 TUPAC2.5。脱除的 CO_2 和蒸汽伴随闪蒸气从 C-202 顶部出来。

碳酸盐溶液中钾含量(碳酸钾的摩尔质量,无乙二醇),在富吸收液中为 30%,在贫吸收液(汽提后的塔釜液)中为 60%,其余的钾以碳酸氢盐形式存在。与碳酸钾溶液接触的设备采用 304L 材质制造,以防止碳酸钾溶液中氯化物带来的应力腐蚀裂纹和碳酸氢盐的腐蚀破坏。

⑦ 二氧化碳脱除系统的控制。

反应器进料气体中二氧化碳的含量,要控制在设计的浓度之内。用在线色谱仪连续分析反应器进料气中二氧化碳的浓度。可通过增加去二氧化碳脱除系统的循环气流量,或增加二氧化碳吸收塔的碳酸盐循环量以及增加二氧化碳解析塔再沸器的蒸汽量,来降低二氧化碳的浓度。一般情况下,去二氧化碳吸收塔的循环气流量要接近设计值,去二氧化碳解析塔再沸器的蒸汽流量要维持最小值,并能确保二氧化碳在反应器进料气中的浓度满足要求。补充水量和直接蒸汽加入量控制碳酸盐的浓度。

再循环的吸收剂中乙二醇的浓度大约为 6%wt。

(4) 轻组分脱除和 EO 精制工段工艺流程

① 工艺流程简介。

在 EO 精制、轻组分脱除工序中,从 EO 解析塔顶出来的 EO 水溶液冷凝后,在轻组分塔中脱除微量的二氧化碳和其他轻组分。

EO 水溶液在精制塔中脱水精制,高纯度 EO 产品储存销售,低纯度 EO 作为乙二醇反应器的原料。

EO 产品必须在氮封下储存。放空气体中的 EO 被放空吸收塔回收,剩余的惰性气体排放到大气中。

EO 水溶液应保持在 11℃ 以上,避免冻凝。对于轻组分塔、残余 EO 吸收塔和放空吸收塔来说,所有塔直径相对较小,用鲍尔环填料填充。

② 轻组分脱除。

乙氧基化——环氧乙烷轻组分脱除工段简化后的 PID 流程图如图 8-4 所示。

轻组分脱除系统中,塔底 EO 物流中 CO_2 的含量要求小于 $10mL/m^3$。

EO 解析塔顶蒸汽大约含 60%wt 的 EO 和 40%wt 的水,先在 E208 中预热 EO 解析塔的进料,然后和轻组分塔顶物一起进到解析塔塔顶冷却器 E301 中,温度从 79℃ 被冷却到 40℃。

不凝物主要是二氧化碳、乙烯和 EO,在解析塔顶放空冷却器 E302 中被冷却到 15℃,大部分 EO 作为凝液回到解析塔顶缓冲罐 V301。

从解析塔顶冷却器来的冷凝液,经带孔的浸渍管进入解析塔顶缓冲罐,温度 40℃。解析塔顶缓冲罐中的物料,由泵打入轻组分塔 C301。在轻组分塔中,二氧化碳、乙烯和其他溶解在 EO 水溶液中的轻组分及部分 EO 蒸汽一起脱除。塔顶气体回到 EO 解析塔顶冷却器中以回收 EO。轻组分塔塔釜含有 58%wt 的 EO,用泵打到 EO 精制塔 C302 中。

正常操作时,塔釜温度 35℃。热地贫吸收液作为轻组分塔再沸器 E303 的加热介质。低压蒸汽也可加入塔底以确保轻组分的脱除效果。温度太低,即低于设计值,将影响二氧化碳

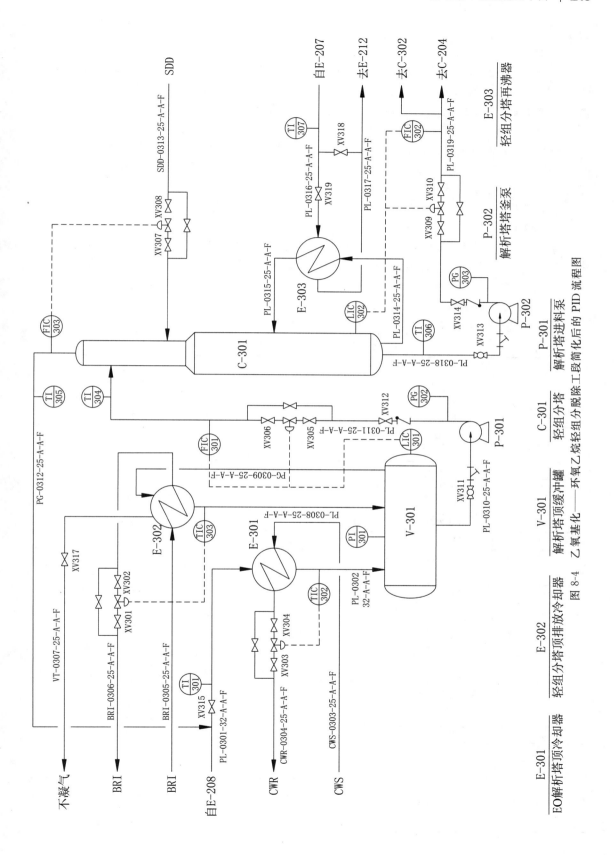

图 8-4 乙氧基化——环氧乙烷轻组分脱除工段简化后的 PID 流程图

的脱除效果，导致后面设备的严重腐蚀。

③ 环氧乙烷精制。

EO 精制塔设计能力为 3 万吨/年的高纯度 EO，其乙醛含量小于 $10mL/m^3$。在 EO 精制塔 C-302 中，EO 从塔顶蒸出，塔顶气被冷却到 29℃，大部分 EO 塔顶冷凝液作为回流，一部分作为低纯度 EO 产品被送到乙二醇反应器，这股物流含有微量杂质如二氧化碳和甲醛。

高纯度 EO 产品在第 58 块塔板侧线采出，并送到高纯度 EO 贮罐中。

EO 精制塔塔釜主要是含有乙二醇、乙醛和至少 30%wt 环氧乙烷的水溶液，送到乙二醇单元的乙二醇反应器。在 0.2MPaG 压力下塔釜温度为 60℃。使用热的贫吸收液作为再沸器 E308 的加热介质。低压蒸汽加入到塔釜起同样的作用。

乙氧基化——环氧乙烷 EO 吸收精制工段简化后的 PID 流程图如图 8-5 所示。

④ EO 贮存。

高纯度 EO 产品离开 EO 精制塔被高纯度 EO 产品冷却器冷却到 20℃。低纯度 EO 可临时贮存在 EO/水缓冲罐 V305 中，经过 EO 水溶液贮存冷却器 E-311 循环冷却，把它的温度维持在 40℃。容器必须氮封，保持 0.36MPaG 压力。高纯度 EO 产品，用泵送到装载站。

（5）乙氧基化-环氧乙烷装置爱主要参数说明

环氧乙烷装置控制仪表和显示仪表参数分别如表 8-3、表 8-4 所示。

表 8-3 环氧乙烷装置控制仪表参数

序号	位号	正常值	单位	说明
1	PIC-104	5.12	kg/h	高压蒸汽罐压力
2	PIC-202	1.32	kg/h	压缩机吸入罐顶压力
3	FIC-204	0.8	m^3/h	EO 解析塔底出料流量
4	FIC-203	6.1	t/h	EO 解析塔蒸汽进料量
5	FIC-305	12.4	m^3/h	EO 精制塔底出料流量
6	FIC-304	3.8	m^3/h	EO 精制塔顶出料流量
7	FIC-101	5300	Nm^3/h	氧气进料流量
8	FIC-102	5600	Nm^3/h	乙烯进料流量
9	FIC202	1.4	m/h	急冷液排放量
10	FIC-301	16.4	m^3/h	轻组分塔进料量
11	FIC-302	15.8	m^3/h	轻组分塔底出料流量
12	FIC-303	290	m^3/h	轻组分塔顶出料流量
13	TIC-215	105	℃	EO 解析塔顶出料温度
14	TIC-310	54	℃	EO 精制塔塔温
15	TIC-203	42	℃	EO 吸收塔回流温度
16	TIC-303	40	℃	V301 回流温度
17	TIC-302	15	℃	V301 进料温度
18	LIC-204	50	%	水分离罐液位
19	LIC-205	50	%	CO_2 吸收塔液位
20	LIC-206	50	%	EO 解析塔液位
21	LIC-303	50	%	EO 精制塔液位
22	LIC-202	50	%	EO 吸收塔釜液位
23	LIC-201	50	%	EO 吸收塔急冷段液位
24	LIC-101	50	%	高压蒸汽罐液位
25	LIC-301	50	%	轻组分塔回流罐液位
26	LIC-302	50	%	轻组分塔液位

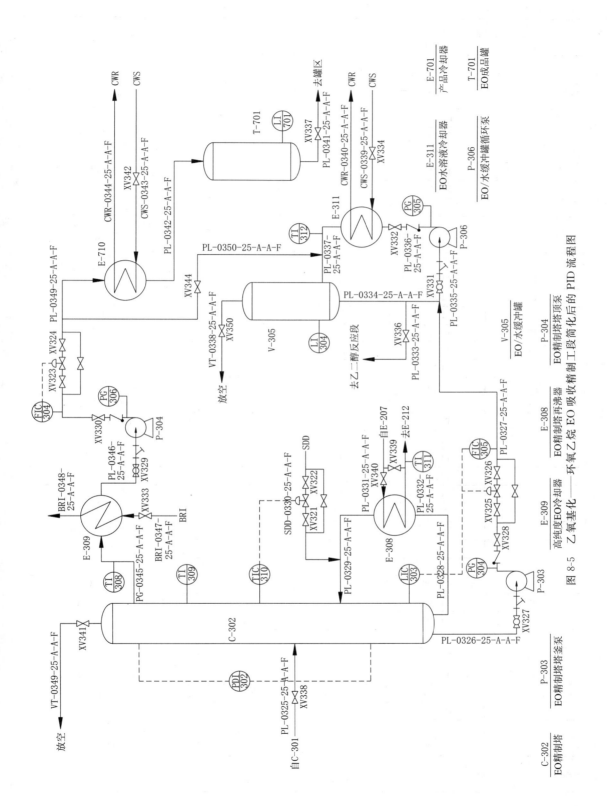

图 8-5 乙氧基化——环氧乙烷 EO 吸收精制工段简化后精化后的 PID 流程图

表 8-4 环氧乙烷装置显示仪表参数

序号	位号	正常值	单位	说明
1	LI-304	50	%	V305 液位
2	LI-207	50	%	CO_2 解析塔液位
3	LI-203	50	%	压缩机吸入罐液位
4	FI-201	160	m^3/h	EO 吸收塔回流量
5	FI-103	27.6	t/h	高压蒸汽罐顶出气流量
6	TI-209	84.6	℃	循环器返回温度
7	TI-210	111	℃	CO_2 吸收塔顶出气温度
8	TI-211	111	℃	CO_2 吸收塔底出料温度
9	TI-212	103.7	℃	E207 冷侧进料温度
10	TI-213	73.3	℃	EO 解析塔顶进液温度
11	TI-214	118.7	℃	EO 解析塔顶温度
12	TI-216	124.7	℃	EO 解析塔釜温度
13	TI-308	44	℃	EO 精制塔顶出料温度
14	TI-309	47	℃	EO 精制塔顶上段温度
15	TI-311	78.3	℃	E308 热侧出料温度
16	TI-312	39	℃	E311 热侧出料温度
17	TI-201	51	℃	EO 吸收塔进料温度
18	TI-202	41	℃	急冷段出料温度
19	TI-204	46	℃	EO 吸收塔釜出料温度
20	TI-205	35	℃	E212 热侧出口温度
21	TI-206	75	℃	E212 热侧进口温度
22	TI-207	35	℃	压缩机进气温度
23	TI-208	58	℃	压缩机出气温度
24	TI-101	40	℃	氧气进料温度
25	TI-102	30	℃	乙烯进料温度
26	TI-104	146	℃	反应器进料温度
27	TI-105	202	℃	E102 热侧出料温度
28	TI-106	120	℃	E106 热侧出口温度
29	TI-107	219	℃	反应器夹套进液温度
30	TI-108	245	℃	高压蒸汽罐温度
31	TI-109	110	℃	锅炉给水温度
32	TI-301	79	℃	E301 热侧进料温度
33	TI-304	29	℃	轻组分塔进液温度
34	TI-305	35	℃	轻组分塔顶气相出料温度
35	TI-306	35	℃	轻组分塔底出料温度
36	TI-307	89.4	℃	E303 热侧进料温度
37	PI-206	0.106	MPa	EO 解析塔顶部出料压力
38	PDIA-204	10	kPa	CO_2 吸收塔压降
39	PDIA-205	2	kPa	CO_2 解析塔压降
40	PDIA-302	40	kPa	EO 精制塔压降
41	PDIA-201	380	kPa	压缩机进出口压降
42	PI-203	1.7	MPa	压缩机出气压力

续表

序号	位号	正常值	单位	说明
43	PDI-101	100	kPa	环氧乙烷反应器压降
44	PI-101	2.65	MPa	氧气进料压力
45	PI-102	2.45	MPa	乙烯进料压力
46	PI-103	5.17	MPa	反应器夹套进液压力
47	PI-301	0.082	MPa	轻组分塔回流罐顶压力
48	PG105	5.5	MPa	P101 出口压力
49	PG204	1.36	MPa	P205 出口压力
50	PG302	0.2	MPa	P301 出口压力
51	PG303	1.5	MPa	P302 出口压力
52	PG306	0.6	MPa	P304 出口压力
53	PG304	0.5	MPa	P303 出口压力
54	PG305	0.46	MPa	P306 出口压力

8.2.5 环氧乙烷装置操作规程

环氧乙烷装置操作规程请扫描右边二维码查看。

8.3 壬基酚聚氧乙烯醚装置

8.3.1 壬基酚聚氧乙烯醚装置概况

聚氧乙烯醚装置以中国石油抚顺石化公司聚氧乙烯醚联合生产装置为原型，按比例缩小建设而成。聚氧乙烯醚生产能力为 4.6 万吨/年。装置环氧乙烷为原料，与壬基酚反应生产壬基酚聚氧乙烯醚产品的生产过程，并基于实习、实训，真实再现工作环境和模拟职业岗位，其总体规划完备，现场布局、设备选型、实训过程和生产现场保持一致。以工业化生产装置为原型，完整再现实际工艺流程，内可走真实物料，数据采用工业真实数据。

8.3.2 壬基酚聚氧乙烯醚简介

英文名称：polyoxy ethrlene nonyl phinyl ether series，TX，NP，OP

结构式：$C_{19}H_{19}C_6H_4(CH_2CH_2O)_nH$

生产原理将壬基酚在反应温度下和催化剂作用下与环氧乙烷反应生成壬基酚聚氧乙烯醚。反应式如下：

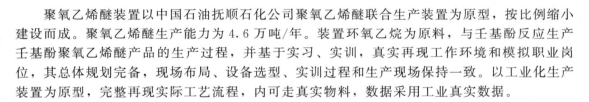

本系列产品作为乳化剂、润湿剂、分散剂、清洗剂、增溶剂等在洗涤剂和各个工业领域中均有着极为广泛的应用。例如：作为民用洗涤剂和工业清洗剂中的主要去污活性组分；在石油开采及三次采油中作为乳化降黏，清防蜡及驱油组分；在农药乳油中用作乳化剂及润湿剂；在乳化聚合中作为乳化剂及稳定剂；皮革工业中用作脱脂剂；化纤油剂单体；印染用匀染剂、净洗剂等。

8.3.3 壬基酚聚氧乙烯醚工艺流程

壬基酚聚氧乙烯醚工艺流程为定量的壬基酚和催化剂脱水处理后，在氮气气氛和指定温

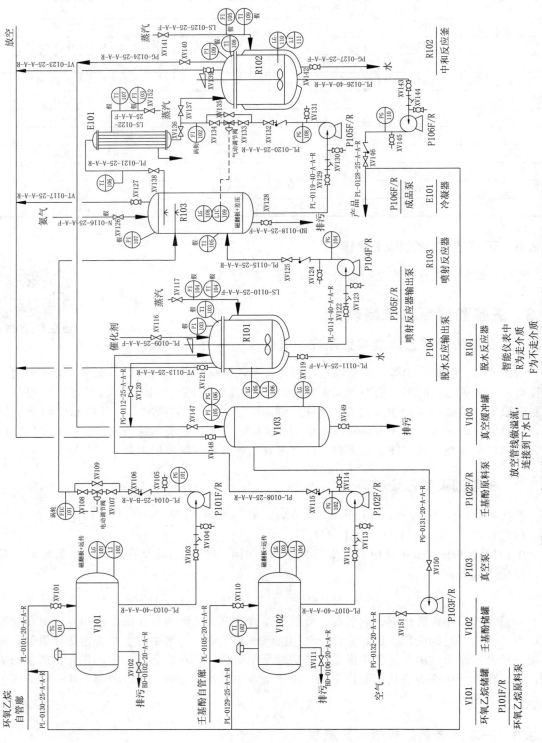

图 8-6 乙氧基化——壬基酚聚氧乙烯醚反应工段简化后的 PID 流程图

度下与环氧乙烷发生反应,产品经减压除氮操作和物料中和操作后,得到壬基酚聚氧乙烯醚产品。具体流程如下(图8-6):

① 预处理段将定量的壬基酚由壬基酚储罐 V102 经壬基酚原料泵 P02 和催化剂 (NaOH) 加入到脱水反应釜 R101 中,同时启动真空泵 P103,在110℃下减压脱水。

② 反应段160℃的物料由脱水反应输出泵 P104 进入预先处于氮气保护的喷射反应器 R101 后,启动物料循环泵 P105,循环物料并升温,在反应器内物料温度和氮气压力达到设定值后,即可通入液态或气态环氧乙烷,环氧乙烷由环氧乙烷储罐 V101,经环氧乙烷原料泵 P101,通过 E101 汽化后的环氧乙烷在高效气液混合喷射反应器中与液相物料充分混合反应,保持环氧乙烷分压,直至所需环氧乙烷加完为止。

③ 后处理段减压除氮,输送至 D102 中后中和物料,然后送至产品储罐。

8.3.4 壬基酚聚氧乙烯醚装置主要参数

壬基酚聚氧乙烯醚装置控制仪表和显示仪表参数分别如表8-5、表8-6所示。

表8-5 壬基酚聚氧乙烯醚装置控制仪表参数

序号	位号	正常值	单位	说明
1	FIC101	4.4	t/h	环氧乙烷底泵出口流量
2	LIC109	70	%	喷射反应器液位

表8-6 壬基酚聚氧乙烯醚装置显示仪表参数

序号	位号	正常值	单位	说明
1	LG110	50.00	%	中和反应釜液位
2	LI111	50.00	%	中和反应釜液位
3	LG101	50.00	%	环氧乙烷储罐液位
4	LI102	50.00	%	环氧乙烷储罐液位
5	LG103	50.00	%	壬基酚储罐液位
6	LI104	50.00	%	壬基酚储罐液位
7	LG107	50.00	%	真空缓冲罐液位
8	LG105	50.00	%	脱水反应器液位
9	LI106	50.00	%	脱水反应器液位
10	LG108	50	%	喷射反应器液位
11	LI109	70	%	喷射反应器液位
12	TG101	5	℃	环氧乙烷原料温度
13	TI102	25	℃	壬基酚原料温度
14	TI106	160	℃	喷射反应塔回流温度
15	TI107	160	℃	E101加热蒸汽温度
16	TI103	110	℃	脱水反应器温度
17	TI104	300	℃	脱水反应器夹套蒸汽温度
18	TI105	159.4	℃	喷射反应器温度
19	TI108	170	℃	中和反应釜温度
20	TI109	300	℃	中和反应釜夹套蒸汽温度
21	FI103	2006	kg/h	E101蒸汽流量
22	FI102	563	kg/h	脱水反应釜夹套蒸汽流量
23	FI105	1003	kg/h	中和反应釜夹套蒸汽流量
24	PI105	-0.014	MPa	真空缓冲罐压力
25	PI103	-0.01	MPa	脱水反应器压力
26	PI107	0.5	MPa	喷射反应器压力
27	PI109	-0.01	MPa	中和反应釜压力

8.3.5 壬基酚聚氧乙烯醚装置操作规程

壬基酚聚氧乙烯醚详细操作规程请扫描右边二维码查看。

8.4 烷基化装置

8.4.1 装置概况

烷基苯磺酸—烷基化装置以中国石油抚顺石化公司洗涤剂化工厂（烷基苯产量为15.0万吨/年），联合生产装置为原型按比例缩小建设而成。生产过程主要为长链烯烃与苯发生反应制得烷基苯。工艺装置中采用的塔器按比例缩小后，要求其直径>700mm，高度>6000mm，并基于实习、实训，真实再现工作环境和模拟职业岗位，其总体规划完备，现场布局、设备选型、实训过程和生产现场保持一致。以工业化生产装置为原型，完整再现实际工艺流程，内不走物料，采用弱电信号模拟物料走向，数据要采用工业真实数据。

中国石油抚顺石化公司洗涤剂化工厂是"七五"期间国家投资兴建的合成洗涤剂原料生产基地。工厂的烷基化Ⅰ装置是引进美国环球油品公司（UOP）的专利技术，同UOP的另一套专利技术——脱氢工艺联用，以氢氟酸作为催化剂，将苯和直链烯烃进行烷基化反应，年产7.2万吨直链烷基苯的大型石油化工装置。生产装置于1990年4月份开始建设，并于1992年9月12日实现投料试车一次成功。2001年7月进行了扩能改造，设计烷基苯产量为10万吨/年。2010年装置再次进行了扩能改造，现设计烷基苯产量为15万吨/年。

直链烷基苯是制取多种民用表面活性剂、润滑油和各种添加剂的原料。$C_{10} \sim C_{13}$的直链烷基苯经磺化、中和制取的烷基苯磺酸盐是合成洗涤剂的一种最普遍的活性组分。从1946年开始，人们用丙烯四聚物和苯合成的烷基苯制取民用合成洗涤剂的原料，但由于这种带支链烷基的烷基苯磺酸盐的生物降解能力差，某种程度上污染水源，所以许多国家都以立法形式禁止使用它。

20世纪60年代初，首次用裂解的$C_1 \sim C_4 \alpha$烯烃为原料，制取直链烷基苯，今天则使用正构烷烃脱氢生成的内烯烃大量生产洗涤用直链烷基苯。

抚顺洗化厂的烷基苯生产是采用UOP脱氢—烷基化工艺，$C_{10} \sim C_{13}$的正构烷烃（轻蜡）原料在脱氢装置进行临氢脱氢，反应流出物经过精制、分馏得到$C_{10} \sim C_{13}$的正构烷烯烃。以氢氟酸为催化剂，正构烯烃与苯发生烷基化反应。烷基化反应是通过两段混合、一段沉降系统进行的，反应流出物经过一系列的分馏塔对各种化合物进行分离，未反应的原料循环使用，直链烷基苯作为产品送到罐区，氢氟酸连续送去再生，循环使用。

8.4.2 装置的化学原理

（1）烷基化原理

烷基化装置的进料来自脱氢装置的烷烯混合物，其中含有少量的二烯烃、异构烯烃及芳烃等非理想组分。在烷基化反应过程中，主要反应是生成直链烷基苯，其次还存在着异构化、重排、聚合、环化等许多的副反应，现将其主要的、有代表性的几种反应表示如下。

① 烷基化主反应。

a. 内烯烃反应。

$$R_1-CH=CH-R_2 + \text{C}_6\text{H}_6 \longrightarrow R_1-CH_2-CH-R_2$$

b. α 烯烃反应。

$$R-CH=CH_2 + C_6H_6 \longrightarrow C_6H_5-CH(R)-CH_3$$

② 烷基化副反应。

a. 生成异构（支链）烷基苯的反应。

$$R_1-CH=CH-R_2 + C_6H_6 \longrightarrow C_6H_5-C(CH_3)(R_1)-CH_2-R_2$$

b. 生成二烷基 CH_3 的反应。

$$2R_1-CH=CH-R_2 + C_6H_6 \longrightarrow \text{对-二（}R_1\text{CH-CH}_2\text{-}R_2\text{）苯}$$

c. 生成二苯烷的反应。

$$R_1-CH=CH-CH=CH-R_2 + 2\,C_6H_6 \longrightarrow C_6H_5-CH(R_1)-CH_2-CH_2-CH(R_2)-C_6H_5$$

（2）催化剂的化学原理

氢氟酸作为烷基化反应的催化剂，其反应机理可按"碳离子学说"来解释。首先作为催化剂的氢氟酸一质子酸将其质子（H^+）付给有活化双键的烯烃，形成了带有强极性的碳离子。这种碳离子与苯核共轭键的 π 电子相互作用，释放出质子，生成烷基苯。这个过程可表示如下：

$$R_1-CH=CH-R_2 + H^+F^- \longrightarrow R_1-C^+H-CH_2-R_2 + F^-$$

8.4.3　烷基化工艺流程

烷基化是烷基从一个分子转移到另一个分子的过程，是化合物分子中引入烷基（甲基、乙基或长链烷基等）的反应，该反应广泛地应用在石油化工、精细化工等领域。烷基化工艺包括反应工段、分馏工段、回炼与中和工段构成。

（1）烷基苯磺酸-烷基化反应工段工艺流程

烷基苯磺酸——烷基化反应工段简化后的 PID 流程图如图 8-7 所示。

① 反应系统。

脱氢 100♯、300♯装置来的烷烯烃先经 HF 酸汽提塔进料换热器 E-205 降温后，一股烷烯烃与循环苯合在一起经烃进料冷却器 E-206 冷却，E-206 冷却后的物料通过分配器与含酸苯进行混合，最后烃混合物与循环酸和含苯酸一起进入静态混合器 M-204；混合后的物料进入烷基化混合器 V-203。

在烷基化混合器（V-203）内液体向上流动，流出物送往烷基化沉降器 V-204，在此酸相与烃相分离。混合器在充满液体的情况下操作，内有 45 层塔盘，以使两相充分混合，沉降器内也充满液体，烃相从容器顶部导出，酸相沉降后用泵 P204 送回到烷基化静态混合器 M-204 入口，从沉降器出来的烃相送往 HF 酸汽提塔 C-202。

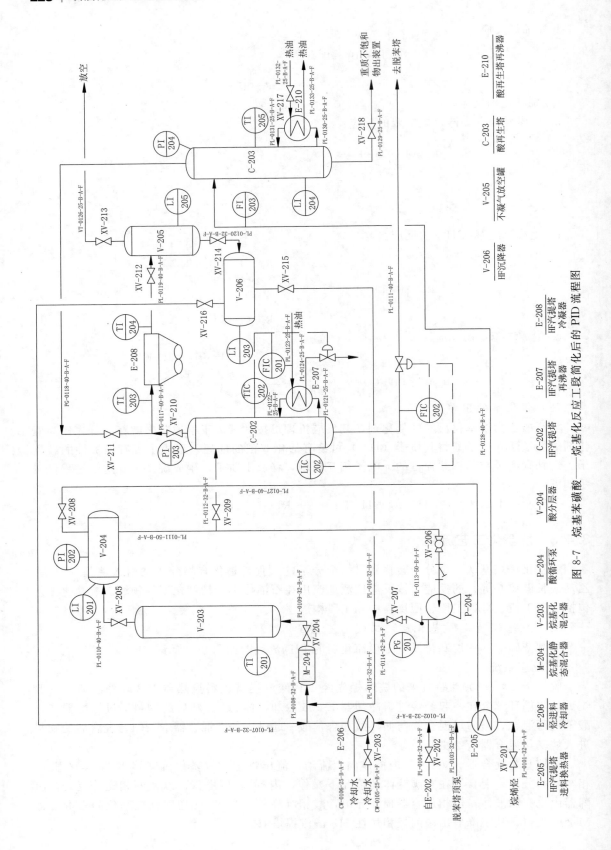

图 8-7 烷基苯磺酸——烷基化反应工段简化后的 PID 流程图

② C-202HF酸汽提塔。

从烷基化沉降器 V-204 导出的烃相送到有 20 层塔盘的 HF 酸汽提塔的顶层塔盘，溶解在烃相中的 HF 酸与 HF 酸汽提塔进料中的部分苯一起汽提出来，从塔底出来的液体事实上已不含 HF 酸，但是会含有机氟化物，当受到高温时它们会分解并再次生成 HF 酸，HF 酸汽提塔有一个对热油流量进行控制的虹吸管型热油重沸器 E-207，如果 HF 酸汽提塔由于紧急事故而降温，则去往汽提塔底的酸就会经过一个跨越管线再循环到重沸器，从而使送往苯塔的酸量减到最少。

HF 酸汽提塔的塔顶蒸汽与 HF 酸再生塔塔顶蒸汽汇集在空冷器 E-208 中冷凝，再送往不凝气放空罐（V-205），在此液相（HF＋苯）送往 HF 酸沉降器 V-206。

所有进入装置的不凝气都收集在塔顶系统，并且在不凝气放空时有一些 HF 酸会排出。因此，在观察到过量放空时操作员就应弄清不凝气的来源，采取纠正措施。

在 HF 酸沉降器 V-206 中，苯和酸相分离并循环到反应系统去。含酸苯的不凝气被送往烷基化混合器作为循环。从沉降器底部出来的含苯酸送往循环酸之中，沉降器中任何时候都应保持一定界面。

③ C-203HF 酸再生塔。

HF 酸再生塔的主要目的是除去 HF 酸中带有的重质不饱和物质，重质不饱和物聚集在塔底，较纯的 HF 酸从塔顶出来。从烷基化沉降器出来的酸经过进料加热器 E-209 送入有 12 层塔盘的再生塔的第 7 层塔盘。冷酸送到再生塔顶部作为回流。

当酸中含水量较高时，不可避免地出现酸和苯过多损失及腐蚀速率加快，这时操作员就应及时查出水含量超高的原因，并采取纠正措施。

如果酸中水含量过低，为防止出现严重乳化现象，操作员一方面必须及时调整 HF 酸再生塔操作条件，以使 HF 酸再生塔尽可能少地除去水；另一方面及时调整 C-201 塔，增加干燥苯中水含量。

HF 酸再生塔要有良好的操作就必须使再生塔的热输入分配良好，因此再生塔最好定在设计条件或接近设计条件下操作，再生塔的大部分热输入是靠酸再生塔再沸器（E-210）提供。

再生塔塔顶蒸汽与 HF 酸汽提塔顶蒸汽汇集后到冷凝器 E-208，此冷凝器配备有百叶窗和水蒸气加热盘管，以便在环境温度变化的情况下进行良好的温度控制。在 HF 酸汽提塔塔顶管线、HF 酸再生塔塔顶和冷凝器出口都提供有电动阀以便出现泄漏事故时对冷凝器进行遥控隔离。冷凝物送往不凝气放空罐（V-205），不凝气进行放空。

从 V-205 来的酸和苯送往 HF 酸沉降器 V-206，在此进行两相分离。

(2) 烷基苯磺酸-分馏工段工艺流程

烷基苯磺酸——分馏工段简化后的 PID 流程图如图 8-8 所示。

① 脱苯塔 C-204。HF 酸汽提塔塔底的出料进入 C-204 塔（40 层塔盘）的第 22 层塔盘。在苯塔中苯与重烃类分离，并在流量控制下循环回到烃进料冷却器 E-206 入口。

任何残留在苯塔塔底的苯都将从烷烃塔塔顶循环到脱氢装置而被损失，任何残留在苯中的烷烯烃则不会有不利影响，因为苯是循环到烷基化反应部分去的。苯塔的塔顶蒸汽送往由空气冷却的苯塔冷凝器（E-212），在冷凝器中有一蒸汽加热盘和百叶窗以调整空气的温度。有些风扇还有手动控制器可调翅片节距。

苯塔受器（V-207）中的塔顶冷凝物一部分在流量控制下经塔顶泵 P-208 返回作为塔的回流（流量由第 6 层塔盘的温度调整）。另一股冷凝物作为循环苯在流量控制下从塔顶泵出口送往烃进料冷却器入口。

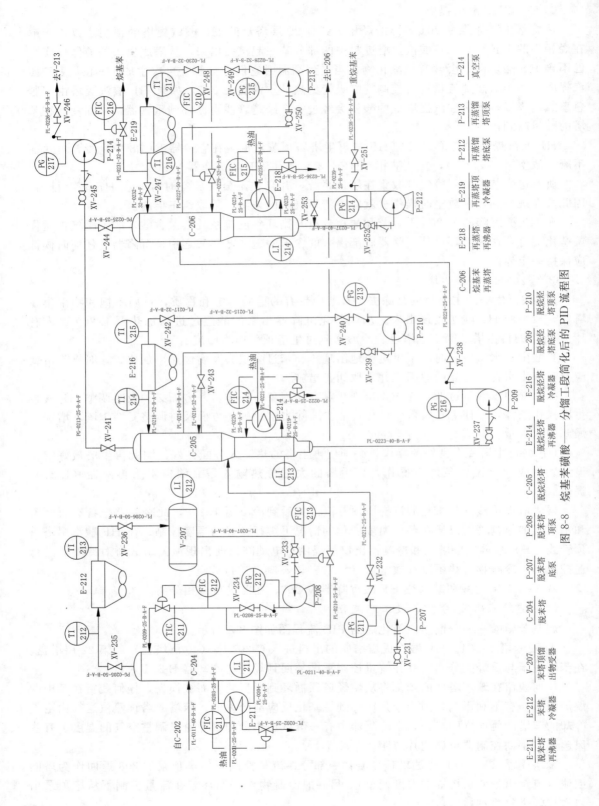

图 8-8 烷基苯磺酸——分馏工段简化后的 PID 流程图

苯塔重沸器的热输入由一个热油量控制器调整。反应系统的循环苯量也由一个流量控制器控制，这样在烷基化反应部分能获得理想的苯/烯比。

苯塔受器是装置苯藏量的缓冲罐，在受器上有带有高、低位报警的液面记录仪，必须通过调整苯汽提塔进入装置的补充苯流率来调整苯塔受器的液面。

② 脱烷烃塔 C-205。

苯塔的塔底液用苯塔塔底泵 P-207 送往烷烃塔。烷烃塔为一减压操作的填料塔，在塔顶部分有一接触冷凝器，此冷凝器由一填料段组成，正构烷烃在烷烃塔顶冷却器（E-216）冷却后，连续回流到填料段上，以冷凝从集油箱升气管上升的蒸汽。

一部分正构烷烃从集油箱出来，作为热回流返回到集油箱下方的填料净化段。这些热回流、冷回流、净循环烷烃都用烷烃塔塔顶泵 P-210 抽送。

烷烃塔的热输入由重沸器热油流量控制器来加以控制。

烷烃塔的净产塔底产物用泵送往再蒸馏塔。

烷烃塔的操作要使得塔顶液和塔底液中的杂质量达到最少。塔底液中有正构烷烃存在就会在直链烷基苯产品中出现，而直链烷基苯中正构烷烃的含量一般是有严格规定的。在塔顶液中存在任何烷基化物除了损失产品外还会使脱氢装置催化剂结焦和失活。

③ 烷基化物再蒸馏塔 C-206。

洗涤剂烷基化物和重烷基化物的分离是在减压条件下在再蒸馏塔 C-206 内进行的，再蒸馏塔为填料塔，塔顶有一接触冷凝器，塔顶泵从塔顶集油箱抽液，一部分在流量控制下进行热回流，另一部分在流量控制下经塔顶空冷器 E-219 冷却后作为冷回流，返回到 C-206 塔顶部。净产塔顶物通过塔顶冷却器冷却后通过流量控制（FIC-221）送往产品贮罐中，直链烷基苯产品在正常情况下送往日产品罐中。

重沸器 E-218 的热油由流量控制，净塔底产品用泵送往重烷基苯罐区，一部分冷却后的塔底物料返回塔底作为急冷液。

为了使直链烷基苯产品符合溴指数规格，必定有一些产品随重烷基化物损失掉，这样在塔底物中一般约含（10～15）%的直链烷基苯。切割方案的选择视洗涤剂烷基化物的用途和重烷基化物的用途而定。在一般情况下，塔底液的量为塔进料量的（8～10）%，其中约含 10% 的塔顶产物。

(3) 烷基苯磺酸——回炼与中和工段工艺流程

烷基苯磺酸——回炼与中和工段简化后的 PID 流程图如图 8-9 所示。

① 苯汽提塔 C-201。

此塔是利用溶解在烃中的水的高挥发性在塔底获得不含水的苯，它也从苯或不合格进料中脱除溶解氧或不凝物。

从罐区的苯被送往塔顶受器 V-201，其流量由塔顶受器液面控制器进行控制。苯经过塔顶泵（P-202）进行回流，补充苯泵 P-203 经苯汽提塔换热器 E-202 送往反应部分。

苯汽提塔顶受器通火炬，其体积大小足以使水分有足够的沉降时间，有小股氮气进入受器连通火炬总管的管线，以保持有轻微的氮气吹扫。水收集在受器水包内，可通过开现场的阀门直接将水排出。

塔底的苯中一般含水量小于 20ppm，如塔操作良好，实际上含水量还要低。塔的热输入由带有热油量控制器的热油重沸器 E-201 提供。

② 中和部分。在正常操作的 UOP 洗涤剂烷基化装置中，废物、对人体有害的物质和不需要的副产物是极少的。只要谨慎小心，这些少量的物质能够安全适当地处理。针对工艺废物具有潜在危险的性质，以及 HF 酸固有的危害，UOP 洗涤剂烷基化装置开发了专门的废物管理措施，下面简要叙述这些方法，以及如何安全处理 HF 工艺的废物，以防止污染环境。

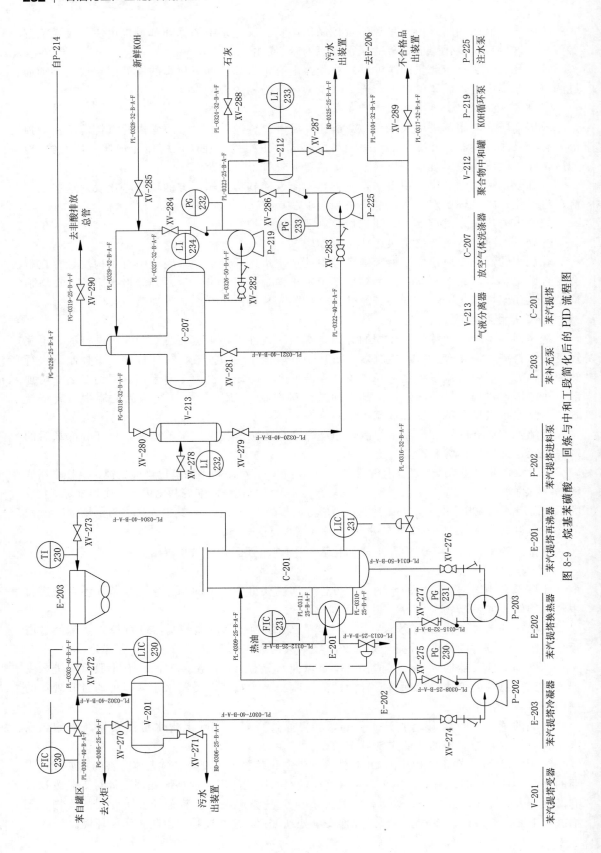

图 8-9 烷基苯磺酸——回炼与中和工段简化后的 PID 流程图

a. 气体的处理。

（a）非酸性气体：非酸性烃类气体按照炼厂通常处理措施送往火炬，而含酸气体由于其腐蚀性和气味，不能送往正常气体排放系统，因此，所有酸性气体的放空阀和安全阀都要用管子连接到单独的排酸系统。

（b）排酸系统：排放的酸和放空酸气体首先送往挡板式汽液分离罐（V-213），从挡板式汽液分离罐出来的酸性气体进入排放气洗涤器 C-207，在洗涤器中与氢氧化钾溶液逆流接触进行洗涤，从排放气洗涤器顶部出来的中和后气体送往非酸性排放集气管，最后送往火炬。进入排放气洗涤器的烃类从烃一侧的挡板上溢流，并收集起来。

排放气洗涤器里的 HF 酸中和反应如下。

$$HF + KOH \longrightarrow KF + H_2O$$

KOH 溶液用 KOH 循环泵（P-219）连续循环到洗涤器顶部。KOH 溶液的浓度通常保持 7%～10%（重），循环 KOH 溶液中的 KOH 和 KF 含量应由化验室每天检查一次。在排放大量酸性气体或排放了大量酸之后应立即检查循环 KOH 状况，洗涤器底部的体积应能容纳大量循环 KOH。

为了保持 KOH 循环液中有高含量的 KOH 及低含量的 KF，循环 KOH 必须有一再生系统。抚顺石化公司的 KOH 再生在装置外进行。

KOH 再生是依据下述反应：

$$2KF + Ca(OH)_2 \longrightarrow 2KOH + CaF_2$$

（c）令人讨厌的烟雾和气味：唯一可能产生有害烟气的区域是中和池，为防止这些有味气体扩散到周围，中和池应盖严，并且每个中和池配有一个小的放空洗涤器。

b. 液体的处理。

（a）废水：本装置配备有两个分开的下水系统以保证不含酸的水和可能含酸的水分开。

无酸废水基本不含杂质，直接送往废水处理系统或油水分离器。

可能含 HF 酸的水直接送往酸水排放系统，并收集到中和池内。

这些潜在的含酸废水包括含酸区域路面流下的雨水、洗涤水、重质烃类，还有可能有带 HF 酸的废水中和介质。在中和池中，石灰将 HF 酸或其他微量可溶于水的氟化物转化成氟化钙，氟化钙非常惰性并且在水中的溶解度极小，一旦生成氟化钙，它将立即沉降下来。当中和池中液面升高时干净的基本无氟化物的水排到水池中，最后用泵送到污水处理系统。

（b）中和池：中和池是二个并联的槽，这两个并联的槽按以下方式交替操作，打开一个槽的入口管线，关闭出口管线，由于直接进入槽内的地面排放物很少，所以除非用酸设备正在排放、恒沸混合物正在中和或有暴雨，通常入口的流量很小，甚至根本没有流量。操作员在巡回检查中应检查运转中的中和槽内的 pH 值，如果 pH 值过低则应启动混合器几分钟使石灰浆液充分混合。

当第一个中和槽已满，就关闭其入口管，打开另一个中和槽的入口，然后用 pH 试纸对第一槽进行检验，如有必要加以搅拌。经过一段时间的搅拌后，如仍呈酸性，则应加入一些石灰直至槽内稍呈碱性。当用酸设备有大量排放时，应连续对运转的中和槽进行搅拌，并频繁地用 pH 试纸检验酸性，搅拌不要过于剧烈，以免槽内泡沫溢出。

沉降以后，打开第一个槽的出口阀，将流出物送往污水池，然后再用泵从污水池中抽走。偶尔也需要从两个中和槽内运走氟化钙。由于这些泥渣是惰性的，所以它能够用作垃圾场回填料而不会造成环境问题。在长期降雨量少时，也可能需要往中和池内加水，以防止槽内的石灰变得太稠。一、二期 HF 酸再生塔产生的焦油可以向一、二期中和池的任何一个池子排放，但二期酸区的污水必须经过一期中和池处理。

c. 工艺固体废物。

这些废物是在活性氧化铝处理工艺，流体脱除氟化物过程中产生的。经过一段时间后氧化铝失去了脱氟化物的能力。这时认为这些氧化铝已报废，并且需要换上新鲜氧化铝，这些"废"氧化铝是惰性的，能够并且已成功地用于土地回填，建议用等量的石灰与废氧化铝混合以抑制氟化物浸溶。

d. 其他固体废物。

怀疑与HF酸接触过的多孔物质，如抹布、木材、管线保温材料和填料等要放进专门提供的处理罐，以便运走，并定期烧掉。这些废物在正常装置操作时或大修期间都可能产生，此工作区尽可能少用木制工作台或其他木制品，金属工作台从酸区搬走前需要加以中和。

③ 真空系统。真空系统为机械式抽真空，于C-205、C-206顶进行抽真空。

8.4.4 烷基化装置主要参数

烷基化装置控制仪表和显示仪表参数分别如表8-7、表8-8所示。

表 8-7 烷基化装置控制仪表参数

序号	位号	正常值	单位	说明
1	FIC-212	1	kg/h	脱苯塔回流量
2	FIC-213	2	kg/h	脱苯塔回流罐返回量
3	FIC-211	12	kg/h	再沸器E211热油流量
4	FIC-214	5	kg/h	再沸器E214热油流量
5	FIC-216	2	kg/h	烷基苯采出量
6	FIC-210	1	kg/h	再蒸馏塔顶返回量
7	FIC-215	10	kg/h	再沸器E218热油流量
8	FIC-202	10	kg/h	HF汽提塔底出料量
9	FIC-201	8	kg/h	再沸器E207热油流量
10	FIC-231	10	kg/h	再沸器E201热油流量
11	FIC-230	10	kg/h	原料苯流量
12	TIC-202	209	℃	HF汽液位提塔温度
13	TIC-211	248	℃	脱苯塔温度
14	LIC-202	50	%	HF汽液位提塔液位
15	LIC-230	50	%	苯汽提塔受器液位
16	LIC-231	50	%	苯汽提塔液位

表 8-8 烷基化装置显示仪表参数

序号	位号	正常值	单位	说明
1	LI-201	50	%	酸分层器液位
2	LI-203	50	%	HF沉降器液位
3	LI-204	50	%	酸再生塔液位
4	LI-205	50	%	不凝气放空罐液位
5	LI-211	50	%	脱苯塔液位
6	LI-212	50	%	苯塔顶馏出物受器液位
7	LI-213	50	%	脱烷烃塔液位
8	LI-214	50	%	烷基苯再蒸塔塔顶液位
9	LI-232	50	%	气液分离器液位
10	LI-234	50	%	放空气体洗涤器液位
11	LI-233	50	%	聚合中和罐液位
12	TI-201	54	℃	反应器温度
13	TI-203	207.2	℃	E208入口温度
14	TI-204	70	℃	E208出口温度

续表

序号	位号	正常值	单位	说明
15	TI-205	200	℃	酸再生塔温度
16	TI-212	248	℃	E212入口温度
17	TI-213	55	℃	E212出口温度
18	TI-214	55	℃	E216出口温度
19	TI-215	228	℃	E216入口温度
20	TI-216	55	℃	E219出口温度
21	TI-217	268	℃	E219入口温度
22	TI-230	114	℃	E203入口温度
23	FI-203	10	kg/h	酸再生塔入口流量
24	PI-202	1.1	MPa	酸分层器压力
25	PI-203	0.382	MPa	HF汽提塔顶压力
26	PI-204	0.37	MPa	酸再生塔顶压力
27	PG-201	1.3	MPa	酸循环泵出口压力
28	PG-211	0.4	MPa	脱苯塔底泵出口压力
29	PG-212	1.4	MPa	脱苯塔顶泵出口压力
30	PG-213	1.3	MPa	脱烷烃塔顶泵出口压力
31	PG-214	0.4	MPa	再蒸馏塔底泵出口压力
32	PG-215	0.59	MPa	再蒸馏塔顶泵出口压力
33	PG-216	0.4	MPa	脱烷烃塔底泵出口压力
34	PG-217	0.05	MPa	真空泵出口压力
35	PG-230	0.5	MPa	脱苯塔顶泵出口压力
36	PG-231	1.44	MPa	苯补充泵出口压力
37	PG-232	0.45	MPa	KOH循环泵出口压力
38	PG-233	0.4	MPa	注水泵出口压力

8.4.5 烷基苯磺酸—烷基化装置操作规程

详细操作规程请扫描右边二维码查看。

8.5 磺化装置

8.5.1 烷基苯磺酸-磺化装置简介

烷基苯磺酸—磺化装置以中国石油抚顺石化公司洗涤剂化工厂（苯磺酸产量为3.6万吨/年）联合生产装置为原型按比例缩小建设而成。生产过程主要为烷基苯经磺化得到烷基苯磺酸。工艺装置中采用的塔器按比例缩小后，要求其直径＞700mm，高度＞6000mm，并基于实习、实训，真实再现工作环境和模拟职业岗位，其总体规划完备，现场布局、设备选型、实训过程和生产现场保持一致。以工业化生产装置为原型，完整再现实际工艺流程，内不走物料，采用弱电信号模拟物料走向，数据要采用工业真实数据。

原装置于2005年1月通过装置验收。2005年3月正式投产，设计规模是5吨/小时正十二直链烷基苯磺酸钠，磺酸的生产规模为4.66吨/小时，年设计生产7200小时。

洗化厂5吨/小时SO_3磺化装置是引进意大利Ballestra公司的技术，以正十二直链烷基苯（以下简称烷基苯或直链烷基苯）、硫磺为主要生产原料，生产正十二直链烷基苯磺酸（以下简称烷基苯磺酸）。装置核心设备是Ballestra公司的多管降膜式磺化器。该膜式磺化器的主要特点是气、液分配均匀，能充分接触反应，转化率高，游离油含量低；该装置的检测仪表和调节阀门自动化程度高，监控系统采用PLC控制系统。整套装置工艺先进，设备精良，具有适应原料品种广、消耗指标低、产品质量好等特点。

8.5.2 反应原理

（1）烷基苯磺化反应

磺化反应机理：在磺化反应器中，气体三氧化硫和液体烷基苯顺流接触，发生磺化反应，生成烷基苯磺酸。

磺化反应的特性如下：

① 三氧化硫与烷基苯之间的反应几乎是瞬间反应；
② 发生平行反应或连续反应，特别是在温度较高时；
③ 反应为强放热反应；
④ 烷基苯磺酸的黏度远高于烷基苯的黏度。

用气体三氧化硫作磺化剂，与原料烷基苯发生磺化反应生成烷基苯磺酸，反应式如下：

$$RC_6H_5 + 2SO_3 \longrightarrow RC_6H_4SO_2OSO_3H (快)$$
（烷基苯） （焦磺酸）

$$RC_6H_4SO_2OSO_3H + RC_6H_5 \longrightarrow 2RC_6H_4SO_3H (慢 \quad \Delta H = -170 kJ/mol)$$
（焦磺酸） （磺酸）

磺化反应器中还存在着两种副反应，形成磺酸酐和砜。它们的反应式如下：

$$RC_6H_4SO_2OSO_3H + RC_6H_4SO_3H \longrightarrow RC_6H_4SO_2O_{SO_2}C_6H_4R + H_2SO_4$$
（焦磺酸） （磺酸） （磺酸酐）

$$RC_6H_4SO_2OSO_3H + RC_6H_5 \longrightarrow RC_6H_4SO_2C_6H_4R + H_2SO_4$$
（焦磺酸） （烷基苯） （砜）

磺酸酐在老化和加水稳定中逐步转变成磺酸：

老化阶段 $RC_6H_4SO_2OSO_2C_6H_4R + H_2SO_4 + RC_6H_5 \longrightarrow 3RC_6H_4SO_3H$
（磺酸酐） （磺酸）

加水稳定时 $RC_6H_4SO_2OSO_2C_6H_4R + H_2O \longrightarrow 2RC_6H_4SO_3H$
（磺酸酐） （磺酸）

但是砜是一种结构很稳定的化合物，不易被分解，在产品中将作为游离油的一部分存在。

烷基苯磺化为强烈放热反应，放热量为 $-170 kJ/mol$。

烷基苯磺化时除上述两个主要副反应外，还会形成极少量的二磺酸、烯烃、氧化产品和其他有色产品。

原料中水分的存在会与三氧化硫反应生成硫酸，空气中的微量水分在三氧化硫发生工段形成的硫酸也部分进入磺化产品中。

（2）其他反应方程式

SO_3 生成： $S + O_2 \longrightarrow SO_2$

$$SO_2 + 1/2 O_2 \longrightarrow SO_3$$

尾气处理： $SO_2 + 2NaOH \longrightarrow Na_2SO_3 + H_2O$

$$SO_3 + 2NaOH \longrightarrow Na_2SO_4 + H_2O$$

亚硫酸盐氧化： $Na_2SO_3 + 1/2 O_2 \longrightarrow Na_2SO_4$

烷基苯磺酸是指一类具有如 $R-C_6H_4$（苯环）、$-SO_3H$ 通式的分子，R 通常情况下为 10~20 的烃类，可以为直链，也可以为支链。代表性的十二烷基苯磺酸是一种重要的阴离子表面活性剂，常用作各种洗涤剂的原料或用来生产直链烷基苯磺酸钠盐、铵盐和乙醇胺盐。

烷基苯磺酸—磺化工艺包括磺化反应、磺酸的老化/水解、SO_3 吸收和尾气处理。

8.5.3 工艺流程说明

（1）膜式磺化

磺化工艺反应及吸收工段工艺流程图如图 8-10 所示。

磺化反应在多管膜式磺化反应器 16R1 中进行。

在反应器中有机物料（烷基苯）与 SO_3 气体发生磺化反应。经特制的分配头，有机物料和 SO_3 气体以顺流的形式进入反应器，沿反应管壁内侧从顶部流到底部。

反应后混合物中的剩余气体（SO_2、SO_3 及空气）在分离器 16V4 中与有机物分离，有机物收集在分离器 16V4 中。16V4 中保持液位最低，以尽量减少磺酸与剩余 SO_3 气体的接触，产生过磺化现象；分离器 16V4 分离出的气体经旋风分离器 16S1 进入尾气处理系统。

由于磺化反应是放热反应，循环冷却水通过 16R1 进入反应器壳程取走反应热。大约 90% 的冷却水进入反应器上部，其余部分进入反应器下部。

影响产品质量的主要工艺参数是有机物/SO_3 摩尔比。

（2）磺酸的老化/水解

烷基苯磺酸的老化是在由老化罐 39V1、循环泵 39P1、温度控制冷却器 39E1 组成的回路中完成，停留时间为 0～2 小时。

烷基苯磺酸水解过程在由循环泵 39P2、冷却器 39E2 组成的系统中实现。39 单元的操作特点是在开工、停工、切换产品时，用烷基苯吸收 SO_3 气体。通过烷基苯进行 SO_3 吸收的优点显著，吸收 SO_3 气体后生成有价值的表面活性剂（LAS），而不是通过传统的 SO_3 吸收塔产生副产品硫酸。特别是在装置需要频繁开车时，可以使膜式反应器中的不合格产品的生成降至最低或完全排除。

此单元为一釜式不锈钢容器（配有在液体中均匀分配 SO_3 气体的喷嘴），同时还配有循环/混合/冷却回路。

烷基苯磺酸的水解用水通过 39P2 进行，产品经换热器 39E2 进入储罐。

（3）尾气处理

磺化工艺尾气处理工艺流程图如图 8-11 所示。

从磺化单元来的尾气在排放到大气之前必须经过处理，以除去可能含有的微量有机物和未转化的 SO_2 与 SO_3。有机悬浮物和部分 SO_3 通过静电除雾器（ESP）14F1 收集。静电除雾器内，在电极和排放管之间存在的高电压，使尾气中的液体杂质带电。由于杂质与管线带有相反电荷，所以被吸引到管壁上，并结合成液滴落到静电除雾器底部，聚集后的产物连续地排放到外部的桶中，以避免凝固在静电除雾器中。排放管应带有虹吸管或水封，以避免尾气外泄。

含有未转化的 SO_2 和残留的 SO_3 的尾气在填料塔 14C1 内进行处理，塔内添加水和苛性钠，碱洗塔内气体通过填料与碱溶液逆向接触，尾气中的 SO_2 和 SO_3 与碱液反应，生成亚硫酸钠和硫酸钠。操作员通过操作，可将碱溶液送至亚硫酸盐氧化单元（18 单元），保证碱液浓度的稳定。

（4）亚硫酸盐氧化

洗涤后的碱溶液送到亚硫酸盐氧化塔 18C1，亚硫酸盐在塔 18C1（填料塔）与空气逆流氧化，间歇操作。亚硫酸盐氧化周期为 8 小时，包括氧化物送出界区的时间。

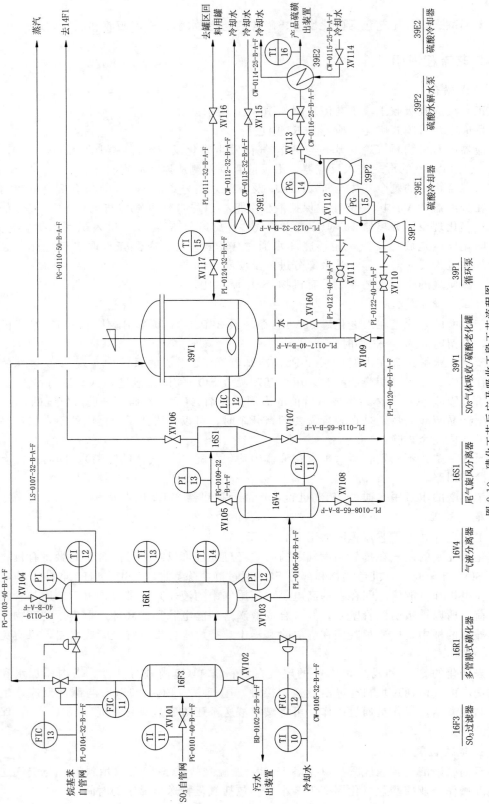

图 8-10 磺化工艺反应及吸收工段工艺流程图

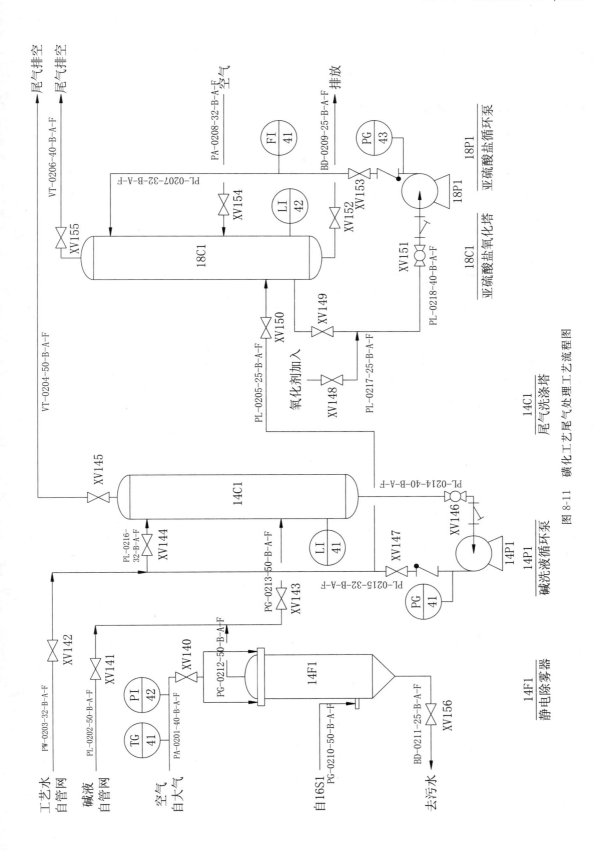

图 8-11 磺化工艺尾气处理工艺流程图

氧化物在离心泵 18P1 作用下在塔内循环,空气由底部送入。硫酸盐空气氧化百分比大约为 90%～95%,要到达 99%(亚硫酸钠含量低于 50μg/g),需在循环泵 18P1 入口管线加入适量氧化剂溶液(NaClO/H_2O_2)。

8.5.4 磺化装置主要参数及操作说明

磺化装置主要控制仪表和显示仪表参数分别如表 8-9、表 8-10 所示。

表 8-9 磺化装置主要控制仪表参数

序号	位号	正常值	单位	说明
1	FIC11	10000	m^3/h	过滤器出口流量
2	FIC12	50000	m^3/h	冷却水流量
3	FIC13	3550	m^3/h	烷基苯进料流量
4	LIC12	50	%	老化罐液位

表 8-10 磺化装置主要显示仪表参数

序号	位号	正常值	单位	说明
1	LI-11	50.00	%	气液分离器液位
2	LI-41	50.00	%	尾气洗涤塔液位
3	LI-42	50.00	%	亚硫酸盐氧化塔液位
4	TI-10	30	℃	冷却水温度
5	TI-11	52	℃	三氧化硫原料温度
6	TI-12	45.5	℃	多管膜式磺化器顶温度
7	TI-13	45.7	℃	多管膜式磺化器中段温度
8	TI-14	46	℃	多管膜式磺化器下段温度
9	TI-15	46	℃	老化罐回流温度
10	TI-16	40	℃	产品磺酸出料温度
11	TG-41	60	℃	空气温度
12	FI-41	505	kg/h	亚硫酸盐氧化塔回流流量
13	PI-11	0.285	MPa	磺化器顶部压力
14	PI-12	0.28	MPa	磺化器底部压力
15	PI-13	0.26	MPa	气液分离罐顶部出口压力
16	PG-14	0.3	MPa	硫酸水解泵出口压力
17	PG-15	0.3	MPa	循环泵出口压力
18	PI-42		MPa	空气压力
19	PG-41	0.3	MPa	碱洗液循环泵出口压力
20	PG-43	0.3	MPa	亚硫酸盐循环泵出口压力

8.5.5 烷基苯磺酸—磺化装置操作规程

详细操作规程请扫描旁边二维码查看。

1. 环氧乙烷的主要应用有哪些?
2. 环氧乙烷装置工艺流程有哪些?
3. 内操作员的岗位职责有哪些?
4. 烷基化装置的主要工艺流程有哪些?
5. 简述磺化反应器的结构和原理。
6. 什么是单回路和串级控制?

第 9 章　软件操作说明

9.1　软件操作概述

操作员培训系统的核心是仿真模拟技术，即在计算机上仿真模拟石化行业各流程的真实生产过程，建立对应的"虚拟工厂"，包含其生产过程及其控制逻辑。在此基础上，实现对工厂过程和控制逻辑的模拟、调整和培训。这种模拟技术可以帮助工厂：

① 情景培训，特别是对生产现场的故障情景再现。
② 验证关键工艺参数变化对生产工艺的影响。
③ 对整个生产工艺的系统化学习。
④ 工业控制、智能制造等先进技术的辅助设计。

操作员培训系统有三方参与者：操作员（学生站）、教师（教师站）和"虚拟工厂"。其运行方式为："虚拟工厂"可接收来自教师站的各种故障和操作指令，并将其产生的流程变化反映到操作员站上，以此形成对操作员的培训和考评。

通过 OTS 系统和三维虚拟工厂以及现场实物装置的多方交互，可以完整地实现装置的开停工、方案优化、稳态运行、事故处理等环节的操作，线上与线下有机融合，模拟工厂实际操作流程，更完整地感受石油化工企业的生产氛围。

9.2　软件操作说明

其中油气集输平台和石油加工平台的 DCS 仿真系统和三维模拟工厂（2016 版）操作说明参照下方 DCS 仿真系统及三维交互系统操作说明二维码，石油化工平台和精细化工平台的 OTS 和三维虚拟工厂（2020 版）参照 9-1 中 OTS 及三维虚拟工厂操作说明。

DCS 仿真系统及三维工厂
（2016 版）操作说明

OTS 操作系统及三维虚拟工厂
（2020 版）操作说明